太平洋岛屿国家语言文化概论

梁国杰等 著

中国海洋大学出版社

·青岛·

图书在版编目（CIP）数据

太平洋岛屿国家语言文化概论／梁国杰等著.

青岛：中国海洋大学出版社，2024. 10. -- ISBN 978-7-
5670-3962-9

Ⅰ. H0-05

中国国家版本馆 CIP 数据核字第 2024NU6881 号

出版发行	中国海洋大学出版社		
社　　址	青岛市香港东路 23 号	邮政编码	266071
出 版 人	刘文菁		
网　　址	http://pub.ouc.edu.cn		
订购电话	0532-82032573（传真）		
责任编辑	邵成军　刘怡婕	电　　话	0532-85902533
印　　制	日照日报印务中心		
版　　次	2024 年 10 月第 1 版		
印　　次	2024 年 10 月第 1 次印刷		
成品尺寸	170 mm × 240 mm		
印　　张	14. 25		
字　　数	240 千		
印　　数	1—1 000		
定　　价	89. 00 元		

前　言

　　太平洋岛屿国家(简称太平洋岛国)指大洋洲内除了澳大利亚、新西兰以外的 14 个独立岛屿国家,其地缘战略地位非常重要,处于世界东西、南北两大战略通道的交汇处,是新时代中国完善大周边外交格局的重要对象。截至目前,中国已与巴布亚新几内亚、斐济、萨摩亚、所罗门群岛、瓦努阿图、汤加王国、密克罗尼西亚联邦、库克群岛、纽埃、基里巴斯、瑙鲁等太平洋岛国签订"一带一路"合作文件,该地区是"21 世纪海上丝绸之路"南线的重要组成部分。

　　长期以来,我国学界对世界小岛屿国家和地区缺乏关注和深入了解,对太平洋岛屿地区本土知识的建构非常不足,太平洋岛国区域国别研究的开展滞后于中太双边的政治、经济交往。在国内学界,太平洋岛国一度被视为学术研究的边缘地带,即便是在小国研究中也鲜有涉及。作为一个新兴的区域国别研究对象,太平洋岛国具有很高的研究价值。近年来,随着我国与太平洋岛国关系的迅速发展,国内学界对太平洋岛国的研究呈快速增长态势,但关于太平洋岛国语言文化方面的基础研究还相当薄弱。国外已有的关于太平洋岛国语言文化的研究,主要集中收录于澳大利亚国立大学出版的 Pacific Linguistics 系列丛书,还有部分学者论及太平洋岛国的语言生态、语言政策和语言教育等。但是,由于太平洋岛国长期以来被视为"太平洋最偏僻的地区",在国际学术界的国别区域研究中显示度不高,国外关于太平洋岛国语言文化的系统性、综合性研究,目前仍属鲜见。在我国,近年来关于太平洋岛国的语言与文化虽然已有少量研究,但散见于报章刊物或若干编著文集之中,目前尚没有专门以太平洋岛国语言文化为研究对象的著作。

应当说,目前我国学界对太平洋岛国语言文化的了解和研究仍相当匮乏,与近年来我国与太平洋岛国日益频繁的双边互动不相匹配,相关研究未能给我国与太平洋岛国深化交流合作提供足够的知识支撑和智力支持。本研究尝试对太平洋岛国的语言文化状况作一概览式的综观,并在共建"一带一路"背景下提出加强我国与太平洋岛国人文交流合作的建议,期望对促进我国与太平洋岛国文明互鉴和文化交流,推进共建"一带一路"高质量发展发挥一定的参考应用价值。

本书由研究团队成员分工合作完成。各国别撰写和修订任务具体分工如下(排名不分先后):巴布亚新几内亚(马敏、梁国杰);斐济(赵蕴萱、梁国杰、杨慧);萨摩亚(梁国杰、杨茜);所罗门群岛(王滢、梁国杰);汤加王国(崔艳嫣、侯丽、梁国杰);瓦努阿图(姜艳艳、梁国杰);密克罗尼西亚联邦(李坤、梁国杰);库克群岛(张茜、杨茜);基里巴斯(侯丽、崔艳嫣、梁国杰);纽埃(龙飞、杨茜);瑙鲁(倪鹏、杨茜)。梁国杰、杨茜负责全书最终的统稿、修改和校对。此外,大连大学硕士研究生彭宜春、王蕊、惠忠怡、李晓钰等,巴布亚新几内亚科技大学孔子学院公派教师赵治桥,聊城大学硕士研究生赵艳菊、孔彩霞等,在本书相关资料收集、图表制作、文稿格式体例修订等方面亦有贡献。

衷心感谢中国亚太学会大洋洲分会会长汪诗明教授提携后学,慷慨赠序,序言的宽广视野和学术洞见令人钦佩,尽显大家风范和深厚学养。我们深感荣幸,在学习、受教的同时也倍受鼓舞。感谢大连大学外国语学院(区域国别学院)、大连大学环印度洋岛国研究中心为本书提供出版资助。感谢聊城大学太平洋岛国研究中心主任陈德正教授引领我走上小岛屿区域国别学研究之路。此外,感谢中国海洋大学出版社邵成军、刘怡婕两位编辑为本书付出的辛勤劳动和提出的宝贵建议。由于研究水平和资料获取途径所限,本书难免存在粗浅疏漏和不当之处,所涉研究对象亦受到局限,对此笔者当负主要责任。欢迎学界专家同仁批评指正,不吝赐教,我们将在今后的研究中加以改进。

梁国杰

2024 年 7 月 11 日

序

我与梁国杰老师是在一次学术会议上认识的。他对区域国别研究尤其是对小岛国研究的兴趣非常浓厚，令人印象深刻。他建立的"国别区域与跨文化研究"学术群拢集了国内这一领域众多的知名学者、专家以及青年学人，影响很大。此群是我所见过的及时发布重要讯息最多的学术平台，没有之一。值得一提的是，绝大多数讯息都是"群主"本人发布的，搜集、阅读、整理和发布，日复一日，月复一月，年复一年……，有始无终。这是何等的奉献啊！

六月底的一天，收到梁老师发来的一则微信，请我给他与其他老师合著的《太平洋岛屿国家语言文化概论》[①]（以下简称《概论》）一书作序，言辞诚恳。起初我很犹豫，因为语言文化不是我所熟悉的领域，也从未写过这方面的专业论文，虽然在相关著述中也会提及，但一般性了解与学术研究有霄壤之别，所以，我并没有马上应允。考虑到径直拒绝显得有些不礼貌，遂采取了一个我自认为可以缓和尴尬的办法："请把书稿发给我，我看看再说。"梁老师很快就将书稿发到我的邮箱，我随即浏览了一下。全书除前言外，共有 11 章，每章一个专题，分别对巴布亚新几内亚、斐济、萨摩亚、所罗门群岛、汤加、瓦努阿图、密克罗尼西亚联邦、库克群岛、基里巴斯、纽埃和瑙鲁等 11 个国家的语言文化进行了较为深入的研究。这样的遴选是有时代语境意义的，因为上述 11 个国家都与中国建立了正式外交关系。初览之后，我便有了撰写序言的兴致。翌日，我去中国历史研究院世界史所参加"建设中华民族现代文明暨新时代世界通

---

① 梁国杰,等. 太平洋岛屿国家语言文化概论［M］. 青岛:中国海洋大学出版社,2024.

史编纂的理论和方法研讨会"。在飞驰的"复兴号"上,我一边欣赏沿途的万千景象,一边时断时续地建构写序的思路。到了北京南站,基本思路差不多有了。这时候我才有点底气地把准备写序的决定告诉了梁老师,并且索要两周的写作时间。考虑到接下来两天要忙于开会,担心不太成熟的构思随时都有可能消失得杳无踪影,于是在去宾馆的路上,我决定在奥林匹克公园站旁的一家咖啡馆歇歇脚,顺便把写作思路整理出来。

国内太平洋岛国研究近年来发展较快,在聊城大学太平洋岛国研究中心、北京外国语大学太平洋岛国研究中心、中国社会科学院(中国历史研究院)世界历史研究所太平洋与太平洋国家史研究室、广东外语外贸大学太平洋岛国战略研究中心、中山大学大洋洲研究中心等机构的推动下,太平洋岛国研究正在向纵深方向推进。与政治、经济、外交、环境以及区域事务等关注度较高的领域相比,语言文化的关注度确实不高,甚至可以说是冷门或偏门。目前,国内只有北京外国语大学开设了太平洋岛国语言学习课程。从这个意义上讲,由梁国杰等老师合著的《概论》填补了国内太平洋岛国研究的一项空白,相信这一成果会为今后其他相关研究提供必要的知识和学理支撑。

"语言学是近百年发展起来的一些最有用的基于史实的学科之一。"① 语言学之所以变得"最有用",是因为语言与民族或族群之间有着无法割舍的内在关联。语言不仅是民族或族群身份的象征和体现,也是民族或族群文化的重要组成部分,更是民族或国家建构的重要路径或手段之一。恰如塞缪尔·亨廷顿所言:"任何文化或文明的主要因素都是语言和宗教。"② 就知识层面来说,语言是通往知识之门的钥匙;没有钥匙,我们只能在门口徘徊,永远不知道门里面的世界。我已记不清哪位名人曾经说过,语言如同人的眼睛,是观察和认识世界的窗口。如果你只懂得一门语言,那么只能用一只眼睛看世界;如果你懂得两门语言,那么是在用双眼看世界,以此类推。如果要对太平洋岛国历史文化有更全面、更直观、更深入的认知,就需要对当地语言有一定的了解。就学术层面来讲,文献资料虽然留存的载体有很多,但文字、语言材料仍是无法取代的主要载体。我们并不否认一种文字或语言可以转换成另一种文字或语言,

---

① (澳)唐纳德·狄侬,等. 剑桥太平洋岛民史[M]. 张勇,译,陈化成,校. 北京:社会科学文献出版社,2020:59.

② (美)塞缪尔·亨廷顿. 文明的冲突与世界秩序的重建[M]. 周琪,等译. 北京:新华出版社,1998:47.

而且在日常交往、学术交流和学术研究中,我们也常常这样做,但是无法否认的是,任何一种语言或文字都有其独特的属性,有其适用的社会环境以及"精神气候",转换成另一种语言或文字可能会出现形似而神不似的现象。基于这种认识,使用当地语言或文字作为载体的文献资料,理应被认为是未来太平洋岛国研究的一种追求或努力的方向。文化研究也是太平洋岛国研究的一个重要领域,可以视为一个特色领域。文化比较的落脚点在于其多样性或多元性、差异性而不在于同一性或趋同性。不同的民族或族群,由于在自然环境、资源禀赋、社会建构、经济发展水平、生活方式、宗教信仰等方面存在差异,其文化形态自然有很大异别。

二十年前,我与一位同事合作撰写过一本有关太平洋岛国现代化的书,名为《太平洋英联邦国家——处在现代化的边缘》①。这是改革开放后国内第一部有关太平洋英联邦国家现代化的著作。国内知名的大洋洲研究专家王宇博教授为该书撰写了精彩的书评,刊发在《世界历史》上②。该著的写作体例后来被一些类似的著作所模仿,一些观点甚至表述也时常见于相关论著的援引之中。对于一位学人来说,这的确令人感到欣慰。不过,限于当时的学术条件以及我们对太平洋岛国的认知水平,那本书不得不打上时代的印记;如果用今天的学术视野、学术认知、学术水准和学术规范来衡量,粗疏、浅薄、局促之处便随处可拾。十几年后,聊城大学太平洋岛国研究中心负责撰写的《太平洋岛国志》丛书纷纷出炉。据该中心创始人陈德正教授说,当初中心的每一位老师都要参与其中。这是一个必须完成的任务,不允许讨价还价。现在回想起来,这种硬性规定似乎不合常理,却被实践证明是一个处于初创时期的学术中心日后脱颖而出的不二砝码。如果把《太平洋英联邦国家——处在现代化的边缘》视为有关太平洋岛国带有导读意义的"总论"的话,那么《太平洋岛国志》就是有关岛国的"专论"了,当然只是相对意义上的"专论"。从学理层面来说,"志"的重点不在于"专论",而在于对岛国的方方面面的介绍与阐释。《概论》把语言文化视为专门的研究对象,这是在"总论"和"志"的基础上,将拟要探讨的问题聚焦在某一领域,这是太平洋岛国研究不断发展的一种体现。

---

① 汪诗明,王艳芬. 太平洋英联邦国家 —— 处在现代化的边缘[M]. 成都:四川人民出版社,2005.

② 王宇博. 对太平洋岛国地区现代化研究道路的探索——评《太平洋英联邦国家——处在现代化的边缘》[J]. 世界历史,2006(1):128-129.

　　语言文化既可以是一个概念,也可以视为两个概念。就前者来说,语言是文化的载体,属于文化的一部分,文化属于一个广义的概念,是指人类社会历史实践过程中所创造的所有物质财富和精神财富的总和。就后者来说,语言和文化都有其狭义语境。语言是人类思维和交流的工具,包括口头语言、书面语言和可以书写的文字;而文化主要是指人类社会创造的精神产品,包括知识、信仰、艺术、道德、教育、法律习俗等。《概论》一书的作者大都把语言文化视为两个概念或两个领域来考察。这样的安排有其便利和合理之处,这主要因为太平洋岛国语言众多,有些语言已经消失,有些幸存的语言前景堪忧,有些语言只是族群内部的一种交流工具,很难与某种具体的、生动的文化形态联系起来。

　　语言研究不仅涉及发音、文字、词法、语法(时态、语态等)、句子结构、语义等语言层面的内容,还包括对语言教育、语言政策以及与语言有关的法律等方面的探赜。文化研究涵盖的范围则更加广泛,不仅包括对语言知识及其原理的诠释,还包括对各种文化、艺术形态流变及其当代呈现的观照。上述每一个方面的研究看上去都并不轻松。以语义研究为例。语言的使用不仅受到历史、文化、社会、政治等多种因素的影响,也不可避免地受到使用者主观意图的左右,甚至使用者的音调、音量、表情等也会使语言的意义产生歧见。由于海隔洋阻、山屏河障,岛屿之间往来不便,以致少有往来,久而久之,这一地区便形成了诸多便于族群内部交流的语言或方言,即族群语言。而传统又使得族群语言成为身份认同、族群认同甚至地区认同的一种符号、象征或纽带。兹举一例为证。巴布亚新几内亚是南太平洋地区最大的岛国(澳新除外),国土面积46万多平方千米,海洋专属经济区310万平方千米,大小岛屿计600多个,土著族群800多个,人口近1 000万。该国有853种单独语言被列入国家名录,约占世界已知语言的12%。在这些语言中,12种语言已经灭绝,剩余的841种语言中,有840种为民族语言,其中40种语言处于严重危险状态,36种濒临灭绝,104种处于困境中。英语为其官方语言,皮金语在全国大部分地区流行,南部的巴布亚地区多讲莫土语。[①] 由此可见,平均每个岛屿有至少1种语言,每个族群有1种属于自己的语言。这些语言源起不同,流变不同,命运也不同,对此展开历时性梳理和研讨便是《概论》的一个显著特色。

　　知难而不畏难,这是学者应有的态度和气节。《概论》一书的作者充分发

---

① 梁国杰,等．太平洋岛屿国家语言文化概论［M］．青岛:中国海洋大学出版社,2024.

挥他们较为扎实的语言学功底优势,利用在太平洋岛国工作等机会,通过田野调查、访谈,搜集了当地与语言文化研究有关的重要文献资料,这为他们对包括太平洋岛国语言文化在内的诸多议题的持续研究提供了必要和较为充分的条件。此外,研究视野的宽窄决定了研究内容的广度和深度。比如在谈到英语对当今斐济社会的影响时,《概论》一书的作者从"英语对政治的影响""英语对教育的影响""英语对文学的影响""英语对流行音乐的影响"和"英语对大众传媒的影响"五个方面展开条分缕析。[①]斐济是一个多民族、多族群、多语言、多元文化的国家,而且在历史上,由于英国的一统政策以及白人种植园主逐利自肥的私欲膨胀,大量来自印度的契约劳工被源源不断地输送到太平洋岛屿地区。多年后,斐济的印度裔移民及其后裔人数增长较快,一度逼近斐济总人口的半数。这种较为独特的族群结构和人口结构对斐济的政治生态产生了重要且持久的影响。《概论》以多重视角呈现了英语对当今斐济社会影响的复杂画面,较为全面地梳理了斐济民族、文化和国家建构的历史进程。这样的研究范式在对其他岛国的语言文化研究中也有类似呈现。由于篇幅所限,恕不一一述评。

对很多从事太平洋岛国研究的人来说,每开拓一个新的研究领域,都是一个不小的挑战;每聚焦一个专门领域,并做持续研究,都是难能可贵的。《概论》一书的问世很好地诠释了这两个方面的意义。作为此书第一位真正的读者,我感到既惊又喜;作为大洋洲研究学界的同仁,能够为该著作序推介,与有荣焉!

汪诗明
2024 年 7 月 8 日于苏州

[①] 梁国杰,等.太平洋岛屿国家语言文化概论[M].青岛:中国海洋大学出版社,2024.

目　录

第一章

巴布亚新几内亚语言文化研究

太平洋岛国巴布亚新几内亚,全称为巴布亚新几内亚独立国(The Independent State of Papua New Guinea;缩写:PNG),简称"巴布亚新几内亚""巴新",是英联邦成员国之一。国名由巴布亚和新几内亚两部分组成,得名于两岛名。巴布亚新几内亚位于太平洋西南部,地处赤道以南。西与印度尼西亚伊里安查亚省接壤,南隔托雷斯海峡与澳大利亚相望,东距瑙鲁 3 000 千米,北距关岛(美属)、密克罗尼西亚联邦和马绍尔群岛约 3 000 千米。地处亚洲和大洋洲水路交通要道,是南北太平洋交汇点、连接南太平洋地区与东南亚各国的桥梁,战略位置重要(韩锋,赵江林,2012)。据中国外交部网站数据(2024 年 4 月更新)显示,巴布亚新几内亚国土面积 46.28 万平方千米,海洋专属经济区面积 310 万平方千米,海岸线全长 8 300 千米,全境共有 600 多个岛屿。人口 995 万,城市人口占 15%,农村人口占 85%。居民中 98% 为美拉尼西亚人,其余是密克罗尼西亚人、波利尼西亚人、华人和白人,在大洋洲其人口总数仅次于澳大利亚。由于受氏族部落制度影响,巴布亚新几内亚土著族群较多,约 800 个。巴布亚新几内亚是群岛国家,物种多元,动物资源较为独特,有南太平洋最全的陆栖生态物种,是动植物的天堂,也是世界著名的"天堂鸟之乡"。因此,巴布亚新几内亚也被称为"地球上最后的原生态天堂"。首都为莫尔斯比港(Port Moresby),是巴布亚新几内亚最大的城市、重要的海空军基地。

一、巴布亚新几内亚语言概况

巴布亚新几内亚岛屿众多,境内多山,热带雨林分布广,河流短且水流湍急,有许多沼泽,交通不便,大部分居民与外界几乎隔绝。巴布亚新几内亚的国民识字率为 57.8%,城市居民仅占人口总数量的 15%。巴布亚新几内亚现今还存在许多部落,每个部落通过自己的语言来彰显部落成员的独特身份,部落成员为自己的部落语言感到骄傲。由于这些客观因素的存在,其语言环境非常特殊,巴布亚新几内亚成为世界上语言状况最复杂、最多样化的国家。根据 Ethnologue("世界语言"网站)统计,巴布亚新几内亚有 853 种单独语言被列入国家名录,约占世界已知语言的 12%,是欧洲各国语言总和的近 3 倍。在这 853 种语言中,12 种语言已经灭绝,剩余的 841 种语言中,有 840 种为民族语言,其中 40 种语言处于严重危险状态,104 种处于困境中,36 种濒临灭绝。英语为其官方语言,皮金语在全国大部分地区流行,南部的巴布亚地区多讲莫土语。尽管有官方语言和流行语言,但其他语言并没有在生活和教育中被禁止和废除,在教育中可使用的语言约有 53 种,分别为 Adzera、Amanab、Anem、Arop-Lokep、Awad Bing、Bargam、Bariai、Barok、Bimin、Bola、Bugawac、Dedua、Fas、Hanga Hundi、Kara、Kobon、Kol、Kovai、Kuot、Kurti、Lihir、Lote、Madak、Mandara、Manseng、Mbula、Mende、Mengen、Musso-emira、Mutu、Nakanai、Nalik、Nekgini、Ngau、Nobonob、Notsi、Numanggang、Nyindrou、Patpatar、Pele-Ata、Ramoaaina、Seimat、Siar-Lak、Solong、Somba-Siawari、Sos Kundi、Sulka、Sursurunga、Tobo、Tungag、Ura、Vitu、Waris。英语作为官方语言,被广泛应用于教育、广播、商业、级别较高的社交场合,讲英语者约占全国总人口的 22% 以上。皮金语、莫土语是全国流行的地方语言,其中,皮金语在政府部门、传教团体、私人企业与日常生活中被广泛使用。

(一)巴布亚新几内亚皮金语①

皮金语(Tok Pisin),亦称皮津语,这里指巴布亚新几内亚英语混杂语。英语拼写为"Pidgin Language"。皮金语,即 Pidgin 的音译。Pidgin 通常译为"洋泾浜英语",常被用来指称某种混杂语。在巴布亚新几内亚,皮金语作为一种

---

① 本节部分内容曾发表在《语言文字周报》2023 年 10 月 10 日 第 2 版,《巴布亚新几内亚皮金语的前世今生》,作者为马敏、梁国杰。

以英语为基础的混杂语,还掺杂了葡萄牙语、德语以及当地本族语言。当地报纸《同乡报》只用皮金语出版发行。混杂语是母语不同的人进行交流的方式(Hall,1965)。作为一种混杂语,皮金语以交流为目的。因此,皮金语的语序简单,基本为主谓宾结构,几乎没有语法上的变化,一般名词没有单复数之分,书写与英语相似,但有些词汇的拼写形式不太　致。

1.皮金语的产生与发展

最早注意皮金语的是德国人舒查德(Hugo Schuchard)。1883年,他通过阅读材料得知,在南太平洋的捕鲸、采参和运檀香木的船上,有种美拉尼西亚英语(Melanesian English),用于船上的英美籍船员和土著劳工们之间的工作交流。后来随着研究的深入,有学者(Mühlhaüsler,1984)认为,皮金语最初产生于澳大利亚昆士兰、萨摩亚、斐济等地的种植园,随着在种植园打工的新几内亚劳动者的返乡,这种语言被带回了自己的故乡。后来,伴随着殖民地经济的发展,新开辟的种植园越来越多,更多的当地人受雇于白人,在不断地交流沟通中,双方的语言也在持续地融合,原本十分零散、用于应急的混杂语逐渐地稳定下来,并不断地扩散传播,形成了今日的皮金语。

早期皮金语的使用者多是外出打工的青壮年男子,他们携带钱款回到故乡,被家乡少年儿童视为学习楷模,其语言也被许多少年儿童模仿。例如,有个部落村子里,原本仅有3个人会讲皮金语,后来随着越来越多合同工返乡,人们对皮金语的需求日益增强,村里便建起了一所皮金语学校,村里所有的男子都进入学校学习语言,为将来外出打工做准备(Salisbury,1972)。对个体劳动者而言,掌握共同语是进入劳动市场的必要条件。

皮金语作为一种混杂语,最初以英语词汇为基础,后又吸收大量德语词汇,但在发展过程中多次被殖民当局压制。殖民当局出于"一个国家、一种语言"的政治目的,竭力在巴布亚新几内亚推广自己国家的语言。但皮金语最终还是发展起来了。

在皮金语的传播和发展过程中,教会起了重要作用。为吸引更多人加入教会、皈依上帝,宣讲《圣经》成为重要的事情,而语言差异成为宣讲的障碍。为了使传教能顺利进行下去,传教士在传教的同时不得不传播语言文化知识。最初,在新几内亚岛,德国路德教的传教士曾试图利用当地语言进行传教。然而他们很快就发现,这个地区的语言分歧太大,任何一种土著语的使用区域都十分有限,无法进行统一传教。不得已,传教士向当地人灌输德语,而德语同巴布亚新几内亚语言的差距太大,部落居民学起来十分困难,而教会的人力却有限,传教无法普及,收效甚微。针对此种情况,传教士开始采用他们自己懂得并在当地有群众基础的,且不太难学的皮金语作为传教语言。不仅路德教会使用皮金语作为传教语言,天主教会在其他地区也开始使用皮金语进行传教活动。于是在1930年,路德教会举行大会,确认皮金语为巴布亚新几内亚的传教语言,次年天主教会也作出类似决议。与此同时,传教士们开始使用皮金语翻译《圣经》、编写教材、办报纸,甚至成立研究机构。教会成为传播、推广皮金语的重要力量。

皮金语发展的另一重要因素是太平洋战争。战争期间,美国军队用皮金语印制了大量传单,投放到巴布亚新几内亚,并且还创办皮金语电台,这些做法扩大了皮金语的传播范围。战后,由于城市就业情况较好,大量农村人口从乡村地区向城镇流动。在流动过程中,由于语言迥异,使用不同语言的人不可避免地会发生冲突,人们对共同语言的需求比以往任何时候都迫切。因此,为跨越民族语言的边界,使来自不同社会和语言背景的人能够进行交流,混杂语被用于国际交流。随着对巴布亚新几内亚的不断开发,作为混杂语的皮金语传入这一人口密度最大的地区,并逐渐成为巴布亚新几内亚人最有效的沟通交流工具。在议会辩论中,1964—1968年40%的辩论用皮金语进行,1968—1972年该比例上升到60%,而到了1972—1973年,则达到了95%(Noel,1975)。文化教育方面,从小学开始在课堂教学中广泛使用皮金语;中央以下各地广播电台的主要语言也是皮金语,同时皮金语还是巴布亚新几内亚人的创作工具。到1989年,全国有44%的人会讲皮金语(Romaine,1989),到2011年,巴布亚新几内亚人的皮金语识字率达到57%,莫土语为56%,英语为49%(PNG Census,2011)。在私人和公共活动中,巴布亚新几内亚皮金语被广泛应用,成为人们日常沟通、教育、祈祷和表达思想与感情的媒介。三四百万人把它作为第二语言使用,12万人视其为母语,皮金语成为巴布亚新几内亚使用最广泛的语言。

巴布亚新几内亚皮金语作为一种混杂语,在不同时期呈现出不同的语言特点。发展初始,皮金语只是土著劳工和欧洲雇主之间简单交流的工具,有时还需借助环境和手势来完成交际。语言结构比较松散,句子大多不完整,词汇也比较贫乏。随着语言传播范围的扩大和交流的深入,德语词汇和土著词语逐渐进入皮金语,皮金语开始出现一些组织话语的手段和语法规则,产生了自己的构词机制;到 1989 年,巴布亚新几内亚有 2 万人以皮金语为母语(Romaine,1992)。随着使用人口的增加,皮金语的语音、语法、词汇逐渐成熟,出现了完整的简单句和一些复合句,句子中的语序也开始逐步固定,并向英语靠拢,现今仍然处在变化中。

2. 皮金语与地方语言

皮金语的传播和普及导致部分地方语言的衰亡。桑巴克(Sumbuk,1993)记载了萨尔语(Sare)消亡的过程。萨尔语是巴布亚新几内亚东塞皮克省卡布里曼人的语言。最初卡布里曼人想维护自己的部落语言,认为皮金语只适合城里人。然而,随着皮金语和英语在教会、学校、政府、工商行业的大量使用,卡布里曼人开始意识到要想读书、找工作、经商成功,必须掌握皮金语。20 世纪80 年代,1 000 多名萨尔语使用者也会讲皮金语,其中 40% 的人还懂英语。但由于皮金语在卡布里曼人中的频繁使用,一些母语为萨尔语的夫妻所养育的孩子,其母语也变为皮金语。萨尔语这种部落语言逐渐被冷落,直至最后消失。类似情况还有一些,如东塞皮克省讲阿布语(Abu)的部落(Nekitel,1990)、马里克湖地区讲马里克语(Murik)的部落(Foley,1984)、北海岸讲泰阿普语(Taiap)的部落(Kulik & Stroud,1990),情况都是如此。

(二)官方语言:英语

英语作为巴布亚新几内亚的官方语言,在该国的发展史源远流长。16 世纪早期,葡萄牙和西班牙的探险航海家先后发现新几内亚岛,随后传教士、商人和一些官员开始进入这一地区。18 世纪下半叶,英国到南太平洋的新贸易路线建立起来,贸易来往日趋密集。19 世纪 50 年代,为进行贸易活动、勘探、开采、开发种植园,大量外来者进入主岛以及沿海地区一些容易到达的岛屿,随后开始进入内陆山区。贸易的兴起,为英语语言的传播提供了条件。德国、英国、澳大利亚等国家在统治巴布亚新几内亚期间颁布命令——推广英语,禁止使用当地语言。19 世纪 70 年代,巴布亚新几内亚被分割成两部分,分别成为英国和德国的殖民地。英国控制主岛东部的南半部分(巴布亚领土),德国控制北半部分(新几内亚领土)。在此期间,19 世纪末,德国政府明令禁止在其属地使用皮金语,并且在卡罗琳娜岛严格执行这一命令(Hall,1965)。英国作为巴布亚新几内亚曾经的统治国之一,其总督在 1896 年的报告中规定,教会学校只能教授英语,第二年的规定更加具体,要求学校附近的 5 到 14 岁少年儿童一周至少要学习三天英语(John, 1974)。澳大利亚于 1906 年和 1919 年分别接管新几内亚和巴布亚。1906 年澳大利亚接管新几内亚后,总督莫瑞颁布命令,决心铲除皮金语这一所谓"粗鄙的胡言乱语"(Vile Gibberish)。1946 年 12 月,联合国大会决议委托澳大利亚继续托管统治原德属新几内亚领地。1949 年 7 月 1 日,澳大利亚将巴布亚领地与新几内亚托管地合并为一个行政单位,称巴布亚和新几内亚领地。在澳大利亚托管期间,1953 年联合国调查组报告声称,使用皮金语会妨碍巴布亚新几内亚的建设,提倡使用英语,并要求澳大利亚政府采取有力措施,消除皮金语在学校的影响。在澳大利亚政府统治巴布亚新几内亚期间,英语是政府和教育中使用的语言(Cass, 2000)。一个巴布亚新几内亚人如果能够说流利的英语,会为他的职业发展提供许多机会,英语成为精英阶层通用语。20 世纪 50 年代,殖民政府控制教育,他们认为有必要通过教育使巴布亚新几内亚西方化(Gunther, 1969),规定英语为各级学校的教育语言,在教育中不使用英语的学校将被取消补贴。1973 年 12 月,巴布亚新几内亚实行内部自治。巴布亚新几内亚独立后,政府出台过不少的语言政策,承认各种语言的合法地位,同时也积极扶持英语。随着全球化不断深入,在巴布亚新几内亚,会讲英语给年轻人提供了更多的工作机会和便利,于是越来越多的人更加重视学习英语。

(三)莫土语

莫土语(Hiri Motu,亦称 Pidgin Motu 和 Hiri)是巴布亚新几内亚的流行语言之一,是南岛语系(Austronesian Languages)中 Motu 语的简化版,主要用作书面语。在巴布亚新几内亚大约有 12 万人把莫土语作为第二语言,少部分人把它作为第一语言。

莫土语是莫土人(Motu people)所使用的语言。莫土人是巴布亚新几内亚的土著居民,主要生活在南部沿海。由于通常居住在山坡背风面的干燥地区,一年中的干旱季节对他们是严酷的考验,人们主要靠传统的出海航行带来生活所需。航海造就了莫土人的文化和生活方式,Hiri 是对莫土人传统航海贸易的称呼。

莫土语的历史可以追溯到欧洲人到达巴布亚新几内亚之前。在与欧洲人接触之前,莫土语在莫土人和其邻居之间进行贸易交换的过程中逐渐发展起来。早期欧洲殖民时期,莫土语由于被巴布亚新几内亚警察所使用而广为传播。因此,当时的莫土语又被称为"警察莫土语"(Police Motu)。到 20 世纪 60 年代初,莫土语已经成为巴布亚新几内亚大部分地区的通用语言。它还是一些人的第一语言,特别是警察及其他公务员的子女,尽管父母来自不同的语言群体,但莫土语通常是他们的第一语言。然而自 20 世纪 70 年代早期以来,莫土语作为日常通用语在生活中的使用逐渐减少,渐渐被英语和皮金语取代。如今,莫土语的使用群体主要是老年人,地域集中在中部和一些海湾省份。

莫土语正式命名于 20 世纪 70 年代早期。当时,在巴布亚新几内亚信息和推广服务部举行的一次会议上,"Hiri Motu"取代"Police Motu"成为正式名称。委员会建议使用"Hiri Motu"命名主要基于三个原因。第一,莫土语是莫土人进行商品交易时使用的语言。莫土语的历史比警察莫土语更加久远。第二,警察莫土语从未被用作贸易或社会交往语言。自 1946 年巴布亚新几内亚警察部队统一以来,在警察工作中,警察莫土语的应用日趋减少,大多数警察部队使用皮金语进行沟通,因此不宜继续用"Police Motu"来命名。第三,委员会认为应赋予语言名称一些新含义,不应把一种语言与某个群体(如警察)相关联,语言应体现国家文化遗产以及日常生活中主要的生活方式。

二、语言政策与语言教育

语言是人类进行思维活动、交流思想、组织社会生产的重要交际工具。语言政策作为指导语言使用及管理的方针和规则,总是与国家、政府紧密相连,特定的历史背景是其存在的基础,殖民时期的语言政策甚至与殖民国联系在一起。巴布亚新几内亚的历史悠久且复杂,被殖民的时间相当长。16 世纪葡萄牙人进入巴布亚新几内亚群岛,18 世纪末被英国、荷兰、德国和澳大利亚占领,19 世纪末被荷兰、德国和英国三个殖民大国瓜分。1906 年,巴布亚领土成为澳大利亚殖民地,此后,澳大利亚当局又接管德属新几内亚领土。第二次世界大战后期,澳大利亚政府统一巴布亚新几内亚和新几内亚。1975 年,巴布亚新几内亚宣布独立。从殖民地时期到 20 世纪 70 年代独立以及独立之后,巴布亚新几内亚的语言政策和语言教育深受政治影响,不断发生变化。

20 世纪 70 年代以前的殖民时期,西方文化在巴布亚新几内亚受到重视和推广,学生远离本土文化。20 世纪 70 年代,巴布亚新几内亚获得独立,西方影响开始弱化,但仍然处于主导地位。20 世纪 80 年代,巴布亚新几内亚国家语言政策试图将本地语言运用到教学中。20 世纪 90 年代,巴布亚新几内亚某些民族语言开始在教育中发挥重要作用,成为一种教学媒介语。进入 21 世纪,巴布亚新几内亚政局稳定,开始步入快速发展轨道。矿产品和农产品出口扩大了就业市场,带来大量就业机会。2008 年经济危机后,经济逐渐恢复和繁荣,对外交往不断扩大,民族语言教育受到限制,英语得到进一步重视。

(一)殖民时期

20 世纪 70 年代以前的殖民时期,西方文化加速传入,巴布亚新几内亚语言政策和教育处于西化状态。尤其是巴布亚新几内亚成为澳大利亚殖民地后,宗教对国家基础教育产生很大影响,为宗教服务成为语言教育的主要目的。语言作为教授当地居民阅读《圣经》和理解教义的主要工具,许多民族语言成为传教士教堂布道的通用语。传教士和一些非政府机构和组织提供的圣经教育,促使儿童开始识字启蒙,获得文化知识,提高了当地识字率,促进语言普及,加快了巴布亚新几内亚的西方化进程。另外,这一时期,澳大利亚殖民当局对当地教育进行控制,引进西方教育模式,并试图使当地人西化。英语不仅是不同教育层次的主要媒介,而且在教会传教和布道中也发挥着重要作用。最初,传教士曾尝试用民族语言进行传教,并取得一定效果(Wolf, 2008)。但殖民政府的语言政策只资助英语传教,为获得政府支持和资助,传教士们开始改用英语布道。通过这种方式,传教士促进了语言教育和宗教发展,巩固了英语在语言政策中的地位,殖民政府的语言政策也得到加强和实施。与此同时,殖民政府还发展高等教育,成立巴布亚新几内亚大学(University of Papua New Guinea)。在大学中,英语更加受到重视,民族语言在教育中的地位进一步弱化。通过逐步渗透,英语成为巴布亚新几内亚唯一的教育语言。这一过程,反映了巴布亚新几内亚殖民时期的语言政策,也表明政治是影响巴布亚新几内亚语言政策的主要因素。殖民地统治者主宰了巴布亚新几内亚语言政策的制定和教育的实施,其影响巨大而深刻:由于对宗主国的依赖,社会遵循西方文化模式,几乎没有促进民族语言发展的语言政策,巴布亚新几内亚本国文化和语言处于边缘地位。

(二)后殖民时期

后殖民时期的巴布亚新几内亚语言政策可分为 20 世纪 70 年代和 80 年代

两个阶段。20 世纪 70 年代,巴布亚新几内亚摆脱澳大利亚当局统治获得独立,语言政策发生转变。这一阶段,语言西方化逐步缓和,地方化稳步推进,当时颁布的五年教育计划提出了在基础教育中使用民族语言的必要性。虽然由于独立不久,大部分教育系统仍遵循过去的殖民模式,英语仍是正式公民教育中的主要语言,全面使用民族语言的建议最终被政府拒绝,但在教学中民族语言可协助英语,用于解释一些模糊和难以理解的概念和术语,发挥其辅助作用。随后,在巴布亚新几内亚举行的语言会议上,有人建议在教育中使用皮金语,以保持民族语言的活力。这是语言政策转变的开端。

语言只有不断被使用才能在进化中存活下来。如使用者减少,语言生存可能会受到威胁(戴炜华,2017)。20 世纪 80 年代,巴布亚新几内亚逐渐意识到由于对殖民时期占主导地位的英语过分重视,致使讲民族语言的人数越来越少,损害了语言多样性和文化多样性,民族语言面临着消失的危险。语言是民族习俗和文化的载体,一旦消失,几乎无重生机会。在此背景下,巴布亚新几内亚推出新语言政策。由于语言决策者多为巴布亚新几内亚当地社区领导人,为保护自己国家和民族的语言,语言政策中强化了民族语言的重要性,提高了民族语言在教育中的地位。为教授儿童民族语言和文化,巴布亚新几内亚的一些省份和地区,如北所罗门省,曾尝试设立使用民族语言的幼儿园,并在一些学科中增加民族语言内容,使民族语言更加本土化,实现本土适应(Literal,1999)。

20 世纪 80 年代末,巴布亚新几内亚开始实施在儿童中推广使用民族语言的语言政策,这一政策得到多方支持。在政策实施过程中,不仅政府大力支持,保障资金供应,支持和鼓励社区学校的儿童用民族语言学习和阅读,还出现了许多为支持民族语言教育活动而成立的非政府性民族语言教育机构,其中贡献最突出的是暑期语言学研究所(Summer Institute of Linguistics,简称 SIL)。在巴布亚新几内亚母语语言保护过程中,语言学研究所做了大量工作。例如,为帮助土著掌握自己的民族语言,他们举办过多期语言课程学习班。语言学研究所支持和资助用当地语言出版的刊物,刊物内容还可在语言学研究所的网站上查询到。另外,语言学研究所还在巴布亚新几内亚开展一系列语言研究,这些研究为学者们对民族语言进行深入探究提供了难得的机会,而且随后发表的有关巴布亚新几内亚语言的论文,也为后来的研究者提供了宝贵资料。

针对学校的语言政策中也有推广民族语言的内容。政策要求儿童在接受小学教育前,应先在当地学校学习当地民族语言。小学一年级后,除引入英语外,讲授课程时还可使用民族语言来解释难以理解的概念。小学教育阶段的所有非核心课程(核心课程为英语、数学、科学和社会研究)中,民族语言应占有一席之地。在中等教育和高等教育阶段,为保证青年学生使用民族语言,政策提倡在日常活动中使用本国语言。当地社区甚至为退学或不能接受教育的青少年提供语言培训课程。总之,受益于该时期的语言政策,民族语言教育课程和推广活动蓬勃发展。

20世纪80年代巴布亚新几内亚的语言政策发生了巨大转变,从注重英语、以英语为基础向强调民族语言转变,语言政策逐渐脱离殖民模式,转为保护和重视民族语言、保护语言多样性、保护民族遗产,语言教育也转为以保卫民族语言、习俗和文化为目的。

(三)20世纪90年代以来

20世纪90年代以来,巴布亚新几内亚开始实施新的语言教育政策。20世纪90年代民族语言在教育中的地位得到提高,使用范围不局限于特定领域,还被纳入正规教育体系之中。20世纪90年代开始,随着民族语言教育的发展,土著方言融入教育体系中。学校鼓励学生使用民族语言,学生用当地语言进行口头表达的能力得到提高。尤其小学一年级数学教材插图较多,给教师提供了用不同语言讲授课程的机会,有利于学生民族语言的学习。为推广民族语言教育,巴布亚新几内亚政府还制定了相关指导方针,颁布了《巴布亚新几内亚语言发展》政策文件,并对民族语言学习作出具体规定,主要包括以下内容:为一年级学龄前儿童开办民族语言预备学校;提升未参加民族语言预备学校学习的一年级学生的母语读写能力;一年级衔接班应设民族语言预备课程,继续教授母语识字;加强一至六年级非核心学习科目中的民族语言使用;培养读写能力至六年级;注重中学和高等教育的民族语言教育活动;注重成人和校外青年的民族语言识字能力和基础教育等(Litteral,1999)。由于基础教育教学中采用这些语言教育策略,民族语言和英语之间的转换变得更加容易。政策法规对民族语言教学也给予了支持,例如,大学为社区学校教师提供民族语言培训,社区学校再对学生进行民族语言培训。

进入21世纪,随着国家经济的发展,语言政策也有所改变。在巴布亚新几内亚,英语是官方语言和商业语言,不懂英语会使经济利益受到损失,也影响国家发展。因此,20 世纪 90 年代提倡在小学教育中推广民族语言教育的语言政策已不再适用,在学校教育中,英语需要取代民族语言成为新教育语言。根据巴布亚新几内亚教育部提供的信息,2013 年 1 月 28 日,新语言政策开始实施。新语言政策旨在进行民族语言教育的同时,使英语回归。语言政策规定英语作为教育媒介语言,所有教学内容都应使用英语讲授,解释复杂概念时,可用民族语言辅助。新政策将英语列为小学教育必修科目,并要求教师不断提高自身教学水平。同时,新政策并未忽视对民族语言和文化的保护,强调在基础教育中加强民族语言教育的重要性和必要性,将民族语言作为一门科目纳入小学教育中。

综上所述,巴布亚新几内亚的语言政策在几十年内发生了很大变化。20 世纪 60 年代,是提倡英语的西方化时期,全盘接受西方文化传入巴布亚新几内亚;20 世纪 70 年代,巴布亚新几内亚获得独立,西方化步伐放缓,民族化步伐加快,民族语言受到重视,英语受到限制;20 世纪 80 年代,民族意识和文化保护意识增强,大学、非政府组织和社区致力于繁荣民族语言,母语教育达到高峰;20 世纪 90 年代,地方当局和社区共同将当地文化和语言纳入教育体系,形成具有本国特色的教育体系,强化民族语言在教育中的地位。进入 21 世纪,社会发展使过去的语言政策不再适用,英语在基础教育中占主导地位的新政策取代了以前的语言政策,民族语言在教学中只起到解释概念等辅助作用,但新政策也将民族语言作为一门科目纳入小学教育体系中。巴布亚新几内亚语言政策和语言教育的变化表明,语言政策主要受到经济、政治等一系列因素的影响。由于缺乏独立性,最初巴布亚新几内亚遵循西方模式,忽略了自己国家的民族性。获得独立后,需要确立自己独立国家的身份,开始强化民族语言在教育中的地位。然而,无论语言政策如何转变,英语作为世界性语言,是一种全球性的交流工具,给年轻人带来了工作机会和社会地位,在某种程度上仍占据重要地位。

三、巴布亚新几内亚的传统文化与社会发展

(一)传统文化

巴布亚新几内亚地处南太平洋和亚洲结合部,美拉尼西亚人、密克罗尼

西亚人、波利尼西亚人、华人和白人都在此繁衍生存,本国文化、印度尼西亚文化、中国文化等交相辉映。不同的人种共同造就了巴布亚新几内亚丰富多彩的文化。与此同时,巴布亚新几内亚由于地理位置偏远,远离大陆,岛上居民长期与世隔绝,在文化和地理方面其是世界上人类探索最少的国家之一。巴布亚新几内亚人的文化生活和习俗较少受外界影响,仍然保留着自己独特的民族文化。

饮食文化方面,巴布亚新几内亚人的主要食物是番薯、芋头、沙壳米、椰子和香蕉等,用蕉叶包裹熏熟的鱼是他们心爱的食物。巴布亚新几内亚人还特别爱吃槟榔,他们常以槟榔作为招待宾客的食品。当有客人来访,他们通常会拿出最好的槟榔果让客人品尝。烹调方面,他们习惯将食材放入盐水中蒸煮或放入油锅中烹炸。肉类中,猪肉是巴布亚新几内亚人的主要食物。

巴布亚新几内亚有995万人口,但分属于800多个不同的族群。封闭的自然条件,河流、湖泊、雨林、高山等复杂地形,阻碍了各个部落之间的交流,避免了文化征服,使得各部落之间过着相对隔绝的生活,由此形成独特的部落土著文化。巴布亚新几内亚土著居民看重亲属、部落及族群的纽带关系,舞蹈是他们表达这一情感的途径。从孩子出生、男性入会仪式、女性青春期庆典、成人仪式、求爱仪式、哀悼仪式、开业庆典、欢迎仪式,到首次理发、生产仪式(建造房屋及制作独木舟)、交换仪式、宗教活动、社交宴请、告别仪式、战争(前、中、后)仪式、召开会议、传达信息、运动、日常娱乐等活动,村民们都会穿上他们最好的服装,披挂用极乐鸟羽毛做的头饰,佩戴用贝壳和动物牙齿装饰的项链,用泥土、木炭、花草汁做染料,在脸、胸、腹部涂上引人注目的美丽图案,穿着用草和树叶做成的裙子,载歌载舞,用舞蹈表达自己的感情,分享各自部落的文化传统。仪式通常由宗族长者主持,本地人称之为唱唱嘉年华(Sing Sing Show)。活动地点通常在村子里男人们住的大房子里,或在村子中心的广场上。

巴布亚新几内亚东南部的原始森林里,生活着世界上唯一居住在树屋里的部落——树屋人。树屋人部落终年生活在原始森林艰苦的环境中,和外界缺乏联系,过着与世隔绝的生活。为便于观察四周、同邻居们联系并躲避危险,该部落的房屋通常建在距离地面6—25米的西米棕榈树上,依靠西米棕榈树干做成的梯子爬上爬下。他们的衣着非常简单,妇女只围着一小块用树皮做成的裙子,男人仅靠一片叶子或者半个坚果来遮盖。但与其他部落相似,他们重视饰物的佩戴。男人通常以狐蝠翅膀的骨头作为鼻饰,横插进鼻子;女人视狗牙串成的项链为珍贵饰物,并往往将项链赠予女儿,男人则佩戴用猪牙串成的项链。部落中男女分工明确,女性在家中照看孩子,做家务;男性负责外出找寻食物。他们最主要的食物是从西米棕榈茎髓里提炼出的富含淀粉的西米,还有西米棕榈树干里的幼虫。

巴布亚新几内亚拥有世界第三大雨林,仅次于亚马孙热带雨林和刚果盆地热带雨林,生物多样性非常之高。这里的巨大雨林是地球上唯一的有毒鸟类、世界上最大的蝴蝶、世界最长蜥蜴的家园。巴布亚新几内亚还拥有太平洋地区面积最大的红树林、珊瑚礁和海草床。生活在这种多样性丰富的自然环境中的巴布亚新几内亚人,在与大自然的和谐共处中,也形成了自己独特的土著文化,并借助饮食、舞蹈、各种饰物等形式呈现出来。对他们而言,传统文化不仅是他们的过去,还是对他们过往的"重现",一种栩栩如生的"生活存活"的体验(仲崇连,2013)。

(二)全球化与传统文化

巴布亚新几内亚作为太平洋岛国地区的一员,在长期的历史演进中,由于巨大的海洋面积以及优越的地理位置和自然环境,而拥有独特的民间文化和特色的海洋人文景观。但随着全球化、现代化席卷世界,巴布亚新几内亚的传统文化也受到不少冲击。工业资本主义在巴布亚新几内亚的发展,使许多从前在农村生活的居民搬到了大城市如首都莫尔斯比港等城市生活,从而导致依赖于过去生活模式的传统文化逐渐从现有生活中退出。巴布亚新几内亚矿产资源丰富,但美国、澳大利亚、新西兰等西方发达国家对其的过度开发,影响到巴布亚新几内亚传统社区的正常生活,也间接对部落传统文化的生存土壤产生了不利影响。除外部冲击外,巴布亚新几内亚人对传统文化的保护意识较薄弱,加之政府相关部门人员缺乏、保护资金不足、技术落后等条件所限,导致了巴布亚新几内亚对传统文化缺少保护。巴布亚新几内亚国家文化委员会高级文化推广官博拉·诺霍曾非常遗憾地表示:"巴布亚新几内亚用特殊黏土、符号制作的原始面具有着独一无二的艺术魅力,但是这类产品必须依赖资金支持,因缺乏资金,很多保护项目缺乏持续性。如2009年政府主导的巴布亚新几内亚'文化测绘项目'共涉及四个地区,南部区域和岛区的文化测绘已经完成,另外两个地区目前处于停滞状态,就是受资金影响,预计2020年才能重新开始。"但伴随着全球化、现代化带来的文化趋同,以及越来越多的巴布亚新几内亚人移居海外，人们逐渐意识到几千年来先人创造的传统文化的珍贵，重拾"文化即身份"的理念，巴布亚新几内亚政府也希望通过保护、研究继而发展自身独有的太平洋文化，来提升传统文化自信，化解现代危机。例如，航海知识、传统音乐舞蹈、仪式节庆等众多独属于巴布亚新几内亚人的传统文化内容，逐渐重新回到人们的视野。越来越多的巴布亚新几内亚民众开始认可自己的文化身份，并愿意在日常生活中享受自己民族独有的传统文化。巴布亚新几内亚政府为了呼吁传统文化回归，制定了相关政策，宣传传统文化的重要性，并采取许多保护措施。通过立法、增加传统文化保护方面的财政预算，以及由政府文化部门牵头，设立专门的保护部门，文化艺术委员会、博物馆、社区俱乐部、非政府组织等利益相关方进行协助，在学校教育和课程学习中融入本民族的传统文化内容等各种方式来保护传统文化。巴布亚新几内亚政府在 1999 年出台了《文化保护法案》，将所有传统文化划分为有形文化和无形文化两大类，这一划分标准涵盖了传统文化的方方面面，有利于传统文化的全面保护。在社区和村庄，政府鼓励人们通过各种传统文化的表演，以活态的形式将传统文化进行还原保护。

四、共建"一带一路"与语言文化交流

（一）与中国的双边关系

太平洋岛国地区是连接太平洋和印度洋的重要海上运输通道，巴布亚新几内亚作为太平洋岛国地区的第一大国家，是南太平洋蓝色经济通道的支点。中国同巴布亚新几内亚于 1976 年 10 月 12 日建立外交关系。建交以来，两国关系平稳发展。建交一年后，中国首任兼职大使到任。1980 年 11 月，中国驻巴布亚新几内亚大使馆正式开馆。1983 年常驻大使赴任。此后，许多国家领导人曾访问巴布亚新几内亚。尤其是 2014 年 11 月 22 日习近平主席在斐济楠迪与巴布亚新几内亚总理奥尼尔的会晤，意义更加重大，双方共同宣布建立战略伙伴关系，双方的合作取得一系列重要进展。随后，巴布亚新几内亚总理奥尼尔于 2016 年 7 月在中巴建交 40 周年之际对中国进行正式访问。2018 年 6 月，我国与巴布亚新几内亚政府签订了共建"一带一路"倡议合作备忘录，这是中国与太平洋岛国国家签署的首个"一带一路"合作备忘录，双方在经贸投资、能源资源、基础设施、工业产能等重点领域有了更多合作，也为中国倡导的"21

世纪海上丝绸之路"在南太平洋创造了新的机遇。2018 年 11 月，习近平主席出席亚太经合组织领导人非正式会议，并对巴布亚新几内亚进行了国事访问，这是 1976 年两国建交以来中国国家元首首访巴布亚新几内亚，极大地促进了两国关系，中国与巴布亚新几内亚的关系进入快速发展的新时期。2021 年 10 月，习近平主席同巴新总理马拉佩通电话。2022 年 11 月，在泰国曼谷出席亚太经合组织第二十九次领导人非正式会议期间，习近平主席会见了巴新总理马拉佩。中国加大了对巴布亚新几内亚的援助，两国的经贸关系也迅速发展。

巴布亚新几内亚被誉为"南太平洋明珠"，矿产资源丰富，探明的铜矿和金矿储量在全球排名中均有一席之地。由于巴布亚新几内亚处于工业化的初级阶段，产业结构不完整，投资上升空间比较大，中国同巴新在矿业、农业、渔业、林业等方面进行了合作。据《信使邮报》2019 年 12 月 12 日报道，2018 年中国是巴布亚新几内亚第一大投资国。巴布亚新几内亚投资促进局局长胡特表示，该局从外国企业认证程序获得的数据表明，2018 年中国成为巴布亚新几内亚的第一大投资伙伴。2020 年 6 月中国与巴布亚新几内亚双边货物进出口额达 2.85 亿美元。2022 年双边贸易额 52.6 亿美元，同比增长 30.8%，其中中方出口额 14.3 亿美元，同比增长 36.2%，中方进口额 38.2 亿美元，同比增长 28.6%。

（二）共建"一带一路"倡议下的语言文化合作

中国与南太平洋岛国的交往源远流长。国家主席习近平在 2013 年 9 月与 10 月对东南亚和中亚国家进行国事访问时，提出了共建"一带一路"倡议，随后中国政府于 2015 年 4 月出台规划文件正式将南太平洋地区纳入"21 世纪海上丝绸之路"的蓝图中，中国与南太平洋岛国的合作进入一个新的发展阶段。中国政府除了非常重视与南太平洋岛国建立相互尊重、共同发展的战略合作伙伴关系，加强高层互访，深化务实合作外，也一贯重视与南太平洋岛国之间的教育文化交流和文化合作。2014 年 11 月，国家主席习近平在访问斐济期间提出，要在五年之内为南太平洋岛国提供 2 000 个奖学金名额和 5 000 个各项研究培训名额，中方愿同各岛国继续加强交流合作。伴随着中国与南太平洋岛国各国交流的日益密切，中国与巴布亚新几内亚在教育、文化领域的合作也越来越多。中国自 1986 年起每年向巴布亚新几内亚提供政府奖学金名额，目前已有超过 450 名巴布亚新几内亚学生获得奖学金赴华学习语言并进行深造。

2016 年，深圳市与巴布亚新几内亚首都莫尔斯比港签署了《友好交流合作备忘录》，两地结为友好城市，由中国援建的友谊学校"布图卡学园"成为第一个落地项目，搭起了两地的友谊之桥。学校位于巴布亚新几内亚首都莫尔斯比港南部，于 2018 年 8 月顺利完工，占地约 5 万平方米，包括幼儿园、小学和中学，可容纳 3 000 名学生。除建立学校外，近年来，乒乓球运动也成为联通中巴新两国文化和民心的重要桥梁。2018 年 11 月，上海体育学院中国乒乓球学院巴新培训中心首期训练营在中国—巴新友谊学校·布图卡学园综合体育馆启动。

　　巴布亚新几内亚加入共建"一带一路"合作框架，为双方政治互信和经济合作注入了新的动力。而作为国家软实力的文化交流，其重要性也不容忽视。语言是文化的载体，中国和巴布亚新几内亚之间的语言交流合作也提上了议程。2021 年 2 月 19 日，巴布亚新几内亚首所孔子学院在巴布亚新几内亚科技大学揭牌成立。巴新科技大学孔子学院位于巴布亚新几内亚第二大城市、工业经济中心莱城，由重庆师范大学与巴新科技大学合办，是巴新科技大学正式二级办学单位，也是巴布亚新几内亚目前唯一的孔子学院，首批已有近 300 名巴新科技大学师生报名学习。2021 年 10 月，布图卡学园孔子课堂启动，进一步为中巴新两国教育、文化交流提供了便利。共建"一带一路"背景下的语言文化交流与合作，增加了两国的交流机会，推动了经济上的互利共赢，对深化中巴新各领域合作发挥了积极作用，助推两国全面战略伙伴关系进一步发展。

第二章

斐济语言文化研究

斐济共和国（The Republic of Fiji），国家名称源自斐济语"Viti"的汤加语发音，通称斐济，是位于西南太平洋中心，瓦努阿图以东、汤加以西、图瓦卢以南的群岛国家。斐济地跨东西半球，180度经线贯穿其中，是世界最东也是最西的角落，成为地球上每天迎接第一缕晨光的地方，被称为"曙光之岛"。一条经线之隔，便是昨日与今日之分，时光在这里显出几分哲学的意味。由于其位于西南太平洋中心，是南太平洋地区的交通枢纽，斐济享有"南太平洋十字路口"的美誉。斐济陆地面积1.83万平方千米，海洋专属经济区面积129万平方千米。斐济由332个大小各异的岛屿组成，主要为珊瑚礁环绕的火山岛，其中106个岛屿有人居住。2019年人口普查统计显示，斐济大约有88.93万居民，其中70%居住在维提岛上，即首都苏瓦（Suva）所在的最大岛屿。斐济拥有4E级国际机场，还是南太平洋大学本部的所在地（Mangubhai & Mugler，2003）。

一、斐济语言概况

斐济是一个多民族和多元文化的国家，融合了美拉尼西亚、波利尼西亚、印度和欧洲文化的特点。其中56.8%为斐济族人，斐济族人属于美拉尼西亚人，同时具有波利尼西亚人的一些特点；37.5%为印度族人，斐济的印度族人是契约劳工的后代，1916年契约劳工制度结束后，很多印度劳工选择作为佃农或自由土地开发者留在斐济，并从此逐渐发展成斐济两大民族之一（Lal，1992）。至少94%的斐济人以斐济语或斐济印地语（Fiji Hindi）（或旁遮普语或古吉拉特语)为他们的母语,1％至3％的人将英语作为他们的第一语言(Mangubai & Mugler,2003)。此外,"这里也有一些讲罗图曼语、基里巴斯语、图瓦卢语以及其他太平洋语言和汉语及其方言的人"(Tent & Mugler,2004:750)。

斐济宪法规定了三种语言为官方语言,分别是斐济语、印地语(Shudh)和英语。其中斐济语是斐济本民族的语言,印地语则是居住在斐济的印度族裔的主要语言,英语为通用语言。据斐济宪法规定,斐济公民有权利使用其中任何一种语言同政府机构沟通,需要的话政府应及时提供翻译人员。英语是斐济本民族和印度族裔最常用的语言,不同族群间沟通一般使用英语,政府机构、教育机构、金融机构和法律机构也一般以英语为主。除了上述三种官方语言,斐济还有很多其他的语言,该国西部的很多方言同官方的普通话(Bau Standard)差别很大,甚至可以被认为是另一种语言。另外,很多斐济的印度人除了说印地语外,也说泰米尔语,还有少数说比哈里语、孟加拉语和其他语言。而在该国的罗图马岛上,主要使用罗图马语(属于波利尼西亚语(Polynesian Langulage)的一种)。

(一)斐济语

斐济语是斐济的本族语言,属于南岛语系,该语系包含约1 400种语言(Mangubhai & Mugler,2003),是全球最大的语系之一。与同属南岛语系的美拉尼西亚语较为接近,但由于长期与波利尼西亚民族接触,因此也受到马来‐波利尼西亚语族中的汤加语的影响。与每个岛或岛群中只有一个区域变体的萨摩亚和库克群岛不同,斐济以其方言的多样性闻名(Lynch et al.,2002)。斐济语可以区分出34种方言,并且可以划分为东部变体和西部变体(Lynch,1998)。此外,斐济语还可以区分出大约300种"社群语言","社群语言"指仅限于某些村庄的区域性方言(Geraghty,1983;Siegel,1989)。在某些极端情况下,说西部方言的居民可能听不懂东部方言(Lynch et al.,2002)。

欧洲传教士来到斐济后,他们很快意识到学习如此多样的方言是不切实际的,将《圣经》翻译成所有方言更是不可能完成的任务。因巴乌岛(Island Bau)的东部方言 Bauan 已经"具有某种通用语言"的地位,他们选择用 Bauan 进行传教工作,但他们使用了经过细微修改的版本,被语言学家称为"古老的高级斐济语"(Old High Fijian)(Lynch et al.,2002)。基于"古老的高级斐济语",社会上演进出了用于外交、教育、外贸和"某些公共场合"的标准斐济语(Standard Fijian)(Lynch,1998:33),标准斐济语与 Bauan 非常接近,但并不完全相同。当今的一些年轻人能说一口流利的标准斐济语,却不擅长使用自己的方言。斐济语可区分为四种非区域性变体,除标准斐济语和古老的高级斐济语外,还有源于标准斐济语且主要用于城镇的日常斐济语(Colloquial Fijian),以及"用于诗歌和歌谣的传统语言,即米克斐济语(Meke Fijian)"(Mangubhai & Mugler,2003:376)。

第一部斐济语词典由哈泽尔伍德(1850)编写,卡佩尔(1941)修订。自1970 年斐济独立以来,斐济语也越来越多地在广播、书籍、报纸以及学校中使用。为了确保该语言的未来发展有良好的基础,政府成立了一个研究斐济语的部门,该部门的首要任务是为斐济人编写一本斐济语单语字典。该字典编成后将成为太平洋地区首例此类字典。

(二)斐济印地语

斐济印地语是居住在斐济的印度族裔和信仰伊斯兰教的穆斯林所讲的主要语言,其与印度次大陆所讲的印地语和乌尔都语有一定区别,但并不妨碍相互交流。1874 年斐济沦为英国殖民地后,1879 年至 1916 年,有超过 60 000 名印度人作为"殖民制糖公司"的契约劳工从印度被带到种植园工作,主要种植甘蔗。这些契约劳工中有 3/4 是通过加尔各答港在北印度招募的,其余 1/4 来自南印度的马德拉斯管辖区。

从印度来到斐济种植园工作的第一批契约劳工中的大多数最初来自"北印度的印地语带,他们讲各种印地语方言"(Mangubhai & Mugler,2003:377)。这些劳动者在种植园里相互交流,逐渐发展出斐济印地语,被称为 koiné。斐济印地语是一种独特的语言变体,具有印地语各方言的形态特征,同时还吸收了英语和斐济语的混杂语形式(Siegel,1989)。斐济印地语的主要组成来源是印度北方邦东部(Eastern Uttar Pradesh)的几种方言,以阿瓦迪语(Avadhi)和西部比哈尔方言(Western Bhojpuri)为主。其他组成来源还包括印度斯坦语(Hindustani)、北印度的通用语(the Lingua Franca)、巴扎印度斯坦语(Bazaar Hindustani),以及西印地语方言哈里波利语(Khariboli)。其他涉及的方言包括比哈里(Bihari)次方言,如马加希语(Magahi)和迈提利语(Maithili),以及其他一些西印地语方言,如布拉吉语(Braj)。斐济印地语几乎是所有吉米提亚人后裔的本族语,但其没有实现标准化,通常不具备写作等正式的功能,公开威望也较低。在书面语、教育、媒体和正式场合中,人们使用更多的是"从印度引入"的标准印地语,即印地语"Shual"(Siegel,1989),但大多数印度裔斐济人对"纯"印地语的知识非常贫乏,他们在书面语中使用更多的是英语(Tent,2009)。迄今为止,唯一的斐济印地语词典是霍布斯(Hobbs)版本(1985),这是一本英语斐济印地语/斐济印地语英语双语词典,主要面向需要用斐济印地语进行日常口头交流工作的和平队志愿者们。霍布斯的词典使用罗马字母,但其遵循的一些惯例与以前大多数学者有所不同(长元音用双字母,而不是元音上的长音符;大写字母表示倒转,而不是辅音下的下标点)。契约劳工时期之后的印度裔斐济人是自由移民的后代,他们通常使用旁遮普语或古吉拉特语(Tent & Mugler,2004)。

(三)英语

1. 接触英语初期

200多年前,第一批斐济探险家、海滩拾荒者和贸易商开始接触欧洲人,并因此在大洋洲第一次接触到有限的英语(Lynch et al.,2002)。1643年,荷兰航海者阿贝尔·塔斯曼(Abel Tasman)航行至此,成为最先发现斐济的欧洲人,拉开了欧洲人涉足斐济的序幕。直到1774年7月,英国探险家詹姆士·库克(James Cook)船长在他的第二次太平洋探险航行中,观察到了劳群岛南部的小岛"瓦托阿"以及与此连在一起的珊瑚环岛"阿塔瓦托阿"。18世纪70年代末,英国皇家海军舰艇"潘多拉号"(Pandora)在大溪地搜索"邦蒂号"(Bounty)的叛变船员,返航时停泊于斐济某个岛屿附近(Siegel,1989)。1791年,英国海军抵达斐济。1797年,英国传教船"达夫号"在一次长途航行返回途中,从塔希提西行穿过了劳群岛。1800年,一艘名为"阿尔戈号"的帆船在西南太平洋触礁沉没,其幸存的水手历经千辛万苦,终于登上海域内的一个火山岛,即今天斐济共和国的一个小岛。"阿尔戈号"的幸存者发现了岛上的檀香木,如获至宝。从1804年在斐济发现檀香木开始,越来越多的欧洲商人频繁来到斐济群岛寻找商机(Schütz,2004)。逃兵和遇难海员开始在斐济定居,与土著人通婚,成为"海滩拾荒者"(Beachcomber)。1826年,第一批传教士来到斐济东部劳群岛传教。1835年英国基督教卫理公会(Methodist Church)传到斐济(Tent,2001),传教士倾向于使用当地的本族语斐济语引导人们学习文字,教人们读

《圣经》和其他宗教著作,以使当地居民信仰基督教,因为事实证明,这对他们的传教目的更为有效(Lynch & Mugler,1999:18)。传教士到达斐济传教的头50年,教学语言是斐济语,所有的教学都在教堂中进行,甚至在被英国占领时仍是如此(吕桂霞,2015)。传教团的成立对斐济而言是一个具有决定性的转折点:与欧洲人建立了定期联系,引进了西方教育,并巩固了西方宗教信仰的影响(Mosel,2004)。

2. 殖民时代对英语的态度和接触

斐济没有经历过大规模的欧洲人定居,英语在很大程度上是通过殖民统治和教育体系来展现其影响力的,这就是为什么南太平洋地区的英语作为第二语言源于殖民主义(Siegel,1996)。在斐济,教育、政治和英语传播之间的联系显而易见。斐济在1874年成为英国的殖民地(Fischer,2002),为确保英语的威望,英语"成为殖民政府的工作语言"(Mangubhai & Mugler,2003:377),甚至在殖民制度被废除后的很长一段时间里,英语一直作为官方语言而存在。

然而,一开始土著居民并不能真正接触到英语,斐济的殖民行政当局并不鼓励其工作人员与当地居民说英语,而是希望他们学习使用斐济语和印地语。行政当局认为,这一政策便于更好地控制土著居民,另一方面,他们认为土著居民缺乏学习英语的才智(Tent,2001)。

1894年,天主教会首次向斐济人和部分欧洲人提供了正规的英语教学,当时许多人都想报名学习英语(Tent,2000)。后来,卫理公会和殖民地政府在少数的一些政府学校将英语列入了学校课程,但这些特殊的政府学校只招收斐济酋长们的儿子(Tent,2000)。1916年,殖民统治者正式成立了教育部,英语教学在斐济教育中占据更为重要的地位。同年,废除契约劳工制度后,印度裔斐济人也可以接受正规教育,他们要接受更多的教育,也非常热衷于学习英语,因为他们认为这是经济和职业发展的唯一机会(Tent,2000)。

英语在斐济的大范围影响始于20世纪20年代末。1924年英国政府与新西兰政府建立了合作计划,这意味着英国政府"将教育责任移交给新西兰教育当局"(Tent,2000:17)。该计划使斐济的学校能够招聘新西兰人担任教师,大量不会说斐济语或印地语的新西兰教师的涌入,使得英语作为教学媒介的作用大大增强(Tent,2000)。20世纪30年代后,英语在学校教育中的使用范围进一步扩大,从四年级开始,英语成为所有学校的官方教学语言(Tent,2001)。

那时,殖民政府也改变了他们对非欧洲人学习英语的看法,认为英语是斐济人和印度裔斐济人交流的理想"中立"通用语,同时还可以促进这两个民族的和谐共存(Tent,2001;Tent & Mugler,2004)。基于教师的语言背景和学生本族语的多样性以及殖民政府推行英语的政治策略,英语当时在学校非常流行。当地居民已经意识到,在学校体系中习得良好的英语能力是获得高等教育和白领工作的唯一途径,因此,斐济人和印度裔斐济人都表示希望在学校里进行更多的英语教学(Mangubhai & Mugler,2003)。

第二次世界大战期间,新西兰军队驻扎在斐济,1941 年 12 月珍珠港遇袭后,他们加入了美国军队(Lal,1992),这一事件加强了英语在斐济的影响。这是斐济人和印度裔斐济人(在所有社会地位中)与非英国籍教师或政府官员的白人之间的第一次密切和广泛的接触(Lal,1992),突出了英语作为一种广泛交流工具的有用性(Tent,2000)。

3. 政治独立后英语的影响

斐济于 1970 年才获得完全独立(Fischer,2002),而仅仅 17 年后,这个国家就陷入了政治危机。1987 年发生了两次军事政变,第一次是有人不满政府由当地的印度裔垄断,第二次是要求废除君主立宪,实施共和制,宣布斐济为共和国。受政变的影响,斐济被暂停加入英联邦,而且随着外国投资和援助的撤出,斐济经济急剧下滑,游客数量也大幅下降。政变后的几年,印度裔斐济移民人数大幅增加(Tent,2000)。此后斐济分别于 2001 年和 2006 年又发生了两次军事政变,因 2006 年政变,斐济被英联邦中止会席,成为目前唯一被完全中止会席的会员国。该国在 2009 年又经历了宪政危机。

斐济获得政治独立并不意味着拒绝将英语作为官方语言。所有政府文件的翻译和所有教科书的重写都要付出巨大的代价,用斐济本族语教授数学和计算机科学的教师要先接受培训,因此,在一个多民族和多语言国家,仍需要英语作为不同民族的"中立"通用语。学生和他们的父母也认同英语在国际交流中的重要价值及其对成功职业生涯的关键作用(Melchers & Shaw,2003)。英语在斐济政治独立后的影响不仅仅取决于殖民地时期英语作为政府语言和学校教学媒介的重要地位,也是因为斐济人在 1970 年以后与英语本族语者的接触越来越密切,这种联系通过广播、电视、互联网、国际贸易和旅游业,特别是向英语国家的广泛移民而表现出来。

4. 当今英语的影响

（1）英语对政治的影响

1997 年版斐济宪法是用英语编写的，只提供了斐济语和印地语的翻译摘要（Mangubhai & Mugler，2003），由此可见英语在政治中的强大影响。

由于宪法是英文的，政府只提供英文的信息，民众对 1987 年的政治状况以及他们自己的"权利和责任"一无所知（Mangubhai & Mugler，2003：372）。Paul Geraghty 在 2000 年的一次电台采访中警告道，政府几乎完全使用英语的行为会造成民众与政府脱节："政府的语言主要是英语……那么民众提出了一个问题，在某种程度上让他们脱离政府……他们感觉好像他们对政府没有任何的影响。很明显，这是从殖民时代遗留下来的问题，如果你不会说英语，那么你就没有任何真正的权利。"

Tent（2000）也指出，英语在政府行政管理中的主导地位尤其体现在书面媒介、法律和政府信函中，而不是体现在行政人员与同事或客户的日常互动中。在斐济，英语在议会解散前一直是其官方语言，但 1997 版宪法也保留了议员"用斐济语或印地语议事"的权利（Tent，2000：28）。但 Tent（2000）评论说，每当政客在议会中选择使用英语以外的语言时，都是为了推动他的政治议程，新闻界也会将其作为一个不寻常的事件，立即对此发表评论。

（2）英语对教育的影响

斐济语和印地语在小学的前三年被作为教学语言（吕桂霞，2015），即使用当地本族语作为教学语言，而英语仅被作为一门学科引入（Lynch & Mugler，1999）。从四年级开始英语成为除母语课以外所有科目的教学语言。在多种族学校中，学生没有通用的本族语，作为通用语言的英语自然也被学生用于教室外的交流，他们认为使用英语是一种必要的选择，并为自己的英语水平感到自豪。而在斐济语或印地语为主导的学校中，学生更喜欢在课外用斐济语或印地语进行交流，英语能力差的学生在课堂上若很难跟上教学的步伐，教师会转而用斐济语或印地语翻译。在高等教育阶段，几乎所有课程全部用英语授课。以位于斐济首都苏瓦的南太平洋大学为例，该大学"由 12 个成员国共同拥有和运营"，是"一个多语种团体"，因此，学校要求以英语作为官方教学语言（Lynch & Mugler，2002：76）。总的来说，英语在很大程度上是通过学校传播的，其在当今斐济教育中的地位也是非常明显的。

（3）英语对文学的影响

20 世纪 60 年代以前，南太平洋地区出版的文学作品几乎全是欧洲人写的：著名的早期作品有赫尔曼·梅尔维尔（Herman Melville）的《泰比》（*Typee*）（1846）、杰克·伦敦（Jack London）的《南海故事》（*South Sea Tales*）（1911）和罗伯特·路易斯·史蒂文森（Robert Louis Stevenson）的《岛屿之夜》（*Island Nights' Entertainments*）（1893）。在斐济，Raymond Pillai、Pio Manoa、Vilsoni Hereniko、Larry Thomas 和 Subramani、Satendra Nandan 以及 Sudesh Mishra 都是非常知名的作家，出版了诗歌、小说或戏剧作品（Lynch & Mugler, 1999; Tent, 2000），这些作品大都用英语书写。相比之下，斐济语和印地语的文学作品较少，截至 1984 年，斐济语的文学作品不超过 20 部（Geraghty, 1984; Tent, 2000）。拉里·托马斯（Larry Thomas）与阿波罗尼亚·塔马塔（Apolonia Tamata）在拉科维（Lakovi）创作了他们的第一部斐济语话剧，该剧于 2010 年首次上台演出，取得了巨大成功。印地语出版物相对较多，但通常使用标准印地语，没有多少印度裔斐济人可以阅读（Tent, 2000）。

（4）英语对流行音乐的影响

南太平洋地区的歌舞是当地文化的一个重要组成部分。教堂礼拜或音乐舞蹈比赛中的表演往往充满了激情；传统音乐老少皆宜，观众还可自发加入演出；旅游景点、酒店和度假村定期提供的歌舞表演也备受欢迎，这些歌舞表演的歌词都使用当地本族语言。

南太平洋地区的年轻人也喜欢英语的国际说唱、流行和嘻哈音乐。斐济唯一的青少年杂志《完全的青少年》（*Totally Teens*）用多篇幅介绍了国际歌手和他们最新歌曲的歌词，其中 2007 年第一期杂志包括了艾薇儿·拉维尼、碧昂丝、夏奇拉和艾米纳姆等。在斐济，当地的公共汽车就像是安装了轮子的自动点唱机，不断地播放着响亮的音乐。

印度流行音乐和好莱坞电影中的流行音乐很受印度裔斐济人的欢迎（Hunt & Keller, 2003）。流行音乐是南太平洋地区的一种艺术形式，能够促使人们接触英语。然而，英语并不是南太平洋流行音乐的主要语言。年轻人喜欢的当代太平洋音乐，有时被称为"南太平洋融合音乐"，是传统音乐与现代流行音乐或嘻哈音乐的混合体，几乎完全用翻译的大洋洲母语演唱。

（5）英语对大众传媒的影响

19 世纪 60 年代末，殖民政府出版了斐济的第一份斐济语报纸，其目的是面向公众开展宣传活动（Mangubhai & Mugler，2003）。如今，斐济有三大日报，包括《斐济时报》（*The Fiji Times*）、《斐济太阳报》（*Fiji Sun*）和《每日邮报》（*The Daily Post*），都是英语的。除此之外，还有两大最具代表性的斐济语周报 *Nai Lalakai* 和 *Volasiga*，以及印地语周报 *Shanti Dut*。除了刊登一些英语的宗教文本和文学作品，*Nai Lalakai* 和 *Volasiga* 是仅有的使用原住民语言即斐济语的纸质媒体。相比之下，英语报纸的读者人数比其他报纸高得多（Lynch & Mugler，1999；Geraghty，2000；Tent，2000）。斐济的杂志市场也非常活跃，《岛国商务》（*Islands Business Magazine*）和《评论》（*The Review*）已经上市多年（Mangubai & Mugler，2003）。2006 年前后陆续发行了一系列杂志，并逐渐流行起来，如 *Marama*、*Turaga*、*Fiji Living*、*Mai Life*、*Totally Teens*。这些杂志都以英语出版，表明斐济的书面语主要是英语。

南太平洋地区的广播电视节目仍主要由国外电台控制，澳大利亚广播电台是南太平洋地区听众最多的电台，但 BBC（英国广播公司）和 VOA（美国之音）是两大竞争对手（Crocombe，1992）。斐济 2000 年有 15 个电台，其中 11 个用英语广播，2 个用斐济语广播，2 个用标准印地语广播（Tent，2000）。在斐济的农村地区，广播是最可靠、最稳定和最经济的传播媒体，还是获取新闻、天气预报和社区公告的主要来源。与读报不同，大多数斐济人收听斐济语广播电台，大多数印裔斐济人收听印地语电台（Tent，2000）。但这并不适用于生活在斐济城市的年轻一代。斐济、萨摩亚和库克群岛的电视台播放了许多国外的电视连续剧。2007 年夏，美剧《兄弟姐妹》和《丑女贝蒂》以及新西兰肥皂剧《肖特兰街》在斐济播出，备受年轻人推崇。1991 年，新西兰电视台（TVNZ）获得"世界杯橄榄球赛现场直播的临时许可证"（Mangubhai & Mugler，2003），斐济由此引入了电视台。1993 年，斐济成立了地方电视台，但地方制作的节目仍然很少。到 2003 年，一个工作日的黄金时间被分割为由三种官方语言播出的当地新闻、BBC World 播出的国际新闻和其他四五个节目，比如新西兰肥皂剧和美剧。只有当地新闻节目在当地制作，"占播出时间的比例不到 25%"（Mangubhai & Mugler，2003：415）。互联网在斐济的影响力也在增加，除南太平洋大学的太平洋语言板块的网站上有大段的斐济语文字（Mangubhai & Mugler，2003），其他网站主要是用英语建构，互联网比电视更能让斐济人接触到不同种类的英语变体(Tent, 2000)。

简而言之,英语是斐济大众媒体的主要语言,这部分归因于英语是书面语的主导语言。电视和互联网是对年轻一代有很大吸引力的新媒体——从新西兰肥皂剧和美国大片到聊天室论坛,这些媒体无疑塑造了西方形象,这一形象被年轻一代的斐济人所接收,在潜移默化中强化了他们对英语的积极态度。

二、斐济的语言政策概述 ①

(一)斐济的语言状况

斐济多族裔、多文化、多语言的社会环境决定了斐济语言政策的复杂性,斐济飘摇的发展历史又决定了斐济语言政策的多变性。Taylor et al.(1997)指出有效语言政策分析,需要考虑语言政策的背景、文本和结果,同时考虑"政策是照顾谁的利益,谁是政策的受益者,谁是政策的利益受损方"。基于此,本文将考察斐济语言政策的历史背景,综述语言政策文本,分析语言政策存在的问题并提出可行性解决方案。

(二)斐济语言政策的历时性文本综述

斐济最基本的语言政策包括以下两点:斐济的通用语言为斐济语、印地语和英语,三种语言拥有同等的地位;斐济的公立学校教学用语基本遵循小学一至三年级使用母语教学、小学四年级开始使用英语教学的原则。这两条还算切合当代实际,尽管有各种各样的问题,斐济政策也是在历史长河中不断发展演变而来的。下面本文将综述斐济语言政策的发展。斐济的语言政策可以在几个标志性文献中找到出处和依据。

1. 斐济宪法

自从 1970 年独立以来,斐济共颁布了四部宪法,分别为 1970 年、1990 年、1997 年和 2013 年宪法。每部宪法中都有关于语言的规定,具体摘录点评如下。

---

① 本节的部分内容曾发表于《浙江外国语学院学报》2022 年第 3 期,作者为杨慧、梁国杰(通讯)。

1970 年

（1）"相关机构要用被拘留或逮捕的人员能理解的语言告知其被拘留或逮捕的原因。"（Constitution 1970, Chapter 1, Article 5）

（2）"相关机构要尽快用被指控嫌疑人能理解的语言告知其被指控的罪行详情。如果嫌疑人不能理解庭审语言，需要为其提供翻译。"（Constitution 1970, Chapter 1, Article 10）

（3）"在紧急情况法令条例下，相关机构要在 7 天内以被拘留人员能理解的语言以书面形式通知该人员被拘留的详细原因。"（Constitution 1970, Chapter 1, Article 16）

（4）"议会工作语言为英语，但是议员可以使用斐济语或印地语发言。"（Constitution 1970, Chapter 5, Article 56）

1990 年

（1）"相关机构要用被拘留或逮捕的人员能理解的语言告知其被拘留或逮捕的原因。"（Constitution 1990, Chapter II, Section 5）

（2）"相关机构要尽快用被指控嫌疑人能理解的语言告知其被指控的罪行详情。"（Constitution 1990, Chapter II, Section 11）

（3）"在紧急情况法令条例下，相关机构要在 7 天内以被拘留人员能理解的语言以书面形式通知该人员被拘留的详细原因。"（Constitution 1990, Chapter II, Section 17）

（4）"议会工作语言为英语，但是议员可以使用斐济语或印地语发言。"（Constitution 1990, Chapter VI, Part 4, Section 66）

1997 年

（1）"英语、斐济语和印地语在斐济拥有同等地位。宪法使用英语版本，将提供斐济语和印地语翻译摘要；当英文版本与斐济语、印地语版本有分歧时，以英文版本为准。民众在与政府各级官方机构官员交流时，有权利使用英语、斐济语或印地语，必要时各级机构需为民众提供翻译。"（Constitution 1997, Chapter 1, Article 4）

（2）"相关机构要在 7 天内以被拘留人员能理解的语言以书面形式通知该人员被拘留的原因。"（Constitution 1997, Chapter 4, Article 23）

（3）"相关机构要尽快用被拘留或逮捕的人员能理解的语言告知其被拘留或逮捕的原因。相关机构要以被逮捕嫌疑人能理解的语言告知其有拒绝陈述

回答的权利。"（Constitution 1997，Chapter 4，Article 27）

（4）"相关机构需要以书面法律文本形式以被起诉人员能理解的语言通知其被起诉的原因。"（Constitution 1997，Chapter 4，Article 28）

（5）"在法庭上，嫌疑人被问询、证人作证都需要使用其能理解的语言，或者提供语言翻译或者手语翻译。"（Constitution 1997，Chapter 5，Article 29）

（6）"任何法律，或法律规定下的管理行动不得歧视任何人的母语。"（Constitution 1997，Chapter 5，Article 38）

（7）"议会工作语言为英语，但是议员可以使用斐济语或印地语发言。"（Constitution 1997，Chapter 6，Article 74）

2013 年

（1）"宪法使用英语版本，将提供斐济语和印地语译本；当英文版本与斐济语、印地语版本有分歧时，以英文版本为准。"（Constitution 2013，Chapter 1，Article 3）

（2）"在国家紧急情况下，相关机构要在 7 天内以被拘留人员能理解的语言以书面形式通知该人员被拘留的原因。"（Constitution 2013，Chapter 2，Article 9）

（3）"被拘留或逮捕的人员有以他们能理解的语言被告知拘留或逮捕原因的权利，相关机构在与被拘留或逮捕人员交流任何信息都需要用简洁明了的该人员能理解的语言。"（Constitution 2013，Chapter 2，Article 13）

（4）"相关机构需要以书面法律文本形式以被起诉人员能理解的语言通知其被起诉的原因；开庭过程中需要使用被起诉人员能理解的语言，或者政府付费提供语言翻译。"（Constitution 2013，Chapter 2，Article 14）

（5）"在法庭上，嫌疑人被问询、证人作证都需要使用其能理解的语言，或者提供语言翻译服务。"（Constitution 2013，Chapter 1，Article 15）

（6）"斐济所有小学都要将当代斐济口语（Conversational and contemporary iTaukei）、斐济印地语作为必修科目。"（Constitution 2013，Chapter 2，Article 31）

（7）"残障人士有使用盲文、手语或其他交流方式的权利。"（Constitution 2013，Chapter 2，Article 42）

以上四部宪法对语言的规定可以看出，斐济宪法保障人的基本语言权利，在拘留、逮捕、起诉、问询和庭审等环节，各机构需保证使用公民能理解的语言。1997 年斐济宪法规定，斐济宪法以英文版本为主，需要提供斐济语和印地语译本，当各译本有分歧时，以英文版本为主。1970 年、1990 年和 1997 年的斐济宪法规定英语为议会工作语言,同时议员也可以使用斐济语和印地语发言,2013年宪法没有再提及这一点。1997年斐济宪法明确了英语、斐济语和印地语在斐济拥有同等地位。2013年宪法首次提出了公民的母语、残障人士使用盲文和手语的权利受保护,斐济口语和斐济印地语为小学必修科目。从斐济宪法中语言规定的发展脉络可以看出,斐济政府在保障公民基本语言权利的同时,日益重视保障各族裔的母语,承认当代斐济口语和斐济印地语的地位,提高语言文化多样性和传承性。

然而,现实情况没有那么美好,2003年议员 Samisoni Tikoinasau 指出斐济人大概100%从未读过宪法,也从未见过宪法的斐济语版本。斐济的国歌为英文版,至今没有斐济语和印地语版本,并且政府机构提供三语服务的翻译成本高。

2. 斐济教育部文件

斐济1916年正式设立教育部,在此之前斐济的教育事务由一些教会组织负责。每个教会点(Mission Station)和教会学校用斐济语教授当地村民基本的认字和算术(Mangubhai & Mugler,2003)。教育部设立之初负责登记学校、招聘教师、统一为民众提供教育服务。20世纪30年代,斐济的小学教育得到了长足的发展,中学教育开始零星发展。20世纪60年代,斐济的小学和中学教育发展迅速,并开始有设立高等教育学府的需求。1968年,南太平洋大学成功设立,苏瓦校区为校本部。当下,教育部的全称为斐济教育遗产文化部,主要负责教育内容的审核与优化、教师的选拔与培训、教学设施的提供与改善等,与此同时,教育部还提出了国家的教育战略发展计划。

斐济教育部设立以来出台、发表了重要的教育文件与报告,与语言政策部分有关的重要文件分别为1926年、1956年、1969年和2000年教育委员会报告,摘录点评如下。

1926年教育委员会文件提出小学一至三年级的教学语言是标准斐济语和标准印地语,所有学校都要把英语作为必修科目。该文件经过了很多的增补和修正,学者争议最多的议题是教学用语从几年级开始过渡为英语。该文件还提出希望印度裔学生统一学习标准印地语,小学低年级使用标准印地语教学,因为印度裔公民的印地语地方语言太多了,在学校提供所有语种教学不现实,且标准印地语的图书、杂志、电影、音乐等教学资源更丰富。该政策受到印度裔家长质疑,后来文件增补了当班级学生使用某种印地语方言达到 15 人时,可以使用该地方印地语来授课。

1956 年的教育委员会文件进一步对教学语言做了规定:"小学一至四年级的教学语言根据学生的族裔背景可以使用英语、斐济语、印地语方言的一种,四年级之后教学语言为英语,当英语为教学用语后,斐济语和印地语作为学生的学习科目。"(Lewis-Jones, 1955: 4)

1969 年斐济教育委员会报告综述了斐济当时的语言现状,并提出建议:

(1)已经实施从小学一年级开始,英语作为教学用语的学校可以延续该做法;

(2)有教师资源的情况下,鼓励英语作为教学用语,并且实施得越快越好,当然以不伤害本土人的母语感情为前提;

(3)条件不具备的情况下,小学一至三年级使用母语教学,英语作为第一外语;从小学四年级开始使用英语教学,多族裔的学校继续教授斐济语和印地语,有特殊需求的学校,可以教授乌尔都语、泰米尔语和其他少数族裔语言;

(4)多族裔学校中如果斐济裔和印度裔学生数量都比较多,应提供这两种科目教学;如果学校中某个族裔的学生人数较少,学校可以共享教师或者轮班;如果乌尔都语、泰米尔语和其他少数族裔的语言教师人数不够,政府可以向一些团体寻求教师培训方面的帮助;

(5)英语为中学教学用语,印地语或乌尔都语或泰米尔语继续作为一个科目,斐济语作为文化语言;

(6)斐济语、印地语及少数族裔语言应该作为考试科目,政府应该设立奖金鼓励印度裔学生修读斐济语、斐济学生修读印地语;

(7)斐济语标准化建设需要得到官方的支持,吸引和组织当地和国际专家学者对斐济语的发音、拼写等语言学元素进行归纳总结;

(8)通过大学和文化委员会记录斐济口述故事和历史,纠正和编辑斐济语版的《圣经》和原有的一些文学作品等;

(9)任何成人教育项目,都应该有英语、斐济语和印地语的宣传册;

(10)斐济博物馆应该增加印度文化和艺术相关展品;

(11)文化委员会或其他机构应给予当地文学和文化艺术发展财政支持和补贴。

1969 年教育委员会报告还就其他语言相关问题进行了讨论,如斐济语是否成为必修科目。委员会对这个问题做了激烈的讨论,最后没有达成一致,主要争论焦点在于斐济语如果成为必修科目,势必会给印度裔学生带来负担,慢慢削弱他们的母语趋势,甚至会造成他们母语被剥夺的怨恨和痛苦。再如推进斐济语言与文化的发展,委员会认为斐济语属于不容易保留和流传的语言,可以将斐济语及其文化的传承与斐济旅游业的发展结合起来,大力推进语言的发展和斐济文化的建设,使斐济语更好地传承下来。

2000 年斐济教育委员会报告综述了斐济当时的语言现状,并提出建议:

(1)目前语言因为历史和经济原因,没有达到平等,所有语言地位应平等,每个族裔的学生的机会应平等;

(2)父母有教授孩子母语的权利,需要确认某种语言的方言为母语,斐济西部民众母语为方言,标准斐济语应为他们的第二语言。对于大多数的印度裔民众母语为斐济印地语,标准印地语应为他们的第二语言。所有语言政策应考虑学生的自尊和对其家庭及群体的尊重;

(3)斐济语教学应该从学前教育一直到大学,政府应该为储备斐济语教师、学者提供奖学金和必要资源,斐济语的教学大纲应该包括斐济口述文学;

(4)持续推进英语教育,区分城市学生和农村学生英语的熟练程度,对于城市学生英语与母语无异,而对乡下学生英语差不多是完全陌生的外语。但是英语对于任何学生将来的职业选择都有帮助;

(5)斐济的语言政策应该认可与推广多语和多元文化。口语斐济语、印地语和其他少数族裔语言,包括罗图马语、乌尔都语、汉语、泰米尔语等,都应该纳入学校教学系统;

(6)教育部应该担负起的职责包括:资助多语教师、推动多语教育的发展、提供合适的教学资源、加强家长社区参与意识、为语言有障碍的学生提供帮助、修改教学大纲等。

总体来说,教育部的语言政策主要规定教师教学用语和学生语言学习科目,主要协调和解决学生母语和外语学习的问题。1926—2000 年,教育委员会的语言政策慢慢发展为承认并保护所有人的母语,政府和学校在有条件的情况下应该将所有人的母语纳入教育系统,承认所有语言都具有平等地位,同时承认英语教育的重要性,教育委员会提倡学校为学生提供更多的语言学习机会,提倡为学生提供多语和多元文化教育。

3. 斐济教育部的教育战略发展计划

斐济教育部发布的 2015—2018 年教育计划中涉及语言部分的内容包括："确保语言政策的实施以保证学生语言的学习与发展；开发语言教学大纲，保证口语教育的实现；学校举行升旗仪式，学生需能用三种语言唱国歌；加强学生口语和对话能力。"

斐济 2019—2023 年教育发展计划将外语作为学生需要重点培养的技能之一。

（三）关于斐济语言政策的分析讨论

1. 斐济语言政策中的几个关键概念

（1）标准斐济语和标准印地语

斐济语属于南岛语系，有 300 多种乡村口语（communalect）（Geraghty，1984：33），平均三个村落用同一种口语交流。这些口语可以分为两种方言，即西部方言和东部方言。随着西方传教士来到斐济，为了传教方便，他们将圣经故事翻译成斐济语，最初传教士选择的翻译语言为 Somosomo、Rewa、Bau 这三个村落的口语，后来为了节约印刷成本，传教士需要选择一种语言来作为主要的口语与书面交流方式，即 Bau 这个村落的口语。随着社会和时间的发展，Bau 村的语言成为传教和外交语言，慢慢发展成标准斐济语。

标准印地语是世界通用的印地语，是斐济印度裔阅读《罗摩衍那》的语言，《罗摩衍那》和另一部更长的史诗《摩诃婆罗多》是印度文化的基础，对印度文学、宗教的发展有相当大的影响。标准印地语也是斐济印地裔基督教徒的通用语言，卫理公会和天主教教会举行仪式时，就使用标准印地语。

对于标准斐济语和标准印地语需要我们注意的几点如下：

① 标准斐济语和标准印地语并不是所有斐济人和印度裔斐济人的母语；

② 当 1926 年斐济教育委员会提出使用标准斐济语和标准印地语进行小学一至三年级授课时，遭到了学生和家长的反对，在操作层面上，母语不是标准语的学生听不懂教师讲课，教育部对文件进行了增补，当学校班级学生使用某种印地语方言达到 15 人时，可以使用该印地语方言来授课；

③ 到了 1956 年，教育部已经不强调使用标准斐济语和标准印地语授课，而是可以根据学校实际情况，使用斐济语或印地语的某种方言授课。从这个时候开始文件中提到的斐济语和印地语，是指标准斐济语和标准印地语。

（2）当代斐济口语和斐济印地语

斐济 2013 年宪法指出，"斐济所有小学都要将当代斐济口语、斐济印地语作为必修科目"。那么当代斐济口语和斐济印地语有什么特点呢？

当代斐济口语不同于标准斐济语，当代斐济口语更强调日常交流，2013 年宪法规定其为小学必修科目。该政策的目的是促进斐济族裔间的交流，教育部和学校鼓励斐济学生学习斐济印地语，鼓励印度裔学生学习当代斐济口语，以便促进两族文化更好地融合与交流。

英国殖民时期在斐济甘蔗种植园做契约劳工的印度人，为了和来自不同地区的印度人、当地斐济人交流，慢慢发展出一种斐济特有的斐济印地语。斐济印地语有一段时间不被认可，不被承认是书面或文学语言，语言地位比不上标准印地语。随着社会进步，人们认识到母语的重要性，认识到所有语言地位都是平等的，部分学者和文人也开始使用斐济印地语发表文学作品，斐济印地语逐渐成为社会的显性语言，不仅成为书面语言也成为教学用语和学生在学校需要学习的科目。

（3）母语与母言

李宇明(2003:48-58)综合国内外对母语的定义和看法，概括要点如下：

① 母语是从个人的角度来看的，或者说母语是属于个人的；

② 母语是人的第一语言；

③ 母语一般情况下就是本民族的语言；

④ 母语可以是民族的标准语或民族语的某一方言；

⑤ 母语通常是思维和交际的自然工具；

⑥ 母语是指一个人的民族共同语，母言可以是民族共同语的地方变体。

据此，我们可以看出斐济语言政策有从承认母语到承认母言、从母语教学到母言教学的发展过程。

2. 语言政策中的理想主义与实用主义

理想的语言政策确保学生能保持和传承母语，熟练掌握母语的听说读写，并能够阅读赏析母语文字作品；确保学生能学习一门或两门外语，熟练掌握外语的听说读写，能够阅读赏析外语文字作品，同时在工作和经济社会的各个场景使用外语。斐济政府希望斐济公民除了母言外，都能掌握当代斐济口语和斐济印地语，同时能够在社会生活和工作中熟练使用英语。

如何界定"掌握一门语言"和"能够识字阅读"也是很有争议的问题，斐济国家统计局1979年发布，70％的斐济人都掌握斐济语，但是统计局没有详述掌握的程度和标准。统计局的衡量标准为"能够阅读和书写他们能读的语言即为掌握斐济语，或者说完成小学三年级的学业即不是文盲，掌握斐济语"（Fiji Bureau of Statistics，1979：40）。

斐济的学校教学用语基本遵循小学一至三年级使用母语教学，小学四年级开始使用英语教学。斐济的现实情况是，有些科目，例如社会科学、体育、美术和家政等用母语教授更易被学生接受，教师的备课会更简单，教学效果更好，学校更节省开支，不用特意雇用有二语授课能力的教师（Mangubhai，2002）。所以公立学校做不到四年级之后完全英语教学。一至三年级的教学用语是使用标准斐济语还是使用斐济方言，使用标准印地语还是使用印地语方言，不同的公立学校也是根据不同现实情况灵活处理。对于私立学校和由不同族裔背景的学生组成的学校，比较好的解决办法就是从一年级开始就使用英语授课。

所以我们应该理解，任何一个国家的语言政策都需要有现实主义的考虑。任何语言政策都要考虑国家的现实情况，比如地区差异、公民族裔背景、教育资源和教育培养目标。实施一项语言政策还要考虑师资是否够用，教师是否了解现状、是否既掌握母语又掌握二语、是否具有母语和二语的授课能力等。从历史上看，每个时期的语言政策都遵循实用主义的原则，比如19世纪的一些教会学校使用当地语言来介绍文学作品，是为了当地民众可以使用母语阅读圣经故事（Mangubhai，1986）。除了宗教材料，斐济语始终有书面阅读资源贫乏的问题，根据Geraghty（1989）的调研，当斐济为村民提供流动图书馆服务时，有村民前来询问是否有新的斐济语的阅读材料，结果总是失望而归。所以保护和传承母语，也要尽量开发和充实母语资源。

3. 语言政策中的同化主义与多元主义

很多时候，同化主义是正在发生的现实，而多元主义是国际组织和语言学家的期望。通过政府、教育部、学校、社区等各方的努力，对母语、多语、多元文化的保护取得了一定成效。但是，教育资源有限，学生和家长对英语重视，还是会造成英语主导、语言同化现象的出现。Puamau 2002年和2005年的研究指出，几十年的英语主导，造成学生各个学科表现不佳，以及太平洋文化和身份认同逐渐消逝。研究证明学生使用母语学习，一般说来成绩会好于使用二语学习

（Greene, 1997; Baker, 2001）。如何做到不让二语取代母语是一个挑战。

斐济语言同化主义趋势不仅仅是同化为英语的倾向。事实上，这个过程开始得更早，例如1930年，殖民秘书处的纪要中提到"我们应该避免使用太多语言，在不反对使用泰米尔语和其他印地语系语言的同时，我们应该提倡推广标准印地语"（Siegel, 1987: 204）。由此可见，同化不仅是从母语到英语，还是从母语到母语标准语再到英语的过程。

另外，非常重要的一点是，除了斐济语、印地语和英语，斐济社会还有其他的少数族裔语言。这些少数族裔的语言，不是在政策中被一笔带过，就是被忽略，特别是同样生活在斐济的华人和穆斯林群体的语言（Burnett, 2008）。

4. 语言文化研究机构的作用

20世纪70年代，斐济在联合国教科文组织和《斐济时报》的支持下，成立了斐济语与文化研究院（Institute of Fijian Language and Culture），该研究院成立之初的工作集中在编撰斐济语词典、完善斐济语的发音系统、充实斐济语的词汇，颇有成效。

1970年开始，教育部推行了"地方语言项目"（The Vernacular Languages Programs），特别是教育部设立了教学大纲发展部门后，该部门提出斐济学生在10年级考试时，斐济语、印地语和乌尔都语为考试科目，而且鼓励学生学习以上语言科目至13年级。

在培养学生双语和多语的文学和文化素养方面，南太平洋大学也做了很多努力。1983年，南太平洋大学设立太平洋语言系，率先开设了瓦努阿图的比斯拉马语（Bislama）课程；20世纪90年代初，南太平洋大学在斐济苏瓦本部开设了斐济语和印地语课程；1995年，南太平洋大学设立了斐济语和印地语辅修专业；1999年，这两个辅修专业升级为主修专业，修读该专业的学生除了学习斐济语和印地语的语言、文学，也学习文化。2000年，南太平洋大学通过了太平洋本土语言项目（Pacific Vernacular Languages, PVL），该项目每门语言有三年的培养计划（Lynch & Mugler, 2008），具体课程安排如表2-1所示。

表2-1　南太平洋大学太平洋本土语言项目培养计划

	语言学习1
第一年	口述文学 / 文学1
	一门选修

续表

	语言学习 2
第二年	口述文学 / 文学 2
	一门选修
第三年	语言与文化
	一门选修

南太平洋大学斐济语和印地语学位课程,对这两种语言的传承起到很大作用,特别是 2003 年斐济人事务董事会决定为学习斐济语的学生提供 30 个奖学金名额。同时,社会上对于斐济语笔译和口译的迫切需求,也使这个学科蓬勃发展。

三、斐济的语言教育政策与规划

语言在社会日常实务、教育和管理中发挥着基础作用。Perry(2011)认为语言是人类的主要特征之一,人类所取得的一切成果都不会在没有语言的情况下产生。他强调的一个关键点是,应用语言学研究取得了重大进展,并促进了全世界范围内语言教学的改进。

知识是多元的,每个知识体系都有其历史和文化背景。斐济教育委员会报告(2000)指出,在斐济的教育体系中,有英语、斐济语、斐济印地语和其他来自不同文化和政治环境的少数民族语言体系。在过去的几十年里,世界范围内对语言濒危的担忧逐渐增加,这主要归咎于全球化和以英语为首的国际语言不可阻挡的传播之势(Ball,2010)。尽管斐济实行三语政策,但英语已成为斐济的主导语言,其范围传播广很大程度上是因为英语是一种适用于商业、管理和学术领域的语言。另一方面,年轻一代难以看懂印地语文本,斐济语又缺乏不断增加的书面文献。有迹象表明,这两种语言都面临濒危的严重问题,因此,斐济教育委员会迫切需要制定出解决问题的有效方法框架。

(一)关于语言教育的政策与规划

2005 年,斐济举办了一次国家语言辩论会,教育部长 Taufa Vakatale 在辩论中指出,"全世界只有 33 万人知道如何使用斐济语,其一旦丢失,没有任何地方可以恢复,这就是为什么保护斐济语至关重要"(Word Press,2009)。斐济大学研究员 Subramani 教授强调"斐济语文学没有发展起来,如果文学没有发展,那么语言就没有发展",而这种不平衡是殖民时期的政策规划者在执行语言政策时的不一致行为造成的。Mangubai & Mugler(2003)对斐济的语言政策进行了历史回顾,研究表明英语的主导地位一方面归因于斐济的英属殖民地历史(Shrestha,2008),另一方面则是由于民众的兴趣和政府的语言规划不同于冰岛那样的国家,冰岛政府实施了保护主义语言政策来消除英语的威胁(Hillmarsson-Dunn,2006)。

斐济教育委员会关于语言政策的阐述值得注意,即"语言政策在单一民族国家历史上是一个相对较新的规划领域。在后殖民、多语种社会,它是一种更为新颖的决策方式。因此,许多国家没有连贯一致的语言政策并不奇怪。大多数关于语言学习和教学的决定都具有随意性"(斐济教育委员会,2000:290)。自 1926 年教育委员会审查以来,斐济确立了主要的语言政策,即在小学的前三年斐济语和印地语被作为教学语言,从四年级开始英语成为除母语课以外所有科目的教学语言。在 20 世纪 80 年代,本族语的学习延伸到 12 年级。当时,斐济族人开始强烈关注自己的语言,特别是当一些城镇斐济族人,既不精通母语,又不精通第二语言(英语)时,这种关注更加明显。与此相反,除了一些当地的教育人士,印度族人很少关注英国的语言和文化的影响(吕桂霞,2015)。

2000 年教育委员会强调了一个语言问题:教育部推行斐济语和印地语对话项目,以及个别学校管理层向所有学生介绍斐济语教学,这些举措尽管值得称赞,却由于未纳入语言规划而缺乏政治支持、专家指导和社区参与,因而没有取得非常显著的成效。此外,自殖民时代以来存在的一个关键问题是:尽管斐济教育委员会在 1969 年强调需要母语教育,但显然在斐济英语比其他主要语言的推广更为重要。这表明,独立后所采取的保护本族语的措施都未被正式地贯彻。Subramani(2000:291)指出,"许多内部因素提高了英语的地位,例如在多民族国家斐济使用英语,存在大量不懂当地语言的海外教师,以及斐济语社群和印地语社群失和"。

(二)宪法中的语言条款

如表 2-2 所示,斐济过去的宪法试图容纳该国所有的语言。2013 年的最新宪法在这一特定部分增加了更多条款。尽管 2013 年宪法承认主要语言在地位、使用和功能上的平等性,但事实是,英语在高等教育机构、政府、商业和其他领域的官方语言中的地位更加突出。此外，两种主要语言（斐济语和印地语）都有各自的标准变体。例如，并非所有土著斐济人日常都说巴昂方言，印度裔斐济人使用斐济印地语、泰米尔语、泰勒古语、马拉雅拉姆语、古吉拉特语、乌尔都语或旁遮普语。因此，1926 年的三语政策正在削弱隶属于两大主要语言（斐济语和印地语）类别的少数民族语言，造成了语言的不平衡发展。

表 2-2　斐济宪法中的语言条款

年份	语言条款
2013	2013 年宪法规定"所有斐济人由平等的公民团结在一起"，给予"土著斐济人、罗图曼人、英属印度劳工的后代、太平洋岛民、定居者以及移民"的语言以同等地位（《斐济共和国宪法》，2013：1）。
1997	1997 年宪法规定"斐济是一个多语种国家，主要语言（斐济语、印地语和英语）在地位、用途和功能上是平等的"（斐济教育委员会，2000：291）。
1990	"英语、斐济语和印地语具有官方地位"，此外，宪法规定"议会的官方语言应为英语，但任何一个议院的议员都可以在他所属的议院中使用斐济语或印度斯坦语向主席发言"（Mugler，1996：273）。

四、传统文化与社会发展

斐济地处斐济群岛和太平洋的交汇处，本土文化、印度文化、中国文化、南海各岛文化、欧洲文化等都在这里繁衍，不同的文化造就了不同的饮食、语言、建筑和社会风情，多元的文化传统和古老建筑都被近乎完美地保留在了这片土地上。与此同时，斐济人仍然保留着独特的土著文化，在很多地方以社区的形式取代传统部落茅屋继续生活着，因此也将斐济土著文化完整而鲜活地保留了下来。

（一）传统文化传承

神秘的渡火仪式（Vilavilairevo）源于贝卡岛（Beqa）的古老部落，是斐济一种古老的仪式。在仪式前，渡火者必须遵守两个严格的禁忌——两周不与妇女接触，也不食用椰子。传说 500 年前神灵赐予贝卡岛部落的人渡火这一神秘能力，在表演中，渡火者们跨过一个红色的火石坑，长度为几米。令人惊讶的是，他们的脚没有受伤。以前渡火仪式是部落有重大事件时进行的仪式，而现在除了贝卡岛外,你还可以在珊瑚海岸的许多度假村、艺术村或者重大节庆中看到此类表演。

卡瓦(KAVA)是一种由胡椒根和水混合制成的饮品,是斐济传统的礼仪饮品,它既是通天告祖的祭祀用品,又是人见人爱的家常饮品。接触卡瓦有三种方式:第一,参访当地传统的村庄,探访村庄前必须由酋长举行卡瓦仪式方可获准进入,一行人中确立一名"首领",提出申请,在酋长和祭司的神秘咒语中,祈祷祖先神祇批准,制作卡瓦,再由"首领"喝完椰壳盛满的卡瓦,从而完成村庄的欢迎仪式;第二,参加度假村的卡瓦仪式表演;第三,前往楠迪、苏瓦等地的传统市场,均有售卡瓦。卡瓦被认为具有药用功效,它的温和镇静作用(斐济人称之为放松)会让饮用者感受到它的芳醇,嘴唇和舌头会有点儿麻木。饮用卡瓦已经是社会团结的助推器,因为人们很难在共享卡瓦后与同伴生气。

米克舞(MEKE)是斐济的传统歌舞,民族特色鲜明。不论在城市还是乡村,男女老少都会跳舞。凡有重大仪式或节日,民间歌舞表演是必不可少的。在城市,青年们配以现代乐器,使传统艺术更加丰富多彩。但在各种典礼仪式上,全部是传统的歌舞表演。人们用时而柔美温和、时而响亮有力的米克舞将古老的斐济传说娓娓道来。所有表演者都戴着花环,男主角身着战士服装,女人们穿着传统服装,涂抹椰子油,看起来闪闪发光。正式的欢迎仪式一般在夜幕来临后举行,米克舞的表演者赤裸上身,涂上黑色纹样,下着传统的草裙,手持木质武器,在火把及月光的映衬下,演绎着古老传说中的战争场面,部落式的吟诵和叙事性的舞蹈碰擦出火花,偶尔将客人假想成其他部落的敌人,间或开个"恐吓"的玩笑,最后取得"和平",大家一同跳舞,带来别样的欢笑与惊喜。

洛沃(Lovo)是斐济美食,通常是为婚礼或节日等公共庆典准备的。Lovo这个词实质上是指"在地球上烹制的盛宴"。邻近的纽西兰岛有自己版本的这道菜,叫作韩吉。临时的地下烤炉是在地下挖一个洞,用椰壳做里衬,然后用火点燃,用石头覆盖。肉、鱼和蔬菜被香蕉叶和芋头叶包裹,放在被泥土覆盖的加热的石头上。这种慢煮方法最好保持两三个小时,以达到嫩滑可口的效果。

土著斐济人是这个南太平洋岛国的开拓者,他们终年与森林、大海相伴,在与大自然顽强抗争的漫长岁月中形成了自己的独特文化,并通过各种仪式、物件表达他们对大自然的感受,记录他们的风俗习惯、神话故事及渔猎生活,在其原始质朴的艺术形象之下,蕴藏着太平洋文化神秘的力量和人们瑰丽的想象。

（二）全球化融入与社会发展

南太平洋地区,特别是斐济,拥有丰富多样的艺术和文化遗产以及自然和生物资源,它们对社会经济发展极为宝贵。"但历史上被西方殖民的伤痛、工业资本主义冲击下资源过度开发等因素,始终让这些岛国困顿不前。"(沈策,2019)对经济繁荣日益增长的需求,使这些资源日益商业化,对传统文化构成了严重威胁。

当下,在同样面临全球化和可持续发展等问题的情势下,太平洋岛国普遍选择"文化即身份","希望通过保护、研究和发展自身独有的文化来化解这些现代危机"(沈策,2019)。2002 年,南太平洋论坛经济部长级会议确认了保护知识产权的优先地位,认可了保护传统生态知识、创新和实践以及传统知识和文化表达的重要性。斐济于 2010 年加入了联合国教科文组织的《保护非物质文化遗产公约》,真正开始履约工作是在 2013 年。斐济教育部遗产与艺术司、斐济国家博物馆、斐济艺术委员会、斐济国家信托和斐济多元文化中心,都是参与非遗保护的国家机构。斐济加入的另一项重要公约是国际劳工组织《关于独立国家土著和部落民族的公约》(第 169 号),第 169 号决议承认土著人民的政治和法律制度、土地和资源权利以及文化、语言和精神特性。2019 年初,斐济国家文化政策的制定工作开始启动,斐济政府意识到设立专门的非物质文化遗产部门至关重要,意识到需提高其非遗传承保护水平,努力尝试组建斐济文化、遗产、艺术与旅游部,以全方位做好斐济的非遗保护工作。

（三）文化绘图战略

在全球化、多样化的社会背景下,"现在的斐济社会确实已被卷入到复杂的近代制度和货币经济之中,但这并不意味着斐济人放弃了自己的传统文化或传统文化已消失,政治经济的全球化并不能完全制约地方社会的生活系统,现代斐济人通过将自身改变为与地方的自然观互动、与外部要素共生的系统来形成了自己固有的世界"(河合利光,姜娜,2009:129)。

斐济本土事务部政策与发展部资深研究官赛多吉·卡鲁巴乌(2011:1)指出,斐济是一个岛国,必须保证环境上的可持续发展,把环境保护处于核心地位。保护传统知识,对斐济人来说是一个非常大的问题。斐济制定了文化绘图战略,分三个阶段:第一个是立档,第二个是保护和宣传,最后是进一步完善。原住民在斐济生活了很长的时间,他们和其他居民一样都是斐济的一部分,要对当地传统的习俗、文化资源予以保护,才能够保护斐济原住民的非物质文化遗产。当然斐济也面临一些挑战,比如资金的局限、管理者越来越少,以及一些立档、记录和存档方面的问题。另外,国家政策导向是比较倾向于促进经济发展的,所以非遗可能会受到影响。

五、共建"一带一路"与语言文化交流

(一)与中国的双边关系

斐济是南太平洋岛国中外交较为活跃的国家,"传统上受澳大利亚和新西兰的影响较大,同时与南太平洋岛国保持密切的关系"(吕桂霞,2015:239)。在南太平洋岛国中,斐济是第一个同中国建立外交关系的国家。两国于1975年11月5日宣布建立外交关系。建交49年来,双边关系一直稳步发展。中国对斐济的社会和经济发展起到了重要作用。2006年,时任国务院总理温家宝访问斐济,中斐建立重要合作伙伴关系。2014年11月,国家主席习近平对斐济进行国事访问,中国和斐济宣布建立相互尊重、共同发展的战略伙伴关系,两国关系迈进了新的发展阶段。访问期间,两国领导人签署了包括国防合作、互免签证、在斐济建立中国文化中心及共同应对气候变化等重要合作协议。斐济总理姆拜尼马拉马于2015年7月访问了中国。在这次访问中,两国合作领域扩展到了文化和体育。同时,双方决定启动双边自贸协定的可行性研究。斐济是最早与中国签署共建"一带一路"国际合作协议的国家之一,斐济总理姆拜尼马拉马作为太平洋岛国地区的唯一领导人应邀出席2017年在北京举行的共建"一带一路"国际高峰论坛。2018年11月,习近平主席在出席亚太经合组织第二十六次领导人非正式会议期间,同建交太平洋岛国领导人集体会晤,将中国同斐济等太平洋岛国关系提升至全面战略伙伴关系,中国同整个南太平洋地区的全方位合作翻开新篇章。2019年,中斐两国高级别互访频繁,加深了两国友好关系。2019年10月,"第三届中国—太平洋岛国经济发展合作论坛"成功举行,有力推动了中国与包括斐济在内的太平洋岛国经济发展合作。论坛期间,中斐两国签署基础设施建设合作等六项合作协议和备忘录。2021年6月,国家主席习近平同斐济总理姆拜尼马拉马通电话。习近平指出,斐济是最早同新中国建交的太平洋岛国。中斐关系得到了巨大发展,重要的一条经验是双方始终在涉及彼此核心利益和重大关切问题上相互支持。中方尊重斐济自主探索适合本国国情的发展道路,愿同斐方一道,推动中斐全面战略伙伴关系不断迈上新台阶,更好造福两国人民,共同维护发展中国家共同利益。

近年来,中国与斐济的双边贸易和人文交往迅猛发展,中国在斐济的社会和经济发展中扮演了重要角色,尤其是在教育、卫生、基础设施建设、贸易和气候变化等领域。通过双边各种备忘录和合作协议的签署可以明显看到这一点。在斐济许多大型项目上,如建设大型医院、防洪堤、水坝,以及捐赠捕鱼船和机械设备方面,中国提供了大量的投资和援助。中斐之间的人文交流是两国关系长远发展的基础。斐济首都苏瓦与中国广州是友好城市,两座城市在人员交流和经贸往来等方面的合作不断加深。2015 年 12 月,斐济中国文化中心建立,极大促进了两国间的人文交流和文化合作。多年以来,中国政府在斐济官员能力提升方面提供了很多帮助。中国目前已经为太平洋岛国正在实施的项目和人力资源建设提供奖学金。通过双方签证互免合作,双方民众已经实现了自由往来。同时,航空协定和双边自贸协定的谈判也在有序推进中,这将为斐济人民提供更多的机遇。2017 年斐济加入亚洲基础设施投资银行,这意味着为斐济增加了一个多边融资渠道,可以为斐济发展公路、码头、桥梁等基建项目提供支持。站在历史前进的十字路口,中斐两国本着共商共建共享的合作理念,在共建"一带一路"框架下,不断加强政策对接,深化各领域务实合作,促进贸易投资优化升级,挖掘多领域合作潜力,厚植民意基础,双边友好关系和经贸合作将会实现新飞跃。

（二）共建"一带一路"倡议下的语言文化合作

2013 年秋,国家主席习近平提出共建"一带一路"倡议,中国政府于 2015 年 4 月正式出台了共建"一带一路"的战略规划文件,将南太平洋岛国划入 21 世纪"海上丝绸之路"的战略规划圈。斐济是南太平洋地区共建"一带一路"倡议海上丝绸之路南向延伸带的一个重要节点。早在 2012 年 9 月 6 日,南太平洋地区第一所孔子学院在斐济建立,这在很大程度上提升了中国在斐济的文化软实力,增进了斐济人民对中国及中国文化的了解。中国与太平洋岛国地区在共建"一带一路"框架下的合作进展,其实施路径根据发展的紧迫性而不同,"现阶段优先推进的就是包括教育、文化、基础设施建设等低敏感领域的合作"(梁源,2019:110)。

建设 21 世纪"海上丝绸之路"的过程中,在政治、经济上加强与南太平洋地区合作的重要性是不言而喻的,而文化作为一个国家软实力的象征,其重要性不亚于前两者。教育与文化的合作是提高我国与太平洋岛国之间相互认同的重要领域,也是在"中国—太平洋岛国经济发展论坛"中多次提到的重点领域。中国有句古话"授人以鱼,不如授人以渔","通过教育与文化的合作才有可能从根本上化解太平洋岛国所面临的发展难题,为太平洋岛国储备发展人才,促进太平洋岛国搭中国发展的便车,早日实现现代化的发展目标"(梁源,2019:110)。

就新战略规划的背景下如何更好地进行文化上的合作,首先,我们要明确在与斐济进行文化交流的过程中,共建"一带一路"的核心战略地位不能动摇(刘诗苑,丁乙,2015:21);其次,文化交流的载体是语言,我们应当继续加强斐济孔子学院以及其他高等教育项目的建设,互遣留学生;第三,重视双方之间的艺术文化交流,互邀艺术文化团进行表演,同时传播中国古典文化,为双方之间的文化交流搭建一个平台;第四,我们应当重视斐济华人华侨在当地的影响,同时,也要为当地华人华侨提供来自祖国的援助并邀请他们来祖国探亲访亲,增强斐济华人华侨社会对祖国传统文化的认同和中华民族的凝聚力,从而使当地华人成为中国与斐济文化交流的一条重要纽带;最后,斐济媒体上的中国形象直接关系到中国在斐济的"软实力",因此,要重视斐济媒体的作用,加强与这些华人媒体尤其是报刊之间的合作与交流,通过多种方式来宣传中国以"和平发展"为理念的共建"一带一路"倡议。

第三章

萨摩亚语言文字状况
与中萨交流合作

萨摩亚独立国(The Independent State of Samoa)是位于南太平洋腹地的一个国家。其地理位置大约在新西兰和夏威夷的中间,由萨瓦伊、乌波卢2个主岛,以及马诺诺、阿波利马等8个小岛组成。萨摩亚的陆地面积约为2 934平方千米,海洋专属经济区面积12万平方千米。萨摩亚的人口数量约为20.5万(据2021年统计结果),绝大多数为萨摩亚人,属于波利尼西亚人种。首都阿皮亚(Apia)位于第二大岛乌波卢,是萨摩亚唯一的城市。

萨摩亚拥有秀丽的自然景观和独具特色的人文风俗,有"南太明珠"和"波利尼西亚心脏"的美称。萨摩亚至今仍然保留着很多传统的生活方式和风俗习惯,萨摩亚人习惯于将他们的文化传统称为"萨摩亚方式"(Fa'a Samoa),并颇引以为荣。萨摩亚被认为是波利尼西亚文化的摇篮,十分注重传统文化的保护与传承。

一、萨摩亚语言文字发展概况

萨摩亚群岛(Samoa Islands)上使用最广泛的语言是萨摩亚语(Gagana fa'a Sāmoa or Gagana Sāmoa)。萨摩亚群岛由萨摩亚独立国和美属萨摩亚(American Samoa)两部分组成。在这两个不同的行政辖区,萨摩亚语都是使用人数最多的国语和民族语言,英语都是广泛使用的第二语言。英语和萨摩亚语两种语言都是官方语言。

根据考古学的研究,萨摩亚群岛的人类居住历史可以追溯到大约3 000

年前。一般认为,居住在这里的人一直以来都是使用萨摩亚语的,但是并没有语言学证据支持这一假设(Mosel & Hovdhaugen,1992)。关于萨摩亚语的第一个书面证据是 1777 年 W. Anderson 在其航海日志中记录的三个单词:"tama'loa"(男性首领)、"tamae'ty"(女性首领)、"solle"(普通男性)。在现代萨摩亚语中分别拼写为:"tamāloa"(男人,已婚男性)、"tama'ta'i"(女士,女人的礼貌词)、"sole"(孩子! 小伙子! 对男孩或男人的称呼语)。这些单词是 Anderson 在汤加的时候听来的(Tcherkézoff,2004:20)。

萨摩亚语的地理变异程度通常被认为是很小的。但无论是根据较早的文献(如 Pratt,1911)还是根据较为随意的观察,在西萨摩亚语和美属萨摩亚语之间都存在一定的词法和句法差异。并且,人们发现这两种变体在语调方面有一个非常显著的差异——美属萨摩亚语的语调似乎受英语的影响很大。在图图伊拉岛(Tutuila)上说的美属萨摩亚语同马努阿岛(Manu'a)上说的美属萨摩亚语之间也有一些语言学上的差异(Mosel & Hovdhaugen,1992)。但是,迄今为止还没有人对美属萨摩亚语进行过系统的研究。

美属萨摩亚人平时大多使用美式英语,在他们用萨摩亚语讲话时也使用很多的美国腔英语以及他们自己的借用词,例如 soda(发音为 saw-da)、teritori(territory)、militeri(military)。城市的年轻人也受到夏威夷皮金英语和黑人英语的影响。非常值得注意的是,美属萨摩亚的儿童越来越少使用萨摩亚语。美属萨摩亚语和西萨摩亚语在语音和词汇方面也有所区别,如表 3-1 (Va'ai,2011:59)中的例子。

表 3-1 美属萨摩亚语和西萨摩亚语的区别示例

美属萨摩亚语	西萨摩亚语	英语
palaai	malolo	defeated
pelu	sapelu	machete
uila papa	uila afi	motorcycle
esikegi	faalavelave	accident
ga o	i o	over there
ga i	i i	over here

在西萨摩亚语内部,也有一些较小的地理变异,主要是关于词汇和惯用语(习惯表达)。但目前为止还不存在对这些差别的系统描述。尽管如此,方言

通常不作为确定某个人生活之所或出生之地的一个标准（方言对于萨摩亚人通常也没有这样的作用），这是由地理因素决定的变异程度较低的一个标志。萨摩亚人口流动性高，一个家庭的成员可能遍布整个萨摩亚，这或许就是萨摩亚语内部缺少地理变异的主要原因。

但是，虽然萨摩亚语中由地理因素决定的语言变异比大多数规模相似的其他言语社区都要小，社会方言的变异（Sociolectal Variation）却非常显著，比其他许多国家都更加突出。

人们普遍认可的萨摩亚语的社会语言变异涉及两个层面。首先，萨摩亚语区分为文雅语（Tautala Lelei）和通俗语（Tautala Leaga），这一般被认为是对两种音韵系统（Phonological Systems）的区分。其次，在词汇方面也有差别，萨摩亚语区包含普通层面的基本单词和若干层次的数量有限的礼貌单词（'upufa'aaloalo）。

从语法的视角来看，在词汇的使用方面区分不同的礼貌程度是无关紧要的（Milner, 1966）。但是，文雅语和通俗语的区分是所有萨摩亚语语法编写者面临的一个主要问题。这两种社会方言之间的差异不仅关乎音系（这是最容易被语言学家和萨摩亚人观察到的差异），而且涉及词法和句法。甚至音系方面的差异也不止于在通俗语中把 /t/ 变成 /k/、把 /n/ 变成 /ŋ/ 那么简单。通俗语是萨摩亚人最先学会的语言变体，而且在几乎所有情况下，这种变体被用于萨摩亚人之间的各类言语互动中（或许在有些牧师的家庭里除外）。文雅语是书面语言和教育语言的基础。至于它的口头使用，则主要限于同上帝、非萨摩亚人对话时，或者是在学校里、广播中或唱歌时使用。在广播中，文雅语被用于通知公告、新闻和较为严肃的节目，而通俗语经常被用于较为大众化、娱乐性的节目。在马努阿岛上说的美属萨摩亚语中，文雅语的发音有时候也被用于萨摩亚人之间的正常言语交流（Mosel & Hovdhaugen, 1992）。

许多萨摩亚人对于文雅语和通俗语之间的区别有非常强烈的感受。通俗语被看作是粗俗的，即便是那些实际上从不使用另一种萨摩亚语变体的人也这样认为，而文雅语则被认为是"受过良好教育和良好教养的标志"（Milner, 1966: xv）。总体上，年轻人似乎对这两种变体持较为宽松的态度。其表现之一就是在现代短篇小说中越来越多地使用通俗语，尽管它的使用仍然主要局限于直接引语、对话等。

二、萨摩亚的本土语言

（一）萨摩亚语的分布和使用情况

在萨摩亚和美属萨摩亚,萨摩亚语是人们使用的主要语言,此外大多数人也说英语。萨摩亚语是波利尼西亚语系中最古老和使用最广泛的语言,是萨摩亚群岛上大多数人的母语。根据 2015 年的估算,包括许多居住在其他国家的萨摩亚人在内,全世界范围内说萨摩亚语者的总人数约为 51 万。

世界各地说萨摩亚语的人口中,有 50% 居住在萨摩亚群岛上。紧随其后,说萨摩亚语者最为集中的地区是新西兰,那里的萨摩亚族群人数仅次于新西兰欧洲人、毛利人和中国人。在新西兰,萨摩亚语是第三大最广泛使用的语言,根据 2013 年的数据,有大约 8.6 万的新西兰人会说萨摩亚语,占新西兰总人口的 2%。在新西兰,大多数的萨摩亚族人(66.4%)居住在商业中心城市奥克兰。在说萨摩亚语的人中,有 67.4% 住在奥克兰,而在既是萨摩亚族人又说萨摩亚语的人中,有 70.4% 住在奥克兰这个城市。根据 2006 年澳大利亚人口普查,在澳大利亚的说萨摩亚语者有 38 525 人,而拥有萨摩亚血统的则有 39 992 人。2010 年美国人口普查表明,超过 18 万萨摩亚人居住在美国,是居住在美属萨摩亚的人数的三倍,略少于独立岛国萨摩亚的估算人口(2011 年 7 月的统计数据是 19.3 万)。

（二）萨摩亚语的语言特征[①]

1. 语言系属和结构特征

萨摩亚语被认为是最古老的波利尼西亚语言之一,与毛利语、塔希提语、夏威夷语和汤加语关系密切。大量的萨摩亚语单词反映了其海洋传统,包括洋流、风、地形、星星和方向的各种名称。有些动词形式暗示了物体的相对位置,包括运动方向是朝向还是远离说话人。

萨摩亚语与其他波利尼西亚语的分类是语言学家们存在争论的一个问题。Neffgen(1918)认为,萨摩亚语是马来 - 波利尼西亚语言的一个分支,马来 - 波利尼西亚语言分布在从马达加斯加到南美洲的整个太平洋岛屿领域,它的

---

① 本节的部分内容曾发表在《语言文字周报》2024 年 1 月 25 日第 1-2 版、2024 年 2 月 10 日第 2 版,《萨摩亚语的使用状况和语言特征(上、下)》,作者梁国杰、杨茜。

各种方言使用于美拉尼西亚、马来亚和波利尼西亚的岛群。

根据 Mosel & Hovdhaugen（1992），萨摩亚语属于南岛语族（Austronesian family）大洋语支（Oceanic branch）的波利尼西亚语分支（Polynesian sub-branch）。"波利尼西亚"（Polynesia）一词来自希腊语"poly"（many，许多）和"nēsoi"（islands，岛屿）。在波利尼西亚诸语言内部，萨摩亚语属于萨摩亚－外围语群（Samoic-Outlier Group），该语群本身又是核心波利尼西亚语言（Nuclear Polynesian languages）的一个子群。与萨摩亚语关系最为密切的语言包括东富图纳语（East Futunan）、纽阿福欧语（Niuafo'ouan）、普卡普卡语（Pukapukan）、托克劳语（Tokelauan）和图瓦卢语（Tuvaluan）。

萨摩亚语中大多数辅音的发音跟英语中对应的辅音相同。喉塞音（"uh-oh"中间的音，书写时用一个撇号表示）代替许多其他波利尼西亚语言中的 /k/ 音，/s/ 代替 /h/，/l/ 代替 /r/。因此，塔希提语中表示"一"的单词 tahi，在萨摩亚语中是 tasi, rua（二）是 lua，而 ika（拉罗汤加语的"鱼"）是 i'a。在萨摩亚语中，字母 g 发音为软腭音 /ng/，例如，palagi 发音为 /pa-lung-i/。元音有长短之分，取决于它是否被强调，但是对于未受过训练的人来说，两者的实际发音差别非常细微。按照惯例，长元音由一条上划线来标示，例如 /ā/，发音相当于对应的短元音的延长。萨摩亚语的重音一般放在倒数第二个音节上（Atkinson et al., 2016）。

萨摩亚语是一种分析型、孤立型语言（Analytic, Isolating Ianguage），它与其他波利尼西亚语言关系密切，它们有许多共享的同源词（Cognate Words），例如 ali'i、'ava、atua、tapu 以及数字，还有神话学中诸神的名字。波利尼西亚语，约有 30 种语言，属于南岛（马来－波利尼西亚）语族的东部或海洋分支（Eastern or Oceanic Branch），与密克罗尼西亚和美拉尼西亚的语言关系最为密切。波利尼西亚语的使用者不到 100 万，分布在太平洋的一大部分地区。波利尼西亚语显示出相对的同质性，这表明波利尼西亚语只是在过去 2 500 年里才从汤加－萨摩亚地区的一个原始中心分散开来。波利尼西亚语法的一个主要特点是依赖于小品词，即作为各种语法标记的独立的小单词，在它们修饰的单词之前或之后出现，在某些方面类似英语介词、连词和冠词。

从语法的角度来看，波利尼西亚诸语言并不能被认为是强大的，而且使用的字母表中的字母数量也不多。从不使用 D 和 B；H、R 和 K 极为罕见，后来仅见于引入的外来词。所有单词都以元音结尾，而且其词源形式都是通过使用小品词附加在词根上来构造的，由此形成黏着词或多式综合词，有时候小品词在整个句子中会接连成串出现。

萨摩亚语的字母表只包括 14 个字母——5 个元音字母（a, e, i, o, u），9 个辅音字母（f, g, l, m, n, p, s, t, v），h, k, r 只出现在外来词中，像 auro，金子；areto，面包；ki，钥匙。萨摩亚语包括许多引进的单词，由于经过添加元音和替换辅音的缘故，或多或少都有些变形，以便本地人能够清晰地发音（Neffgen, 1918）。

2. 正式体和口语体

萨摩亚语有一种礼貌或正式变体，用于演讲和仪式中，在同长者、宾客、地位较高者以及陌生人交流的时候，也使用这种变体。

口头萨摩亚语（随意体 / 非正式萨摩亚语，多称"Tautala Leaga"）的辅音系统与书面语（标准萨摩亚语，或称"Tautala Lelei"）稍有不同，也被称为 K 语音或 K 风格（K speech or K style）。在日常口语中，即亲密好友在休闲的社交场合或同等社会地位的亲人在家中进行的会话中，/t/ 有时候被读作 /k/，而 /n/ 已经同 /ŋ/ 合并，读作 /ŋ/。此外，/l/ 在后元音（/a/, /o/, /u/）的后边和 /i/ 的前边时被读作 /r/。跟英语中相比，/s/ 不太发那么明显的齿擦音，/h/ 和 /r/ 音只出现在借用词中，有时候分别用 /s/ 和 /l/ 来代替二者。

因此，在口头萨摩亚语音中，常见的辅音替代的例子如下：/t/ 读作 /k/，/tama/（儿童，男孩）读作 /kama/，/tautala/（说话）读作 /kaukala/，/tulāfale/（演说者，发言酋长）读作 /kulāfale/；/n/ 读作 /ng/，/fono/（会议，集会）读作 /fongo/，/ono/（数字"6"）读作 /ongo/；/mā'ona/（满意的，满的）读作 /mā'onga/。

从历史和文化上来讲，萨摩亚语的一种重要形式是演讲语言。这是一种仪式性语言，有的出版物上称之为"酋长语言"（Chiefly Language）或"高贵语言"（gagana fa'aaloalo，"dignified language"）。它既吸收了古典的萨摩亚语术语和散文，也包含了一套特别的词汇。这套词汇与演讲酋长（tulāfale, Orator Chiefs）的角色和"公开演讲"（failāuga）紧密相连。演讲仍是萨摩亚文化中一直延续的关于治理和社会组织的土著马他伊制度的一部分。酋长语言是低级别的人与地位较高的人说话时使用的，比如和马他伊酋长、政府官员、牧师说话时。它也是酋长之间在葬礼、婚礼、酋长头衔授予和村落理事会议等重要场合和社会仪式上使用的正式语言。然而，整个谈话过程都以酋长语言进行的情况并不常见,相反,这种"高贵语言"主要用于个人之间进行的正式介绍,正式会议的开始和结束,以及执行仪式性任务时(比如萨摩亚卡瓦仪式)。在做祷告时使用这种"礼貌"语言也被认为是恰当的。作为一种常见的礼节,彼此不熟悉的无头衔平民(那些没有"马他伊"头衔的人)经常使用酋长语言互相问候,而相熟的人也时常使用酋长语言来开玩笑,例如语带诙谐地对朋友说"尊敬的阁下您好"(talofa lava lau afioga),而故意不说更加口语化的"你好"(malo sole)。

在"礼貌体"萨摩亚语中,另一种形式的礼貌语言包括了许多表示自谦的单词和短语,说话人有时为了表示尊敬和奉承听话人会使用这些词语。例如,当称赞另一位女性的孩子时,一位母亲可能会礼貌地称她自己的孩子是"ui"(字面意思是"小猪");为了强调一块树皮布的精美,赠送者可能会称之为一块简单的"vala"(平常的布);一块特别精美的垫子的编织者可能会称之为"launiu"(椰子叶)或"lā"(篷布或帆布),这是为了不显得自吹自擂。

在萨摩亚文化中,折损级别较高之人的尊严或威望是一种严重的冒犯行为。因此,在表达个人感受的时候,用词要非常谨慎,说话的方式要符合双方在社会等级体系内的相应地位。

(三)萨摩亚语的发展状况

在传教士来到萨摩亚之前,关于萨摩亚语的资料极少,只有来自汤加的零星材料。但是,人们一般认为,萨摩亚群岛上的居民一直以来都是说萨摩亚语的。随着19世纪传教士们的到来,萨摩亚语的一种文雅语(Literary Language)被创造出来,对萨摩亚语的语言学研究也开始了(Mosel & Hovdhaugen, 1992)。

当1830年John Williams第一次在萨摩亚短期停留时,他对当地的语言进行了比较浅表的观察,他跟当地人说话时使用的是塔希提语或拉罗汤加语。有一段时间,传教士们也希望可以证明萨摩亚语同塔希提语或拉罗汤加语是非常接近和可以互通的。这样一来,他们就能够避免新的《圣经》翻译工作和学校教材编制工作,省去语言学习的精力。在接下来好几年的时间里,传教士们在教学中使用塔希提语和拉罗汤加语书籍,而第一批学习阅读的萨摩亚人就是以拉罗汤加语或塔希提语为媒介学会阅读的。

但是,在宗教教学中,对其他波利尼西亚语言的使用却不是十分成功,1832年,John Williams又一次来到萨摩亚,他倾注了全部的精力学习萨摩亚语。

第一本萨摩亚语的书籍是 1834 年在 Huahine 的教会出版社（Mission Press）印刷的，书名为 *E TALA A, E, F*，包含了 11 页的拼写课和 14 个短篇阅读课。虽然没有提到作者是谁，但几乎可以肯定，作者就是 John Williams（Hovdhaugen，1986:320）。John Williams 在他的日志和他所写的萨摩亚语书籍中使用的正字法已经非常接近音位正字法（Phonemic Orthography），只是在某些细节上与现代萨摩亚语正字法有所不同。

在来自伦敦传教士协会（London Missionary Society, LMS）的传教士们开始进行更大规模的翻译和教材项目之前，他们在 1836 年 5—6 月间决定对字母表进行一些修订，比如在两个元音之间的辅音位置上用 /p/ 替换 /b/，用 /g/ 替换 /ng/ 或 /gn/，从而基本上形成了如今的现代萨摩亚语字母表。用来标示长元音的长音符号和标示声门塞音的单引号（Inverted Comma）当时并没有被讨论，在最初的翻译作品中也没有被使用。很明显，在 John Williams 和他的传教士同行们的作品中，萨摩亚语（字母表和单词拆分）的基本正字原则几乎都是直接从塔希提语和拉罗汤加语那里模仿来的。

LMS 的传教士并不是推进萨摩亚语字母系统化的唯一一批人。在 1835 年的汤加，他们最强劲的竞争对手，卫理公会的传教士 Peter Turner 已经在前往萨摩亚的途中；当他在 Niuatoputapu（汤加的一个小岛）停留的时候，他开始学习萨摩亚语，并用萨摩亚语写作，印刷学校教材以及赞美诗的翻译版和部分教义问答书。1836 年，Turner 还翻译了部分《圣经新约》。Turner 的主要问题是没有印刷机，他的译文有些是由他的妻子手抄的。但是在 1836 年 9 月 12 日写的一封信中，他声称已经"为这些饥饿的灵魂"印刷了 20 000 本书。

我们没有关于 Turner 对萨摩亚语所做的任何语言学研究的信息，他的译稿似乎也没有一本幸存下来。尽管如此，从我们在他的日志中掌握的关于这种语言和字母表的少量信息来看，他似乎使用了一种不同于 LMS 所用的正字法。在某种程度上，他的正字法是基于汤加语正字法的。1839 年，当卫理公会传教士被迫离开萨摩亚时，卫理公会正字法和卫理公会的萨摩亚语书写传统随之消亡，似乎没有留下任何痕迹。

《圣经》和其他宗教文本的翻译以及教科书的准备工作是 LMS 传教士们的当务之急，他们在这一领域的成就无疑是令人钦佩的。在 1837 年，有 20 000 册书被印刷，而在 1843 年，书本的数量已经上升到 56 000 册。许多书被印了 10 000 册副本，教科书甚至多达 20 000 册。在不到 10 年的时间里，萨摩亚变成了一个读书人的国度。刚开始,书本在胡阿希内(Huahine)或拉罗汤加印刷,但从 1839 年以后,LMS 在乌波卢岛的马鲁阿(Malua)有了他们自己的印刷机和打印机。

第一批萨摩亚语文本的语言与现代书面萨摩亚语没有太大的差别。在传教士们出版的最早的译文中发现的偏差可能是由于传教士们还没有熟练掌握萨摩亚语。由于大多数传教士来到萨摩亚很短时间之后就开始翻译《圣经》文本了(例如,Thomas Heath 于 1836 年 6 月 7 日来到萨摩亚,到 1838 年 2 月,他已经完成了圣约翰部分的翻译),他们的成就确实令人钦佩。很有可能萨摩亚人帮助了传教士们进行翻译工作——尤其是考虑到译文的质量,但是我们掌握的关于这一时期的大量材料中几乎没有包含关于这种合作的信息。

到了 19 世纪中叶,在《圣经》翻译中以及传教士还有萨摩亚人所出版的作品中发现的萨摩亚语文雅语(Va'a,1987),已经和现代的萨摩亚语文雅语非常相似。来自 19 世纪的文本中包含极少关于口头语言或方言和社会语言变体的信息。但是从第一批传教士们的作品中,还有从旅行者的记述中以及传教士们出版的书籍里的零星例子中,可以清楚地看出,我们今天发现的萨摩亚语变体在 1840 年左右也同样存在(Hovdhaugen,1986)。这既关乎 tautala lelei 和 tautala leaga 之间的区分,也关乎不同层次的礼貌和恭敬词汇的使用。来自 19 世纪末的原始资料还表明,tautala lelei 和 tautala leaga 的混合体是相当常见的。但是,在传教士到来之前以及萨摩亚语成为一种文雅语之前,这两种变体的社会地位和功能还不太清楚(Hovdhaugen,1986)。

尽管萨摩亚语不是萨摩亚之外的很多国家的主要语言,萨摩亚人的后裔还是在努力学习他们祖先的本族语,以更好地理解他们的出身和历史。就像任何语言一样,人们的说话方式和词语的发音方式一直在发生变化,尤其是当萨摩亚人进一步接触并整合了其他语言。不幸的是,大多数期望学习萨摩亚语的人不得不求助于书面材料而非鲜活的语言实例。为了保护这种语言,语言学家必须使用变音符号。如果没有这些变音符号,词语的实际发音将很快改变和丢失。这些符号在单词中的字母前边、下边和上边都很常见,对于学生和非本族语者了解元音和喉塞音在单词发音中可能造成的差别尤其有帮助。

变音符号的使用不仅在萨摩亚语中很普遍,而且在诸如夏威夷语等其他原始波利尼西亚语言中也很常见,在这些语言中也存在类似的发音丧失(Pronunciation Loss)。由于本族语者无需这些标记就懂得一个单词应该如何发音,所以在单词的书面形式里常常没有这些符号,人们也可以接受。尽管如此,为了防止正确发音的丧失,语言保护团体以及萨摩亚、夏威夷政府正在采取措施把这些变音符号体现在标示牌、电视节目、学习资料和印刷媒体中。

萨摩亚语言周(Vaiaso o le Gagana Sāmoa, Samoan Language Week)是新西兰的一项年度语言庆祝活动,由新西兰政府和联合国教科文组织等机构共同支持举办。第一次萨摩亚语言周活动于 2010 年在澳大利亚举办。2013 年,墨尔本维多利亚大学的一位学者在 sketchengine. co. uk 网站上建立了一个包含 30 万萨摩亚语单词的在线数据库。

2014 年,萨摩亚政府通过了《萨摩亚语言委员会法案》,该法案的目标包含以下内容。(1)确保尊重萨摩亚语作为一种官方语言的地位,并确保给予萨摩亚语在所有政府机构或国家机构中的地位、权利和特权,尤其是关于它在如下方面的使用。① 在国会议程中;② 在法律文书和其他公文中;③ 与公众沟通或向公众提供服务时;④ 开展政府机关和国家机关的工作时。(2)支持萨摩亚语的发展。(3)在萨摩亚社会内普遍提高萨摩亚语的地位和使用。(4)规定政府或国家机构关于萨摩亚官方语言的职责和职能。(5)使萨摩亚语的翻译标准化。(6)重视在萨摩亚社会生活的所有领域使用萨摩亚语。

三、萨摩亚的另一种官方语言:英语

(一)萨摩亚的英语使用情况

萨摩亚语和英语都是萨摩亚的官方语言,根据宪法的规定,法律活动要同时使用萨摩亚语和英语进行。在萨摩亚社会中,英语也作为一种第二语言被广泛使用,尤其是在首都阿皮亚的商业活动中。

英语的习得是萨摩亚教育体系的一个中心要素和主要特征。在萨摩亚,英语长期以来一直扮演着重要的角色,对于许多萨摩亚人来说,受教育几乎等同于学会说英语。自 1962 年独立以来,萨摩亚的学校一直采用双语教学的方法,以英语和萨摩亚语作为教学的两种媒介语言,两者平行使用,贯穿整个教育体系(Ochs, 1988)。然而,英语是大多数课堂的官方教学语言。萨摩亚语言与文化这门课程,以及手工艺术科目的教学语言是本地语。官方政策是用英语教授学校课程的所有其他领域,以使学生在课堂上更多地接受英语语言输入,而不是萨摩亚语。

按照 Krashen（1981,1982）提出的一系列语言习得的假说,针对萨摩亚学校的官方语言政策似乎是以习得而非学习为取向的。英语在学校里是跨课程的,学生基于情景线索和自己的知识储备,形成关于课堂话语意义的各种假设,并据此习得英语。

（二）萨摩亚的语言混杂现象

在萨摩亚,语言混杂化的方式多种多样,这种情况既发生在非正式领域,也发生在正式领域,混杂化的过程渗透到萨摩亚生活的方方面面。萨摩亚社会各种各样的小群体以及不同语言情境下的说话人表现出不同言语社区的特征（Va'ai,2011）。

在萨摩亚历史上,英语的功能性使用一直受到高度重视,与此同时,英语的创造性使用也得到发展,而且这种创造性使用并不局限于文学领域。它在不同领域中与萨摩亚语相融合,产生了多种多样的行话（Patois）或拼贴语（Bricolage）,它们很大程度上要在其产生和使用的语境里理解。在教授英语的学校里,特别是在自由自在的运动场上,体育游戏和语言游戏融为一体,在年轻人中间也相继出现口头语言变体。在公共服务部门和政府机构,英语和萨摩亚语以不同形式相结合,被用来促进工作场所的日常沟通。两种语言的这种混合使用标志着专业人员、白领工人、技术人员、商界人士和其他服务提供者的身份,英语的习得是他们所接受的正规学校教育的一部分。

特定的社区和群体也因使用特定的语言在当地为人所熟知,他们使用的语言很像一种行话再加上其他特异风格（Idiosyncrasies）,这种语言使用表明了他们的身份。在给商业产品做广告时,夹杂英语短语和名称为用词的选择增添了趣味和变化,而不会有一种强加感或陌生感。萨摩亚的公交车上也展现了语言应用和变异的结果。过去,他们遵守常规的做法:在前挡风玻璃上方放一块牌子,简单地写明他们的目的地。但如今,许多此类交通工具都会展示多种多样的英语文本,显眼地印在车体的侧面,例如"Don't worry, be happy",有时候也会被故意颠倒过来,印成"Don't be happy, worry"（Va'ai, 2011:52）。

如此一来,标准英语的特权地位被改变了,转而强调一种突出使用者或生产者及产品自身的"非英语性"（non-Englishness）的用法。不管是口语还是书面语,有意识还是无意识,萨摩亚人所使用的英语便因此呈现出一种非英语的特质。

在其他非正式情境下，萨摩亚人总是会在他们的口头交流中使用一种随意的英语和萨摩亚语的混合体。例如：

"A：Leāle kou topic?（What's your topic?）

B：Mea kau environment. . . NGO（Environmental issues. . . NGOs）

A：When?—Afea la e ke alu ai?（When?—When are you leaving then?）

B：Kaeao—first flight, Air New Zealand. （Tomorrow—first flight, Air New Zealand）"（Va'ai, 2011: 56）

在会话中使用的英语单词的标准英语语调和发音不被重视，都要让位于萨摩亚语语调和口音。

电影、录像带还有其他商品的广告通常使用萨摩亚语，也会混合使用英语标题或商标以及其他英语单词。例如："Manatua le Uncle Johnny's ice cream e matuā very very good mo outou tamaiti. （Remember Uncle Johnny's ice cream is very very good for you, children. ）"（Va'ai, 2011: 58）

这种用法与早前的广播不同，当时的标准做法是英语和萨摩亚语各自单独使用。这种单独使用在非商业和官方的通知或广播中仍然在继续，但是在广告、儿童节目、本土短篇小说和休闲类谈话实况转播等领域，英语和萨摩亚语的混合使用具有很强的大众吸引力。

（三）议会和公共服务部门的语言使用

萨摩亚语和英语都是萨摩亚议会的官方语言，议会辩论是这两种语言持久使用及其价值的例证。尽管如此，作为一个政治论坛，议会也表现出性质激烈的语言论争，因为萨摩亚语的使用被认为是对文化身份认同的更加真实的表达（Va'ai, 2011）。

议会的开幕式和闭幕式注重萨摩亚语演讲传统，因为整个萨摩亚的政区敬语和家族谱系（faalupega）都是以演讲的方式被确认的。在议会闭幕之前，竞争者之间会有一个 faatau，或者叫口头审议，来决定谁将荣幸地向所有萨摩亚人发表讲话，展示他们的演说技术。在议会辩论过程中，现场会安排英语翻译。虽然议员们很少选择使用英语，但在他们用萨摩亚语演讲的整个过程中，他们频繁使用特定的英语单词或短语。在讨论预算时，他们通常用英语表达金融和经济术语，如果不是人们熟悉的术语，紧接着会用萨摩亚语进行解释。通常，在议会的萨摩亚语演讲中插入英语短语时，可能是在强调特定的要点。一大批在萨摩亚语中没有对应词的新的英语词汇经常被人们使用,后来这些翻译过来的词汇被添加到萨摩亚语词典中。许多公务人员认为,直接用萨摩亚语写文件或把英语文件翻译成萨摩亚语非常困难,因为尽管他们的萨摩亚语说得很流利,但他们工作上的专业训练主要是用英语进行的。因此,他们在工作场所,用英语而非萨摩亚语词汇来表达来得更加容易。

在公共服务和政府部门中,尤其是在技术人员和专业人士中,表现出了多种形式的语言混杂使用。一封信件或一条备忘录经常以萨摩亚语的称呼形式开头,然后是英语的正文内容,最后以萨摩亚语结尾:

Susuga Faiaoga（respected teachers）

All exam scripts are due on Friday October.

Faafetai lava.（Thank you very much）（Va'ai, 2011：64）

正式会议也例证了这种语码转换的常见做法。会议开始时,用萨摩亚语表达问候,并向所有出席者致谢,为会议的进行营造一种欢快的氛围。有时候会议的主席或参与者也可能用英语或萨摩亚语念一段祷词。然后会议以改编自英语会议程序的方式继续进行:分发备忘录、开始会议议程、讨论、投票、会议结束。会议结束时,闭幕或祷告可能以萨摩亚语进行。取决于情境,会议存在若干种变化。如果只有萨摩亚人,讨论所使用的语言是萨摩亚语,或者是英语和萨摩亚语混用。如果有一个不说萨摩亚语的参会者,那么会议可能主要使用英语。尽管如此,如果话题和情境有必要使用萨摩亚语,那么可能会为不说萨摩亚语的参会者提供现场翻译或者会后翻译。

英语能力也是身份和声望的标志,说话人可能有意地想给别人留下深刻印象,因而频繁地在萨摩亚语句子中夹杂英语单词,或者完全用英语说话。

尽管如此,在特定语境下,非必要地使用英语,或者在说萨摩亚语时夹杂过多的英语单词,可能并不总是受到欢迎,而且可能产生不同的理解。某些情境下,根据礼仪,人们期望单独使用萨摩亚语。无论是在随意闲谈还是正式表达中,人们会有意无意地根据情境决定他们使用英语和萨摩亚语的程度。

如今的萨摩亚人并不把英语从本质上看作一种殖民者的语言,而是把它看作一种由殖民者引进的、可能被萨摩亚人在萨摩亚不同社会领域内挪用或创新使用的语言（Va'ai, 2011）。在萨摩亚环境下,这些使用英语的不同方式,就是萨摩亚社会中混合式语言使用的证据。

萨摩亚语同英语的混杂化已经遍及生活的方方面面。在正式和非正式、传统和现代场域,英语已经成为一种常用的或备选的交流工具。众多情境下所需要的英语表达形式也不尽相同,因此在"萨摩亚英语"中也已出现了不同的变体,以适应不同的使用情境。它们不但表明了人们在社会中的地位及其所属的领域,而且表明了人们赋予这种语言的不同用途。在有些技术和科学领域,英语可能会比萨摩亚语更好地满足某种特定的需要,同时,这些术语经常被用到萨摩亚语的句子结构中,并在萨摩亚语中发挥指代词的作用。相反的策略也被使用在英语的文艺创作中,其中萨摩亚语单词可能发挥着表现萨摩亚文化特性的作用。这种用法出现的程度依赖于话语(信息事件)发生的情境(Va'ai,2011)。总之,只要能完成交际,出于谋篇目的对标准英语用法的偏离是可以接受的。

四、中国–萨摩亚共建"一带一路"交流与合作

萨摩亚是第一个获得独立的太平洋岛国,政治上的长期稳定为萨摩亚经济发展奠定了基础,但由于面临资源少、市场小、工业基础薄弱等困境,经济发展水平仍较为落后,国家财政对外国援助和海外侨汇的依赖程度较高。社会治理体系呈现出现代与传统有机结合、国家宪政和地方自治互为补充的特点(梁国杰,2020)。

中国同萨摩亚建交以来,双边关系发展顺利,两国长期保持友好关系。在共建"一带一路"背景下和当前复杂多变的国际形势下,萨摩亚在中国大周边外交格局中占有较为重要的地位(梁国杰,杨茜,2023)。1975 年 11 月,萨摩亚与中国正式建立外交关系。1976 年 10 月,中国在萨摩亚设立大使馆。2005 年 5 月,萨摩亚总理图伊拉埃帕访华期间,两国发表中萨联合声明。2009 年 6 月,萨摩亚在中国设立大使馆。2014 年 11 月,中国国家主席习近平在斐济楠迪同萨摩亚总理图伊拉埃帕会晤,双方建立相互尊重、共同发展的战略伙伴关系。2018 年 11 月,中国国家主席习近平在巴布亚新几内亚莫尔斯比港同萨摩亚总理图伊拉埃帕会晤,一致同意将双方关系提升为相互尊重、共同发展的全面战略伙伴关系。

中萨双边经贸合作不断取得新进展。1997 年 3 月,双方签署《中华人民共和国政府和西萨摩亚独立国政府贸易协定》。2018 年 9 月,双方签署《中华人民共和国政府与萨摩亚独立国政府关于共同推进丝绸之路经济带和 21 世纪海上丝绸之路建设的谅解备忘录》。萨摩亚继巴布亚新几内亚之后,成为南太

平洋岛国中第二个与中国签署"一带一路"合作文件的国家。2018年,中萨贸易总额为7 032万美元,同比增长9.2%。共建"一带一路"促进萨摩亚经济发展成效明显。2019年10月,第三届中国—太平洋岛国经济发展合作论坛在萨摩亚首都阿皮亚举行。会上签署《中国—太平洋岛国经济发展合作行动纲领》。

随着共建"一带一路"的推进,中国同萨摩亚的旅游合作也进一步得到加强。2006年4月,中方批准萨摩亚为中国公民出境旅游目的地国。2008年11月,双方签署《中华人民共和国国家旅游局与萨摩亚独立国旅游局关于中国旅游团队赴萨摩亚旅游实施方案的谅解备忘录》。2019年4月,"中国—太平洋岛国旅游年"开幕式在萨摩亚首都阿皮亚举行,习近平主席向旅游年开幕式致贺信。

中萨两国在技术合作、文教卫生等领域的交流合作日益频繁。自1986年起,中国已派出15批医疗小组赴萨摩亚工作。自2010年以来,中国援助萨摩亚农业技术合作项目已成功实施5期。2015年8月,广东省深圳市与萨摩亚首都阿皮亚市结为友好城市。

中国重视与萨摩亚开展教育、培训、国际中文传播等方面的交流与合作。自1982年起,中国每年向萨摩亚提供政府奖学金名额。萨方每年选派官员或青年来华参加中方举办的各类技术培训班或研修班。1984年9月,中国援派2名教师赴萨执教2年。2002年起中方派遣1名汉语教师赴萨摩亚国立大学讲授汉语课程。2014年起,派遣3名小学汉语教师和1名大学汉语教师。自2016年起,中国已向萨援派4批中学理科教师共21人次。2018年9月,萨摩亚国立大学孔子学院正式成立,积极推动了中萨语言文化交流与合作(梁国杰,杨茜,2021)。目前,在萨摩亚已有近千人在孔子学院学习汉语和中国文化。

第四章

所罗门群岛的语言文化与教育

所罗门群岛（Solomon Islands）位于巴布亚新几内亚以东，瓦努阿图西北方向，是南太平洋上的一个主权国家，于 1978 年宣告独立。全境有大小岛屿900 多个，陆地总面积为 2.84 万平方千米，海洋专属经济区面积 160 万平方千米。其首都霍尼亚拉（Honiara）是该国最大的城市，位于瓜达尔卡纳尔岛上（Guadalcanal Island）。

从地质学上讲，所罗门群岛是巴布亚新几内亚延伸到瓦努阿图的火山弧的一部分，其地形涵盖了树木繁茂、重峦叠嶂、山谷幽深的岛屿与珊瑚礁环绕的低洼珊瑚环礁，伴随着凉爽的风和全年丰富的降雨，当地炎热潮湿的热带气候得以缓解。优越的地理环境使所罗门群岛的人口迅速增长。截至 2024 年，所罗门群岛人口约 72 万。

所罗门群岛的土著居民是美拉尼西亚人和波利尼西亚人。密克罗尼西亚社区与包括华人和欧洲人在内的其他少数民族形成了最大的移民群体。基督教社区非常普遍，吸引了近 98% 的人口。欧洲传教士从 19 世纪中期就来到所罗门群岛，1893 年，英国宣布将其变成保护国后，英国殖民政府鼓励更多的人定居和宣传基督教，并在当地建立了无数的教堂和学校，其中许多保留至今。所罗门群岛的多民族、多群体以及宗教背景使得该国成了大量语言的发源地，多样性的语言，以及衍生出的相关教育政策和文化交流活动，已成为当地文化的一部分。

一、所罗门群岛语言概况

所罗门群岛有 64 个民族和多种语言。据报道,所罗门群岛当地语言数量为 74 种,其中 70 种是生活语言,而 4 种已经灭绝。所罗门人的语言分为两大类,即南岛语(又名马来 - 波利尼西亚语)和非南岛语(non-Austronesian,又名巴布亚语(Papuan))。从西部省份到东部外岛,只有 7 种巴布亚语分布在整个族群中。所罗门群岛的大多数语言均属于南岛语这一庞大的语系,例如:在中部岛屿,人们大多使用东南所罗门语族(Southeast Solomonic Group);从伦内尔(Renell)和贝罗纳(Bellona)到南部,从蒂科皮亚岛(Tikopia)、阿努塔岛(Anuta)和法图塔卡岛(Fatutaka)到东部深部地区,从锡开阿纳岛(Sikaiana)到东北,以及卢安尼瓦岛(Luaniua)以北的翁通瓜哇环礁(Ontong Java,又名豪勋爵岛环礁(Lord Howe Atoll))等广大地区,人们普遍使用波利尼西亚语言;而吉尔伯特移民则说一种大洋语族语言。

(一)所罗门群岛语言分布

所罗门群岛语言主要方言的地点和使用者大致人数如表 4-1 所示。

表 4-1　所罗门群岛各语言分布情况

语言	使用人数	占总人数百分比	使用地区	所属语族	所属语言分支
Pijin	24 390(一语使用者） 307 000(二语使用者)	4.068 9(一语使用者) 51.216 2(二语使用者)		克里奥尔语(Creole)	
'Are' are	17 800	2.969 5	Malaita	东南所罗门语族(Southeast Solomonic)	大洋语支(Oceanic)
Arosi	6 750	1.126 1	Makira		
Baeggu	5 900	0.984 3	Malaita		
Baelelea	8 800	1.468 1	Malaita		
Bauro	3 420	0.570 6	Makira		
Birao	5 900	0.984 3	Guadalcanal		
Bughotu	4 048	0.675 3	Santa Isabel		

续表

语言	使用人数	占总人数百分比	使用地区	所属语族	所属语言分支
Dori'o	2 406	0. 401 4	Malaita	东南所罗门语族（Southeast Solomonic）	大洋语支（Oceanic）
Fagani	902	0. 150 5	Makira		
Fataleka	6 703	1. 118 2	Malaita		
Gela	11 876	1. 981 3	Nggela Islands		
Ghari	12 119	2. 021 8	Guadalcanal		
Gula'alaa	1 568	0. 261 6	Malaita		
Kahua	5 170	0. 862 5	Makira		
Kwaio	13 249	2. 210 3	Malaita		
Kwara'ae	32 433	5. 410 7	Malaita		
Lau	16 937	2. 825 6	Malaita		
Lengo	13 752	2. 294 2	Guadalcanal		
Longgu	1 894	0. 316 0	Guadalcanal		
Oroha	38	0. 006 3	Malaita		
Owa	3 069	0. 512 0	Makira		
Sa'a	11 519	1. 921 7	Malaita		
Talise	12 525	2. 089 5	Guadalcanal		
Toqabaqita	12 572	2. 097 4	Malaita		
Wala	6 978	1. 164 1	Malaita		
Malango	4 135	0. 689 8	Guadalcanal		
Gilbertese	1 230	0. 205 2	Gizo，Choiseul	密克罗尼西亚语族（Micronesian）	
Tanema	1	0. 000 2	Vanikoro	特莫土语族（Temotu）	
Asubuo	10	0. 001 7	Utupua		
Amba	593	0. 098 9	Utupua		
Äiwoo	8 400	1. 401 4	Reef Islands		
Lovono	4	0. 000 7	Vanikoro		
Nanggu	210	0. 035 0	Nendö		
Natügu	4 280	0. 714 0	Nendö		

语言	使用人数	占总人数百分比	使用地区	所属语族	所属语言分支
Nalögo	1 620	0. 270 3	Nendö	特莫土语族（Temotu）	大洋语支（Oceanic）
Tanibili	15	0. 002 5	Utupua		
Teanu	800	0. 133 5	Vanikoro		
Rennellese Sign Language	0	0. 000 0	Rennell and Bellona Province	家庭手语（Home sign）	
Rennellese	3 191	0. 532 3		波利尼西亚语族（Polynesian）	
Luangiua	2 367	0. 394 9	Ontong Java		
Sikaiana	731	0. 122 0	Sikaiana		
Tikopia	3 324	0. 554 5	Tikopia, Vanikoro		
Vaeakau-Taumako	1 142	0. 190 5	DuffIs, ReefIs		
Anuta	267	0. 044 5	Anuta Island		
Lungga	2 767	0. 461 6	Ranongga	西大洋语族（Western Oceanic）	
Marovo	8 094	1. 350 3	New Georgia		
Mono	3 337	0. 556 7	ShortlandIs, TreasuryIs		
Ririo	79	0. 013 2	Choiseul Province		
Roviana	9 871	1. 646 8	New Georgia		
Babatana	5 600	0. 934 2	Choiseul Province		
Blablanga	1 772	0. 295 6	Santa Isabel		
Cheke Holo	10 840	1. 808 4	Santa Isabel		
Dororo	0	0. 000 0	New Georgia		
Duke	2 312	0. 385 7	Kolombangara		
Ghanongga	2 508	0. 418 4	Ranongga		
Guliguli	0	0. 000 0	New Georgia		
Hoava	459	0. 076 6	New Georgia		
Kazukuru	0	0. 000 0	New Georgia		

续表

语言	使用人数	占总人数百分比	使用地区	所属语族	所属语言分支
Kokota	530	0. 088 4	Santa Isabel	西大洋语族（Western Oceanic）	大洋语支（Oceanic）
Kusaghe	2 395	0. 399 6	New Georgia		
Simbo	2 701	0. 450 6	Simbo		
Ughele	1 202	0. 200 5	Rendova Island		
Vaghua	1 960	0. 327 0	Choiseul Province		
Vangunu	907	0. 151 3	Vangunu		
Varisi	5 161	0. 861 0	Choiseul Province		
Gao	1 215	0. 202 7	Santa Isabel		
Laghu	15	0. 002 5	Santa Isabel		
Zabana	3 355	0. 559 7	Santa Isabel		
Zazao	10	0. 001 7	Santa Isabel		
Lavukaleve	1 783	0. 297 5	Russell Islands	中部所罗门语族（Central Solomonic）	
Savosavo	2 415	0. 402 9	Savo		
Touo	1 874	0. 312 6	Rendova Island		
Bilua	8 740	1. 458 1	Vella Lavella		

（注：斜体表示该种语言已绝迹。）

（二）所罗门群岛语言研究现状

所罗门语系的语言出版物可以追溯到 1834 年，当时 Dumont d'Urville 在 1826—1829 年间的航行记录问世，其中包括 Gaimard 收集的 Vanikoro 三种语言的词汇表和 Tikopia 的词汇表。从那时起，人们开始着手于所罗门群岛语言的研究，当时的研究倾向于与西方世界接触初期建立的基督教传教团体有关的领域。

所罗门语系的早期研究者往往不是探险家，就是传教士。1885 年以前，航海者记录了辛博（Cheyne，1852）和瓦尼科罗（Dumont d'Urville，1834；Goodenough，1876）的词汇方面的成果，而这一时期，以传教士为主的研究则包括瓦尼科罗和阿罗西（Inglis，1854）的词汇研究、阿罗西（Verguet，1854）的词汇研究、瓦尼科罗和马劳（von der Gabelentz，1861）的词汇研究，以及乌拉瓦、奥罗哈、恩格拉（阿努达）和姆布戈图（von der Gabelentz，1873）的注释和词表研究。

1885 年，Codrington 的研究巨著《美拉尼西亚语》问世。Codrington 与当时的美拉尼西亚传教团体合作，研究了诸多美拉尼西亚语言，尤其是他在诺福克岛工作时，研究成果颇为丰硕。他的书包括许多所罗门语系的语法信息，比如法加尼语、旺戈语（阿罗西语）、乌拉瓦语、萨阿语、恩格拉语、瓦图兰加语、姆布戈图语、恩加奥语和阿沃萨沃语，还描述了东部外岛丹尼（圣克鲁斯）和尼菲洛尔环礁的细节。

在 1910 年以前出版的所罗门语系的语言材料中，大部分都是随机收集的简短词表。在此之后，一些语法资料和词典开始出现，传教士们在群岛周围的不同地区建立了自己的研究地位，其中 W. G. Ivens 牧师在 30 年的时间里创作了大量的作品，对所罗门群岛语言的研究作出了巨大贡献。S. H. Ray 也是一位所罗门语系研究的杰出贡献者，从 1897 年开始，他对西部省份的语言进行了研究，并于 1912—1921 年间发表了许多关于群岛波利尼西亚语言以及东部外岛大部分语言的论文。1926 年，S. H. Ray 编写的《美拉尼西亚语言》与 Codrington 的《美拉尼西亚语》并驾齐驱，成了美拉尼西亚地区的标准语言参考著作之一。

1954 年，Capell 的《南太平洋语言学研究》（1962 年修订）问世，书中概述了当时的语言和语言使用方面的知识，在礼拜仪式方面尤为突出。他的另一篇题为《今日大洋语言学》（1962）的文章则讨论了大洋语言的发展和传播，从那时起，东部外岛的语言（特别是圣克鲁斯和大堡礁群岛的语言）引起了语言学家的关注。

20 世纪 60 年代末和 70 年代初，人们对所罗门群岛的波利尼西亚语变异体重新产生了兴趣。1968 年，Sharples 编写了西卡亚纳语法，同一年 Salmond 撰写了一篇关于卢安吉亚语的论文，并于 1974 年发表。1975 年，Elbert 出版了著名的《伦内尔和贝洛纳词典》。1977 年，Feinberg 针对阿努坦进行了翔实的研究。在美拉尼西亚语方面，一些语法和词典也陆续出现，其中包括 Fox 的《阿罗西词典》（1970、1978 年修订）、Capell 的《阿罗西语法》（1971）、Fox《劳语词典》（1974）和 Keesing 的《夸奥语词典》（1975）。

在历史语言学方面，Levy 和 Smith（1969）关于马莱塔的研究，Levy（1976，1979）、Cashmore（1972）和 Pawley（1972）关于所罗门群岛语言的研究，在一定程度上解决了这个语言亚组的分类问题。D. T. Tryon 和 B. D. Hackman（1983）对所罗门群岛西部和外岛东部的语言进行了研究，填补了所罗门语系的部分研究空白,并提供了所罗门语系的全面清单、初步分类以及分类依据。

近年来,有关所罗门群岛的语言研究趋向于个性化和细致化,在与地域、历史、文化相结合的基础上,产生了更多的研究成果。Christine Jourdan（2007,2008）先后就后殖民时期的所罗门群岛城市居民自我认同的语言路径,以及语言库藏（Repertoires）与所罗门群岛城市中产阶级之间的关系进行了研究;Frostad（2012）出版了《乌格勒语法》,就所罗门群岛的大洋语言进行了解析。国内对于所罗门群岛的研究大多集中在基本国情和南岛语的分布状况方面:吴安其的《南岛语分类研究》（2009）分析了所罗门群岛的南岛语分布基本情况;《列国志·所罗门群岛》（2016）介绍了所罗门群岛的历史、民族、宗教、政治、经济以及外交等基本情况。

二、所罗门群岛的官方语言和通用语言

在 20 世纪早期,两种新的语言——英语和所罗门群岛皮金语（Solomons Pijin, Solomons Pidgin 或 Neo-Solomonic）被引入所罗门群岛的语言舞台。英语是当时殖民政府的语言,英国管理者和殖民地居民从"质量"和"价值"以及等级制度的角度来看待所罗门群岛当时的语言:由混合使用多种语言为特征的横向语言,转变为基于等级制度的纵向语言秩序（Jourdan, 2007）。因此,英语在社会阶层中占据了最高的位置,成为官方语言,皮金语被置于底部。然而,在所罗门群岛的整个社会历史演变过程中,就讲皮金语的人数和使用皮金语的各种语境而言,皮金语已然成为该国最重要的通用语言。英语和皮金语虽然根植于殖民地关系的不同文化,并隶属于不同的社会阶层,但它们之间有公共关系。自从它们被引入所罗门群岛,并在随后的殖民和后殖民关系中起到关键作用,就注定了它们会从根本上改变所罗门群岛居民之间存在的权力平衡,并迅速成为许多城市居民日常语言实践的中心。在大多数农村地区,村民仍然会说 60 多种方言中的 1 种。

（一）所罗门群岛官方语言——英语

英语是所罗门群岛的官方语言,主要用于政府的官方交易、商业和某些印刷媒体中。但令人惊讶的是,全国只有1％—2％的人口能够流利地使用英语进行交流,这些人大多是受过良好教育的中产阶级和精英。在大多数情况下,城市居民至少会说两种语言,但语言组合不同:大多数老年人会说方言白话和

皮金语,城里出生的年轻人会说皮金语和英语,一些受过良好教育的老年人和一些年轻人会说方言白话、皮金语和英语。

(二)所罗门群岛通用语言——皮金语

所罗门群岛皮金语是以英语为基础的克里奥尔语(Creole),是国家(尤其是城市)的通用语言。皮金语是一种口头语言,源自 19 世纪初期的一种英语贸易行话——Beach-La-Mar,起初在西太平洋发展并传播,之后随着不列颠治世(Pax Britannica)的出现和所罗门群岛本地种植园系统的出现,被重新激活并被赋予了更多所罗门语的语言特征,在所罗门群岛广泛传播,甚至在整个 20 世纪中的诸多重大历史事件以及社会变革中,皮金语都扮演着语言中介的核心角色。尽管没有官方地位,皮金语在该国许多地区被越来越多的人熟知并使用。

迄今为止,皮金语仍然是一种口头语言。基督教协会(例如 SITAG)在皮金语标准化方面作出了很多贡献。1978 年,皮金语词典部分编纂完成;2002 年,完整的皮金语词典编写完成,包括拼写列表及其语法的完整描述。皮金语是一种非常灵活的语言,无论正式句子的构造如何,其重点是帮助消息的传递,而将《圣经》翻译成皮金语也代表了其某些方面的标准化。

(三)皮金语与英语的对应关系

1. 发音对比(如表 4-2 所示)

表 4-2　皮金语与英语的发音对比

英语发音 (国际音标)	皮金语对应 发音	英语单词实例	皮金语对应实例
ch-/tʃ/	s-/s/	teacher, chair, much（how much）	tisa, sea, mas（hamas）
	si-/si/	church	sios
sh-/ʃ/	s-/s/	short, bush, machine	sot, bus, masin
th-/θ/	s-/s/	mouth	maos
	t-/t/	throw, throw away, I think, underneath	torowe, torowem, ating, andanit
	t-/t/	brother	brata, barata, bro
	d-/d/	this one	deswan, diswan, this wan
	r-/ɹ/	another, another one	nara, narawan

续表

英语发音 （国际音标）	皮金语对应 发音	英语单词实例	皮金语对应实例
z-/z/	s-/s/	razor	resa
-er-/ɪ/	a-/ɑ/	matter, mother, pain sore, fire	mata, mada（mami）, soa, faea
or;ir/er-/ɔɪ/;/ɪ/	o;a/e-/o/; /ɑ//ɪ//ɛ/	born, burn, borne, first time	bon, bonem, bone, fastaem, festime（festaem）

2. 皮金语的发音变化

皮金语的多个辅音音素呈现出差异（如表 4-3 所示），这些差异部分取决于说话者的个人语言背景，即他们在家讲的方言白话的语音特征；部分出于音节末尾辅音的清浊对应；部分反映了大洋语言中普遍存在的前鼻音化。

表 4-3　皮金语的辅音音素变化情况

发音	英语单词	皮金语对应单词
b, v	edible greens	kabis, kavis
f, b	football	futbol, butbol
f, p	some	samfala, sampala
p, b	potato	puteto, buteto
r, l, d	rice	raes, laes, daes
v, w	volcano	volkeno, wolkeno
j, s, z	jump	jam, sam, zam
f, h	fire	faea, haea
b, p	crab	krab, krap
d, t	head	hed, het
g, k	pig	pig, pik
v, f	five	faev, faef
b, mb	edible greens	kabis, kambis
d, nd	to read	ridim, rindim
g, ngg	to dig	digim, dinggim
w, ngw	war	woa, ngwoa

3. 皮金语的其他变化

从英语到皮金语的过渡中出现的另一种语言现象是在单词的内部和结尾位置增加元音。像所罗门群岛的大多数语言一样,皮金语中不出现复辅音(Consonant Clusters)和辅音结尾词。因此,使用该语言的人在辅音和单词之间添加元音,以使英语形式适应皮金语语法。人们通常根据元音和声规则来选择额外的元音。例如,单词"business"变成 bisinis 或 bisinisi(取决于皮金语说话者的年龄和方言)。此外,与英语形式相比,皮金语的及物动词还有一个后缀形式的语素。这些语素听起来像英语中的原形动词加"him"或"them",形式多为 -m,-im 和 -em,例如,皮金语中的"爱"一词就是 lavem。

4. 英语与皮金语日常话语的部分对应实例

Good afternoon everyone!＝Aftanun olketa!

My name is Charles.＝Nem blo mi Charles.

How are you?＝Hao nao（iu）?（Iu hao?）

What is your name?＝Wat na nem blo iu?

Where are you from?＝Iu blo wea?

I'm pleased to meet you.＝Mi hapi tumas fo mitim iu.

Thank you very much.＝Tanggio tumas.

Alright.＝Oraet nomoa.

Where will/would I be able I buy a plane ticket?＝Wea nao mi bae save paiem fea fo plen?

How many people can your truck/car/van carry?＝Hamas pipol save fitim insaet lo trak blo'iu?

No worries. It's alright.＝No wariwari. Hem oraet nomoa.

I'm injured, and going to the hospital.＝Mi garem soa,mi go long nambanain.

Liar/Cheat!＝Iu konman!

Are you crazy?＝Iu karange?

This（thing）is broken.＝Diswan hem bagarap.

I can't afford it.＝Mi no save pem.

You know a lot!＝Iu save tumas!

Bye!＝Lukim iu!

—Do you have children？＝Iu garem pikinini？

—No.＝Nomoa.

三、所罗门群岛的语言教育与教育体系

所罗门群岛的语言政策和与之相关的教育体系在不同发展理念、现代化、资本主义和全球化的影响下，已经从传统的知识学习模式转向西方的学习模式。在引进西方教育制度之前，传统知识已经经历了好几代人的传承，这使得该体系在过渡时期遇到了更多的对传统知识的排斥和不连贯的政策模式等困境。受现代教育制度的影响，语言教育体系的变革甚至波及了国家的政治领域、社会观念和经济体制。尽管存在许多差异和分歧，社会各方仍需要通过更多的合作和政策对话来妥善处理教育、经济和社会发展之间的关系。

（一）所罗门群岛的早期语言教育概况

所罗门群岛独立之前的语言教育是由早期传教团体和保护国政府（英国政府）主导的。19世纪60年代中期，早期基督教传教士首次引入了现代教育。1978年，教育法的颁布标志着正规教育体系开始在全国建立。许多所罗门群岛居民参加了位于诺福克群岛的美拉尼西亚传教团体，学习阅读《圣经》，接受基督教价值观和信仰体系的指导，之后返回所罗门群岛。所罗门群岛的早期教育以教派为基础。英国国教、罗马天主教和联合教会等不同教派在所罗门群岛设立了自己的传教机构，其主要目的是使人们从传统信仰转向信仰基督教。传教机构教人们学习基本的阅读、写作，其所授课程有限，目的是解决当下管理工作和传教机构及其基督教意识形态的宣传问题。至后期，所罗门群岛的语言教育倾向于满足殖民政府的需要。

（二）所罗门群岛的教育体系及政策

所罗门群岛的教育体系包括小学、中学和高等教育。国家教育政策强调，教育系统支持学生从小学早期教育到高等教育的学习，在此过程中，国家通过考试确定哪些学生可以达到国家规定的学业标准和学术要求，从而继续完成更高层次教育。

1. 所罗门群岛中小学教育课程

与早期的教会教育传统相比，当前所罗门群岛的教育体系采用西方模式，课程设置更加全面、广泛。在基础教育阶段,课程大纲概述了中小学教育的学习标准、学习目标和教育使命,国家课程为中小学教师和学生制订了明确的方案,以期促进国家的总体人力资源发展。世界银行统计的所罗门群岛的入学率和识字率如表4-4所示。

表4-4　所罗门群岛的入学率和识字率

受教育类型	
识字率(15岁及以上)(2009年人口普查)	84.1%
• 男性	88.9%
• 女性	79.2%
入学率(6-12岁)	83.3%
• 男性	82.8%
• 女性	83.9%
小学净入学率	91.0%
初中净入学率	20.0%
受教育程度人口比例(12岁及以上)	
• 未完成学业	16.1%
• 初级教育	56.8%
• 中等教育	18.9%
• 职业/专业:资格	1%
• 高等教育	4.4%

所罗门群岛在初级教育方面取得了重大进展,普及率为91%。然而,其中大部分的学生在从小学到高等教育的过程中辍学,只有很小部分人继续完成高等教育。此外,所罗门群岛的教育系统优先进行了改革,以便使教育课程与当前的教育需求相一致(如表4-5所示)。

表4-5　所罗门群岛中小学教育课程改革目标

提高所有学习者的知识水平、技能和能力,帮助所有学习者培养积极的价值观和态度
修订幼儿教育(ECE),小学、中学和职业技术教育培训课程,确保其满足国家当前和未来的发展需求,并使其在文化上更符合所罗门群岛学习者的需要
从主要为学生提供大量信息的课程模式转变为加深对相关知识的理解、培养更高水平的创造性思维的课程模式

续表

制定和实施《国家学校课程》,确定相关可实现的学习成果,并在各阶段为各学习者提供适当的学习机会,确保学习的深度、广度、连续性和进步性
通过初期培训、学校层面的专业技能培训和教师网络建设,帮助教师在教学和学习中提升专业水平,并理解修订后的课程,以实现 2007—2009 年、2010—2012 年《国家教育行动计划》目标,促进《国家课程政策声明和指南》的实施。

2. 所罗门群岛高等教育和政策重点

所罗门群岛全国大多数的高等教育由所罗门群岛国立大学(所罗门群岛高等教育学院)和南太平洋大学所罗门群岛分校提供,除此之外,巴布亚新几内亚大学也吸引了很多学生就读。所罗门群岛的贸易发展伙伴向所罗门群岛居民提供奖学金,支持他们在澳大利亚、日本、新西兰和古巴等地接受高等教育。虽然所罗门群岛政府大力支持高等教育,但技能培训和资格认证与劳动力所需的认证制度之间不一致的情况仍然存在。所罗门群岛政府在人力资源发展和培训方面投入非常大,但在一些公共部门和私营部门,尤其是行政、管理、工程和信息技术领域,很难征聘到训练有素的人员以填补关键的职位。换言之,目前的人才战略计划和政策无法匹配市场需求。

所罗门群岛的高等教育政策愿景较为清晰。"所有所罗门群岛居民都将有平等的机会接受相应的高等教育,使他们能够充分参与其社区的经济、社会和文化生活,并发展所需的技能和能力,使所罗门群岛的劳动者具有全球竞争力。"通过这一政策目标和既定的国家结构来促进高等教育的发展,表明了在国内和全球建立一支市场化劳动力队伍的强烈愿望。在国家层面,人们逐渐开始接受高等教育政策,并将其视为国家人力资源发展的保障。所罗门群岛的毕业生现在主要从事公共和私营部门的工作,一些拥有专业技能和知识的专业人士,通过从事医生、律师和工程师等工作向公众提供社会和营利服务,而另一些所罗门群岛的专业技术人员则移居海外寻找工作,以谋求个人发展和海外交流。

近年来,所罗门群岛政府与所罗门群岛国立大学和其他地区研究机构之间不断努力和合作,不断提高高等教育的标准和资格,制定了全面发展的国家高等教育政策,就如何培养一支称职和有技能的劳动力队伍作出了明确规定(如表 4-6 所示),以维持国家职能,促进经济增长。

表 4-6　所罗门群岛高等教育政策目标

目标 1	提供高质量的高等教育,以满足个人、国家和地区对知识型、技能型、能力型和综合型人才以及一个有凝聚力和可持续发展的社会的需求
目标 2	为边缘化群体提供公平地接受高质量高等(专上)教育的机会,缩小他们在参与高等教育方面机会的差距
目标 3	以高效、可持续和透明的方式管理教育资源

从高等教育政策的三个主要目标来看,没有一个目标与劳动力迁移密切相关,而是更加注重创造一支称职的熟练的劳动者队伍。此外,所罗门群岛的高等教育政策还将职业技术教育与培训列为一个重要的教育优先事项。在高等教育政策的促进下,职业技术教育与培训成了为经济发展提供技能保障的关键教育,通过这个桥梁式的学习过程,人们可以重新进入主流高等教育,并有机会获得必要的技能,以维持并提高生活水平,为社会发展作出积极贡献。职业技术教育与培训和农村培训中心被视为关键的服务供应商,二者为许多所罗门群岛居民提供长期技术技能或实际生活技能培训,增加了社区附近的培训机会,为解决社区高失业率和社会失调问题提供了积极保障。

总之,所罗门群岛在地理、文化和民族方面具有多样性,教育是促进国家发展的关键。在国家经济体制和政治体制下,传统教育体制遭到排斥。教育的发展受到西方教育框架的驱动,采用了包括小学、中学和高等教育在内的西方主导的教育体系,以不同的发展理论和战略为指导,满足经济的多样化需求。随着社会经济和政治环境在全球化影响下发生巨大变化,城市和地方教育发展之间的差距继续扩大,教育系统也将继续进行结构改革,以满足多样化劳动力市场日益增长的需求。

四、所罗门群岛与世界主要国家之间的关系

根据联合国的标准,结合其在经济、社会和政治指标方面的总体评级,所罗门群岛仍然属于最不发达国家,并被列为受援国,一度成为太平洋地区最贫穷的国家。所罗门群岛在政治、国家安全、经济增长和可持续的发展计划方面继续面临障碍。通过建立合作与发展伙伴关系,所罗门群岛在外部资金和技术支持方面受益颇多。

几十年来,所罗门群岛与澳大利亚、日本、新西兰和欧盟等捐助伙伴建立

了长期双边关系。此外,还与世界银行、联合国开发计划署、亚洲开发银行和世界贸易组织等发展伙伴建立了多边关系,这些伙伴在不同的项目方面继续发挥支柱和关键作用。例如,中国是所罗门群岛最大的贸易伙伴,根据世界银行的数据,2017 年,所罗门群岛向中国出口了价值 5.548 亿美元的商品,占其总出口额的 2/3。教育一直是所罗门群岛捐助者资助最多的领域之一,基本集中在小学和中学。新西兰一直是所罗门群岛教育部门的主要捐助伙伴,尤其是在初等和中等教育,以及高等教育奖学金方面。所罗门群岛国家政府主导了一系列部门计划,旨在促进国家政府与捐助伙伴之间关系的发展。

五、所罗门群岛与中国共建“一带一路”合作与交流

2019 年 9 月 16 日,所罗门群岛总理梅纳西·索加瓦雷召开内阁会议,决定所罗门群岛与中国建交。2019 年 9 月 21 日,国务委员兼外交部部长王毅在北京同所罗门群岛外长马内莱举行会谈。会谈后,两国外长签署了《中华人民共和国和所罗门群岛关于建立外交关系的联合公报》。自公报签署之日起,两国相互承认并建立大使级外交关系。中所建交除了反映出“一个中国”原则已经成为国际共识之外,同时也说明越来越多的国家看到了中国发展所带来的机遇。索加瓦雷认为,与中国建交,所罗门群岛将极大受益于中国提出的共建“一带一路”倡议,由此带来的大量基础设施开发,将直接促进城市和农村地区的经济发展。索加瓦雷于 2019 年 10 月 8 日至 13 日对中国进行了正式访问,期间签署了共建“一带一路”倡议,以期与所罗门群岛《2016—2035 年国家发展战略》相对接。中所两国将加强国家发展战略对接,在贸易和投资、基础设施建设、农林渔业、交通通信等重点领域进行深入合作交流,这对新形势下中所关系的发展具有重要意义。

建交前,不少中国人已在所定居,老侨以广东人为主,新侨则以福建人为主。中国在所企业有十余家,主要从事基础设施建设、矿业开发、旅游、渔业等商业活动。其中多数企业在中所建交前即在所经营。中所建交以来,中国企业为两国经贸合作提供了有力保障。新冠疫情暴发以后,中所双方始终守望相助、共战疫情、共克难关。在中国抗疫形势最严峻的时候,所罗门群岛政府和人民,以及在所华侨华人和社会团体向中方捐款捐物。中国是最早向所方伸出援手的国家之一,向所方捐赠医疗物资,帮助其建立首个核酸检测实验室,同

所罗门群岛等太平洋岛国举办副外长级别特别会议、卫生专家视频会议,有效提升了所罗门群岛疫情防控能力。

为更好地促进中所两国文化、经济等交流,2020 年 5 月,中国驻所罗门群岛使馆工作组访问马莱塔省,向民众宣讲中国发展情况和对所外交政策,探索两国地方经济技术合作新机遇。随着中所两国合作交流的不断深入,2020 年 9 月 21 日,中国驻所罗门群岛大使馆在其首都霍尼亚拉举行开馆仪式,这标志着两国关系发展进入新的阶段。作为促进双方经贸投资、人文交流合作的重要平台,大使馆为助力两国关系发展发挥了积极作用。2020 年 10 月 29 日,时任中国驻所罗门群岛大使馆大使李明会见所罗门群岛教育与人力资源发展部长塔南加达,就中所两国开展教育合作问题进行了深入交流,旨在进一步推动两国教育合作和人文交流。2021 年 1 月 8 日,李明大使会见所罗门群岛外交外贸部马内莱外长,双方就抗疫合作、企业复工复产、地方交往等共同关心的问题深入探讨。2021 年 1 月 11 日,李明大使会见所罗门群岛通信与民航部长阿格瓦卡,双方就加强两国民用航空等领域合作交换意见。

所罗门群岛目前经济发展面临巨大挑战,2024 年要实现脱贫目标意味着要改善当地的基础设施建设、提高就业和收入水平、提高医疗和教育水平、中国要建设“21 世纪海上丝绸之路”,就必须克服众多风险与困难,获得沿线国家的认可和实际支持以形成合力。注重互惠互利与合作共赢,这是建立中国负责任的大国形象所必需的,更是推进共建“一带一路”倡议的必要条件。相信未来中所两国的合作交流将在共建“一带一路”中焕发出新的活力。

第五章

汤加王国语言文化概况

　　汤加王国（The Kingdom of Tonga）位于南太平洋西部、国际日期变更线西侧，西邻斐济。国土由汤加塔布、瓦瓦乌、哈派三大群岛和埃瓦、纽阿等小岛组成，共 173 个岛屿，其中 36 个有人居住，无河流。陆地面积 747 平方千米，海洋专属经济区面积 70 万平方千米。汤加属热带雨林气候，5 月至 11 月为旱季，12 月至次年 4 月为雨季。年均气温南部 23 ℃，北部 27 ℃，年均降水量 1 793 毫米，11 月至次年 3 月常有飓风和暴雨。人口 10.02 万（2022 年），98% 是汤加人，属波利尼西亚人种，其余为其他太平洋岛国人、欧洲人、亚洲人及其后裔，居民多信奉基督教。汤加华人华侨约有 1 000 人。通用语言为汤加语和英语。首都为努库阿洛法（Nuku'alofa），位于主岛汤加塔布岛。国家元首是图普六世（Tupou VI）国王，2012 年 3 月 18 日继位，2015 年 7 月 4 日正式加冕。重要节日有 6 月 4 日独立日和 11 月 4 日国庆日（又称宪法日）。汤加 3 000 多年前已有人定居，约从公元 950 年起至今经历 4 个王朝，现为 1845 年乔治·图普一世建立的陶法阿豪王朝。17—18 世纪，荷兰、英国、西班牙探险家先后抵达，19 世纪基督教传入，1900 年汤加成为英国保护国，1970 年汤加独立并成为英联邦成员。

一、汤加的语言及语言生态

（一）汤加语及其方言

　　汤加语（Tongan）属于南岛语系波利尼西亚语族。在欧洲传教士和殖民者到达太平洋地区之前,汤加语只有口语,没有书面语。19 世纪的欧洲传教士采用罗马字母,为汤加语规定了书面语形式和正字法,如今汤加语已经有超过 150 年的书面语历史。汤加有汤加语(Tongan)和纽阿富奥乌语(Niuafoʹou)两种土著语言,还有英语和汉语两种外来语言。其中第一语言为汤加语、英语、汉语和纽阿富奥乌语的人口占比分别为 96％、1％、2％和 1％。有 87％的人口把英语作为第二语言,汤加语和英语同为官方语言,英语还是社会通用语。

汤加语与纽埃(汤加以东的邻国)的纽埃语很相近,与之形成波利尼西亚语族的一个语支。汤加王国是一个语言上高度同质的社会,汤加语几乎是王国所有居民的母语。汤加北部和南部之间可能有一些细微的方言变体,但差别不大。不过,瓦瓦乌群岛以北的两个岛屿,即纽阿托普图岛和纽阿富岛,大约有 2 300 名居民使用纽阿富奥乌语。造成这些差异的原因是,这些岛屿的人口在地理和语言上更接近萨摩亚和瓦利斯岛,而非汤加的主要岛屿。然而,由于媒体的标准化,这些岛屿居民与汤加其他居民的联系日益频繁,纽阿富奥乌语被汤加语同化,其特征往往很快消失。值得注意的是,离开汤加到国外定居的汤加侨民也讲汤加语,侨民主要分布于斐济、美属萨摩亚、新西兰、澳大利亚、美国等。

(二)汤加官方语言

汤加语和英语同为汤加的官方语言,英语作为第一语言使用的人不多,汤加语在汤加居民的日常交往和事务中起到重要作用。但随着跟外部世界的联系增加,以及外贸和旅游事业的发展,现在英语的使用范围越来越广泛,政府的出版物都用汤加文和英文这两种文字出版发行,广播、报纸、电视和网络等媒体也采用两种语言。无论是在私营部门还是在公共部门,求职就业通常都需要英语。汤加全国有 4 种主要报纸,每周出版一次,多数用汤加文出版,分别是《汤加时报》(Taimi)、《螺号报》(Keʹlea)、《宣告报》(Talaki)和《汤加日报》(Tonga Daily News)。主要网媒为《汤加风》(Matangi Tonga)。此外,还有部分宗教报纸和不定期出版的杂志。汤加全国共有 5 家广播电台和 1 家电视台,主要以汤加语播出,也播放少量英语新闻、体育比赛与影视剧等节目。中国中央电视台英语新闻频道和英国 BBC 节目可免费收看。

（三）国内外汤加语研究现状

世界范围内学者对汤加语的研究可以从汤加语本体研究和社会文化教育两个角度分析。从本体研究来看，19 世纪之前，汤加语只有口语形式，没有书面语，19 世纪的西方传教士使用拉丁字母为汤加语确定了书面语形式。20 世纪以来，西方语言学家研究汤加语语法，编写汤加语词典，其中最有名的是 C. Maxwell Churchward（1953，1959）编写的《汤加语语法》（*Tongan Grammar*）和《汤英－英汤词典》（*Dictionary Tongan-English，English-Tongan*），以及 Thompson，Richard & 'Ofa Thompson 1992 年编写的《汤英－英汤学生词典》（*The Student's English-Tongan and Tongan-English Dictionary*）。难能可贵的是，Churchward 作为语言学家，具有语言类型学的开阔视野，他清醒地认识到汤加语与英语和拉丁语语法结构上的差异。他在《汤加语语法》的序言中开宗明义，说明撰写汤加语语法的目的不是把汤加语的语法结构拿来比附英语，而是描述其语法结构的实际情况。因此，该书尽管使用了一些与英语一致的语法术语，如"介词""及物""不及物"，但与英语中的这类术语的含义不完全相同，一些英语语法术语如"性""格""变格""词形变化""语气""不定式""分词""动名词"一律弃置不用，而是根据汤加语语法的实际情况采用了一些新创术语，用于区分、分类和分组。编撰者特别强调，汤加语与英语的差异并不表明这种语言比英语低下，或者发展程度不高，作为人类语言的一种形式，其传情达意和灵活性不逊于其他语言。正是 Churchward 这种语言类型学的视野和语言平等的视角，以及他对汤加语语法和词汇的客观描述，为 20 世纪后半叶和 21 世纪对汤加语的研究打下坚实的基础。20 世纪中期以来，语言学家开始从语言类型学视角研究汤加语的词汇类型，发现汤加语的词类划分不同于英语等印欧语言，其功能具有灵活性（Broschart，1997；Taumoefolau，1998）。

除了进行语言学本体研究外，国外学者还从社会文化教育等教育学和社会学角度调查汤加语在社会、家庭和教育中的地位和功能。研究发现，尽管根据汤加王国的宪法，汤加语和英语都是国家规定的官方语言，但为了融入经济全球化的大趋势，英语在教育和社会中的地位日益提高。受访家长一方面希望下一代继续使用汤加语，使得民族文化得以传承，另一方面，又为孩子未来就业和经济地位考虑，希望提升英语的教育水平。另外，有些研究还表明，汤加中小学教育中合格的英语教师数量不足，无法有效开展以英文为媒介的课堂教学。中学阶段英语教学质量堪忧,学生在数学等学科方面的学业表现不佳,原因之一可能是母语的数学思维对英语教学的负迁移。

中国学者只在《世界语言手册》(黄长著,1990)、《世界各民族语言》(童之侠,2007)、《太平洋英联邦国家——处在现代化的边缘》(汪诗明,王艳芬,2005)、《汤加》(王敬媛,陈万会,2017)等著作中对汤加语略有提及,尚未系统地开展关于汤加语语音、词汇和语法的深入研究。查阅中国知网发现,国内除了对汤加风土人情、地缘政治、经济商贸的介绍外,鲜有学者深入研究汤加语。

(四)汤加语的基本特点

1. 汤加语的语音

汤加语使用拉丁字母,表 5-1 为汤加语使用的 16 个字母及其国际音标。

表 5-1　汤加语字母表

字母	a	e	f	h	i	k	l	m	n	ng	o	p	s	t	u	v	'
国际音标	/a/	/e/	/f/	/h/	/i/	/k/	/l/	/m/	/n/	/ŋ/	/o/	/p/	/s/	/t/	/u/	/v/	/ʔ/

汤加语包含 16 个字母,其中有 11 个辅音(Ff, Hh, Kk, Ll, Mm, NGng, Nn, Pp, Ss, Tt, Vv);还有 1 个声门停顿音(用倒撇号"'"表示)。声门停顿音就是声带的阻塞和开合,非专业的说法就是清一下嗓子,声门停顿音和其他 11 个辅音字母一样重要,具有区分词义的功能,如 va'e(脚)和 vae(分开)。ng 可视为一个字母,是一个音,而不是两个音。汤加语中有 5 个元音(a, e, i, o, u)和 5 个相应的长元音(ā, ē, ō, ī, ū),元音上加长音符表示长元音。汤加语中没有复辅音,所有音节都是开音节。因此,拼写时两个辅音不能连在一起,中间必须有元音隔开,但多个元音可以连写在一起,中间不需要辅音隔开。所有单词都是以元音结尾,每个元音都要清晰准确地拼读,短元音和长元音用来区分单词词义,如 kaka(爬)、kāka(鹦鹉)、kākā(欺骗)。

汤加语中有些轻音词,轻音词是指只含有一个短元音的单词,有 40 个左右,这些轻音词使用频率很高,是语言结构不可或缺的部分。除了这些轻音词和物主代词 ho 外,汤加语中所有名词、动词、数的标志词、物主代词、形容词和副词都是重音词。

如果一个单词只包含一个长元音,那么要重读这个长元音。如果一个单词含有两个或两个以上元音,通常重音落在单词中倒数第二个元音上,如 móhe(睡觉)和 haháke（东）。但在以下情况下,重音落在最后一个元音上:(1)当单词最后一个元音是长元音,如 kumā（老鼠）,长元音 ā 是重读音;(2)在附属词前面的单词,如 fále（房子）的重音在第一个元音上,如果后面加上附属词 ni（这个）,fale ni（这个房子）重音就要放在 falé 的第二个元音上,因为两个词关系密切,就相当于一个单词;(3)重音放在限定音上,一般来说,当一个名词或者代词是指特定的事物或者指一类特定的事物时,要与非限定词区分开来。除了加上定冠词或者是代词所有格这种限定形式外,还可以加一个基本代词,或者添加一个表示限定的标志,那就是主要重音从倒数第二个元音转到最后一个元音上,就像后面增加了附属词一样,或者说是加强限定,这就叫做限定音,如'i he falé（在这个房子里）,falé 的重音移到第二个元音上。

汤加语中以下类型的单词含有两个或多个重音:复合词,如由 váka（飞）和 púna（船）组成 vákapúna（飞机）;完全重叠词,如 píkipíki（粘的）由 píki（粘）重叠而成;前缀包含多于一个元音的词和后缀包含多于一个元音的词;或者单词中包含的两个或多个元音都是长元音的词。这似乎可以说明长元音出现在任何位置都需要重读。含有长元音和其他元音的词,长元音需要重读,倒数第二个元音也要重读。不管什么时候,一个单词有两个或超过两个重音时,主要重音要落在后面元音上。

2. 汤加语词类

《语言类型学》杂志创刊号上《Broschart》(1997)一文,通过对汤加语长达五个月的实地调查,令人信服地证明,汤加语属于注重"词型－词例"二分的语言类型,而不是像印欧语那样注重"名词－动词"二分。汤加语里大多数的词在词库里(作为"词型",Word Type)看不出来指称性和述谓性,而到了语句里(成为"词例",Word Token)加上冠词就都能作指称语,加上时体标记就都能作述谓语。

Churward（1953）认为汤加语词类特征与印欧语言大不相同,主要分为 10 类 5 组:主要词汇包含名词和动词;辅助词包括数的标志词和时态标志词;修饰词包括形容词和副词;关联词包括介词和连词;替代词包括代词和语气词,代词有主格性和宾格性的物主代词。所谓语气词,是指在很多情况下可以代替一个小句或句子的词。而定冠词和不定冠词差不多相当于一个弱化的形容词。

汤加语中的比较级用 ange 表示,如 lōloa ange(比······长),最高级用 taha 表示,如 lōloa taha(最长)。汤加语包含一些前缀和后缀,其重叠词有完全重叠词和部分重叠词,如 kata(笑)和 katakata(笑一笑),havili(大风)和 havilivili(微风),重叠词表示复数、重复、延续和程度变化。另外,汤加语词汇有敬语和自谦语之分。

以下对各词类做简要介绍。

名词和动词。名词分为人名、地名等专有名词和普通名词,普通名词包括具体名词、抽象名词和动名词。汤加语的动词可以分为及物动词、不及物动词和半及物动词。

数的标志词。数的标志词有双数和三个以上的复数形式,有些名词、动词和形容词有特殊的双数形式和复数形式。

形容词和副词。就位置而言,汤加语的形容词放在所修饰名词之后,只有少数形容词放在所修饰名词之前,两个同义形容词共同修饰一个名词时,一个前置,一个后置。就结构而言,有些形容词只含有单个语素,如 lahi(大的),没有前缀和后缀,不是重叠词。而有些形容词需要通过添加前缀或后缀构成,有些以重叠词形式出现。还有三类复合形容词:名词 + 形容词,如 sino-mālohi(身体强壮的);动词 + 宾语名词,如 fahi-manu(切割动物的);动词 + 副词,如 tokalelei(平坦的)。前两类拼写时两词之间需要连字符,第三类不需要。汤加语中副词或相当于副词的词,可以表示地点、方位、时间、附加、频率、延续性、方式、原因、让步、比较,还可以表示限定或强调,表示语气、程度或不确定性。

介词和连词。汤加语中介词的范围比英语中介词的范围大,包括任何能够引介一个名词或者是代词的词,指示一种关系,而且介词引导的名词和代词组成的短语也不一定是形容词性短语和副词性短语。介词分为5类,表示功能、地点、所有、目的和伴随。汤加语中的连词或相当于连词的词表示连接、区分、条件、时间、解释、预期、让步、建议和咒骂。

冠词。汤加语中的冠词分为定冠词和不定冠词,还分为普通冠词和情感冠词。所谓的情感冠词,除了标记名词的定指和不定指外,还包含情感因素,比如喜爱、友好、同情、憎恨或尊敬。

汤加语中很多名词、动词、形容词和副词具有多种句法功能,或者说多种词性。因此,汤加语中名词的主要用法是由介词引介,动词的主要用法是由时态标志词引介,形容词的主要用法是修饰名词,副词的主要用法是修饰动词、形容词或副词。名词、动词、形容词和副词在句中的功能会发生变化,或者说改变词性。名词可以用作动词,比如表示"思想""雨""树桩""父亲""星期一""总统""医生"的很多名词都可用作动词。名词也可以用作形容词,比如表示"男人""女人"的名词可用在"公羊""母羊"中作形容词,表示"公的""母的"。名词也可以用作副词,比如词义为"内陆""海岸"的名词。一些动词也可以用作名词,比如"救命""写",一些动词还可以用作形容词,比如"阻碍""睡觉""煮熟""烘烤"。一些及物动词用作形容词时,既可以表示主动的意思,也可以表示被动的意思。大多数形容词也可以用作名词和动词,有些形容词可以用作副词,像"强壮""好"。为数不多的几个副词可以作为动词,如"向上"和"向下"。副词用作动词时,与作谓语的形容词和动词的功能有些相似。

3. 汤加语语法

汤加语是一种动词在前的语言,以 VSO(动词 + 主语 + 宾语)为基本句式。汤加语大体上属于孤立语,复杂词位通过加缀、重叠和复合而成(Churchward, 1953; Broschart, 1997)。短语由出现在初始位置的语法助词定义(名词短语由冠词确定,动词短语由时态标记确定),短语中的词序是固定的。代词有单数、双数和复数标记,但无性别标记。语法标记的语素变体很常见(例如时态标记词、空间介词、冠词和人称代词)。

汤加语的句型以 VSO 为主,有现在时('oku)、完成时(kuo)、过去时(na'a 或 na'e)和将来时(te 或 'e)4 种时态标志词,时态标志词一般放在句子开头。汤加语中相当于英语中 not 的否定词是 'ikai,还有其他表示否定的形式。

汤加语的动词可以分为及物动词、不及物动词和半及物动词,VS 句式表示动词只有主语,没有宾语,主语大多数情况下放在动词后面,极少数根据特殊的条件放在动词前面。汤加语中 VO 句式相当常见,"动词 + 宾语"表达被动,等同英语中的被动句,比如"Na'e tamate'i 'a Siale."的字面意思是"杀了汤姆",实际表达"汤姆被杀了"的被动义。汤加语还包含只有时态标记词和动词的句式,既没有主语也没有宾语,比如"'Oku 'afua."的意思是"天气好",相当于英语的"It is fine."。这种表达在汉语中较为常见,而英语需要有一个形式主语 it。在命令时或者表达命令式请求时,汤加语可以省略主语。当动词的宾语相当于英语的 it 或者相当于英语的一个关系代词时也可以省略。

二、语言政策与语言教育

（一）汤加语言和教育简况

波利尼西亚是人类最晚定居的岛屿群，波利尼西亚语族是太平洋地区最为纯净的土著语言，使用这一语言的人居住在太平洋的中央地带，较少受到迁移来的其他种族语言的影响。但通行这一语族的群岛，有的相隔数千公里，这就造成了许多地域性的变化，使波利尼西亚语族分化为 60 多种方言。但是，所有这些语言都有密切关系，它们只是同一种南岛语系波利尼西亚语族的不同方言和次方言。所以，一个来自汤加、萨摩亚或夏威夷的波利尼西亚人可以自由交谈而不会感到太大的困难。研究发现，古波利尼西亚语言中包含了诸如船帆、船桨、货船和航行等同源词。此外，英国曾在南太平洋岛屿广泛殖民，殖民统治的遗产之一是英语，在这一地区的英联邦国家中英语被视为官方或通用语言。

汤加的教育体系和制度参照澳大利亚和新西兰的模式，小学 6 年制（称为 Class 1-6），中学 7 年制（称为 Form 1-7），公办学校对 6—14 岁儿童实行免费教育。中学后的专业技术学校和培训机构包括社会发展和培训中心、汤加技工学校和汤加师范学校等，可以颁发各种结业证书。南太平洋大学在汤加设有分校，另有一所私立工科大学。汤加法律规定教会可参与办学，约 90% 的小学由政府创办，约 75% 的中学由教会创办。澳大利亚、新西兰及中国、日本等国向汤加学生提供各种留学金和奖学金。汤加在教育方面成就明显，全国几乎没有文盲。

（二）汤加社会的语言态度

语言规划在理论和实践上是一种涉及多个社会和语言变量的社会语言行为，语言教育规划的实施在很大程度上取决于包括政策制定者、家长、教师和学生在内的全社会成员的语言态度。20 世纪 80 年代和 90 年代，澳大利亚、新西兰和汤加的一些学者开展过大规模的汤加社会语言态度调查，其中，'Ana Maui Taufe'ulungaki（1992）的研究较为突出。Taufe'ulungaki 调查了汤加社会成员对汤加语和英语的态度，研究对象超过 1 000 人，包括政策制定者、家长、教师、学生几类代表性群体，考虑了年龄、性别、教育程度等因素。问卷调查包括 110 个题项，既有正向陈述，又有反向陈述，内容涉及汤加语和英语的社会文化功能、语言社区、身份认同以及汤加语的维护与发展。

　　汤加社会成员认同汤加语是族群身份的一个重要标志,对汤加语的演变和健康发展普遍有信心,同时认为要维护和发展这一语言还需要官方的支持。人们对生活在汤加语社会感到自豪,对学习汤加语持正向态度。汤加语既然被认为是一种代表族群身份的语言,在汤加社会其地位就应该超过任何其他语言,能懂能说汤加语比其他任何语言都重要。参与问卷调查的社会成员表达了学习汤加语的强烈愿望。研究还发现,目前在学校课程中,汤加语的教育现状并不令人满意,应该在各个教育层次上有所提高。汤加语被认为是汤加社会和文化传承的重要标志,应该在小学教育中作为教学语言,在中等和高等教育中作为一种文化研究的语言。汤加语继续作为官方语言使用,国家和政府应该承担起维护和发展汤加语的责任。

　　汤加社会成员认为英语的主要价值在其工具功能,尤其肯定其在高等教育、现代社会发展和国际交流方面的作用。学习英语是学校教育的重要组成部分,英语应该被当作执行政府功能和交流国内事务的语言。

　　对汤加语和英语的态度,与年龄、性别、语言水平和职业有关。年轻人更加肯定英语学习,年长者更加认可汤加语的学习和维护。汤加语水平越高的社会成员,越认可汤加语的维护与学习,英语也是如此。学历不达标的教师比学历达标的合格教师更加倾向于汤加语,语言政策制定者认可汤加语学习,女性更倾向于汤加语。无论对个人还是社区来说,英语和汤加语应该达到同等的均衡水平,汤加语的学习应该先于英语的学习。

(三)汤加的语言政策与语言规划

1. 语言政策

　　汤加语是民族语言,和英语一起作为官方语言,参加公务员考试必须修读过汤加语。完成中等教育后,汤加政府努力提供高等教育资源,优先发展科技、旅游、酒店管理、健康、会计和管理等专业,对农村地区和外岛提供远程教育服务。政府还鼓励家长通过广播节目、公共集会、家校联合会等开展汤加语学习,在家庭中使用汤加语。汤加政府支持编撰汤加语单语词典和汤加语语法书籍,在教育与培训部远程教育中心建设包含汤加历史文化和语言的研究数据库,确保作为民族身份标志和交际应用工具的汤加语健康发展。

2. 语言规划

汤加语的语言规划目标：汤加语和英语的双语政策要有持续性和执行力，先修汤加语，提高汤加语在教育中的地位；把汤加语纳入课程体系，维持和发展汤加语；在高等教育和政府事务中实行双语政策，以隐性方式在语言社区和师生之间提升汤加语的认可度。

为实现以上语言教育和双语政策的目标，汤加采取了一系列措施。首先是师资教育，提升教师的教育水平、汤英两种语言能力及其专业水平，提升教师的自尊自信。这一政策基于教师能影响语言态度、语言行为和学生表现。为此政府对所有教师进行英语培训，1992 年，汤加初等教育阶段所有聘用的教师都接受过专业培训。从 1993 年开始，政府经过三年时间对所有未参加培训的中学教师实施一年的集中培训。提高教师的待遇和社会地位，确保能够吸引和留住高质量的师资，初等教育师生比维持在 1∶21，中等教育维持在 1∶16。提高师资的准入门槛，1994 年之后，学生完成 Form 7（中学最后一学年）后才能申请师范教育，之前的要求是 Form 6。在澳大利亚、新西兰和南太平洋大学的帮助下开展师资调查，保证所有的教师在汤加语和英语方面都达到较高水平，能够胜任教学。对语言教学方法进行培训，保证所有在岗教师能够满足学生不断变化的学习需求。

其次是提供高质量的英语和汤加语学习材料，接受澳大利亚国际发展援助局（AIDAB）的援助，实施双语教学。这种双语教学法指小学阶段由同一个教师在同一个课程中用同一种材料教授汤加语和英语。在小学一年级，汤加语和英语的课堂时间分配是 90％和 10％。随着年级升高，英语所占时间越来越多，到小学六年级英语时间提升到 50％。这种双语教学方法是基于如下假设，汤加语是教师更擅长的语言，师生能够充分有效交流，发展学生认知能力，提高学习英语的效率。目前，汤加正在开发和出版数百种汤加语书籍，由援助国给小学提供英语阅读书籍。在中学教育阶段，开发汤加文化研究教材，让学生在文化语境中学习汤加语。汤加语言文化课程直到 Form 5 都是必修课，而且汤加教育部门把汤加语言文化纳入到 Form 6 和 Form 7 课程考核之中。此外，汤加语言文化也是师范院校的一门必修课程。

总之，汤加的语言政策可以概括为"过渡式双语政策"（Transitional Bilingualism），首先是"汤加语作为教学语言 + 英语作为一门课程"，然后再过渡到"汤加语和英语同为教学语言",最后是"英语作为教学语言 + 汤加语作为一门课程"。学前教育和初等教育采用汤加语和英语双语模式,但在初等教育中只把英语作为一门学科开设,其他课程用汤加语授课,中等教育中除了汤加语言文化一门课程外,其他课程的教学语言是英语。这种双语政策一方面提升国民的英语水平,为学生将来到世界其他国家,尤其是美国、澳大利亚和新西兰等国,接受高等教育打下较好的基础,有助于汤加人顺应经济全球化发展趋势,但另一方面也限制了本族语的使用范围,使之不能用于中等或高等教育,只限于在家庭和宗教活动中使用。

三、汤加传统文化与社会发展

(一)汤加传统文化传承与发展的田野调查

受教育部国际司派遣,2019 年笔者(本章第一作者崔艳嫣)作为聊城大学教育援外小组教师赴汤加开展为期一年的教育援外工作,担任汤加学院(Tonga College)汉语教师。以下第一小节的内容是笔者对汤加传统文化传承与发展的田野调查。

1. 与 Tapu 和 Mana 相关的文化

汤加语中 tapu 一词使用频繁,禁止抽烟、禁止倒垃圾、禁止通行的告示牌,都含有 tapu 一词,义为"禁止"。但 tapu 在汤加语中是个多义词,具有宽泛的多重含义,可以指社会行为规则,也可以指与神灵相处的特殊方式,甚至可以指经济运行规则,如临时禁止储存粮食。因此,tapu 是指人、事、物和一些规则处于一种神圣的特殊状态,与其他不具备神力的亵渎神灵的状态区分开来。汤加王国的主岛汤加塔布"Tongatapu"也含有 tapu 一词,意思是神圣汤加,因为汤加历史上很多的酋长都埋葬在汤加塔布岛上。tapu 与汤加语中另一个词 mana 密切相连,mana 指的是一种超自然的神力,或具有特殊地位的人或事物。人们认为武艺高超的勇士拥有 mana,这样他可以战无不胜。一位医术高明的医生拥有 mana,可以让他治愈病人。mana 可以获得,也可以丧失,还可以从一个人传到另一个人身上。比如医生可以把他的治疗神力传到他的继承者身上。与汤加人信奉的礼仪相违背的事情,被认为是冒犯神灵,如果某人激怒神灵,他拥有的 mana 就被会剥夺,也就是做了一些有违 tapu 的事情。个人行为抑或是家族行为,都可能导致神力的丧失,而激怒了神灵,丧失了神力就会得病。汤加语属于南岛语系波利尼西亚语族,在波利尼西亚语族的各种语言中都有 tapu 的变体。夏威夷语中 kapu 义为"禁忌、禁止、神圣、圣洁",塔希提语 tapu 义为"限制、神圣、奉献、宣誓",毛利语 tapu 义为"受仪式限制、禁止"。tapu 在波利尼西亚语族中使用如此频繁,当西方航海家和殖民者来到波利尼西亚群岛时,tapu 作为一个词语进入了英语。1777 年詹姆斯库克船长在他的《太平洋之旅》一书中第一次记录了 tapu 一词,并创新性地把该词用作动词和形容词。波利尼西亚语族的多种语言都包含了同源词 tabu 和 mana,这两种概念的细节当然已经有所改变,而且每个岛屿的诠释都不尽相同,但其基本概念在长达两千年的波利尼西亚文化历史中屹立不摇,是这一地区最重要的文化特征。目前,汤加人多信奉基督教,周日是神圣的休息日,除教堂举行的宗教活动外,禁止其他社会活动,公共场所严禁袒胸露背。吃饭时,需保持安静,高声说话被认为是不文明的举动。

2. 语言使用

汤加学院是汤加王国教育与培训部直属的两所中学之一,是一所含有初中和高中的中职学校,在校生 870 余人,2019 年在岗教师 87 人。汤加学院首次开设汉语课程,师生都对汉语表现出浓厚的兴趣,认为汉语学习有助于对外交往和未来发展。在学校每周一和周五举行的教师会议上,校领导和教师主要使用汤加语讲话,偶尔夹杂一些英语表述。如果有外国访问团来访或者在其他活动场合,则一律使用英语作为工作语言。除了汤加语言文化一门课程外,学校的课堂教学语言是英语,但课下和课后师生和学生之间主要使用汤加语交流。

3. 学校主体颜色和师生服饰

汤加中小学都有自己的专属颜色,汤加学院的主体颜色是大红,学校外墙、教室装修布置、课桌板凳、校服都统一使用大红色。汤加学院最气派的建筑是驻汤中资建筑公司援建的新礼堂,大楼呈长方形,楼高两层,大楼外观和廊柱的主体颜色是汤加学院的主色调大红色。笔者一行人员刚到汤加时,汤加学院的校长拉图先生去机场迎接,身着大红衬衫和大红领带,看上去非常喜庆热烈。每逢重要场合,比如议会召开日、世界教师日,教师们都一身大红,腰间围上宽宽的腰席,兴高采烈地参加庆祝活动。汤加学院是一所男校,学生每天早晨上学都要穿上体现学校特色的校服,白色短袖衬衫,浅灰色短裤,短裤外面是白色的长裙,腰部围着有大红色饰边的腰席。学生早晨到校后到固定场地集合报数,听校长讲话,安排一天的学业任务。集合结束后学生解开腰席,脱掉长裙,进入课堂学习。下午放学前要穿好长裙,系好腰席,然后坐公交汽车回家或由家长开车接走。

汤加学院的师生服饰体现了汤加的着装传统。在一些对外场合,汤加男士大多只穿西服上装,下着裙装。在汤加,不论男女都会穿裙装,尤以腰席最有特色。按照当地习惯,普通人的腰席都比较新鲜、美观,而身份高者反而围破腰席。因为只有地位崇高的人,才会注重保存自己的腰席。年代越久远的腰席,其故事越多,越显得珍贵,穿上它才显得更隆重。另外,欢庆节日时,男女老少都会穿上节日盛装,即用"塔帕"(tapa)制成的华丽服装。塔帕布是当地富有民族特色的树皮布,由一种嫩桑树皮制成,树皮经过浸泡,反复捶打,就会变成薄如蝉翼、清凉透气的布料,晾干后用姜黄属植物和天然靛青等印染,加工成精致绚丽的布料。汤加人一生离不开塔帕布,出生后的褓褓、结婚的彩礼布料,都用得着塔帕布。谁家的塔帕布料多、摞得高,不仅代表其富有,还代表社会地位高。

4. 宗教文化

宗教文化在学校教育中占有明显地位。学校每天开教师例会时,第一项活动即为集体祈祷,合唱圣歌。每月第一周周一早晨8点举行升国旗仪式,全校师生齐聚办公楼前,所有学生列队围绕校园行进,学校乐队的学生吹奏各种乐器,乐音悠扬,圣歌洪亮。校园游行结束后,国旗在汤加国歌声中冉冉升起。校长和学生代表在高高飘扬的国旗下分别致辞,庆典活动宣告结束。此外,宗教文化还体现在无论是学校集体聚餐、小型茶会还是家庭聚会,饭前都要进行祈祷。学校重视音乐训练,汤加学院建有规模较大的乐队,有专职音乐教师,教授的歌曲大多为宗教题材。

5. 汤加社会对以胖为美的反思

山东援汤医疗队为汤加学院全部教师和部分学生举行义诊,80多位教师中50％以上体重超标,30％以上血糖偏高,有糖尿病风险。汤加王国被世界卫生组织认为是肥胖率最高的太平洋岛国之一。汤加人长期以来以薯类为主食，加上终年气候温和舒适，不喜爱体育运动，日出而作日落而息，睡眠的时间过长，所以导致肥胖。随着现代医学的进步，汤加人认识到肥胖不仅影响形体美，而且能引发慢性风湿、糖尿病、高血压、心脏病等疾病。为此，汤加以胖为美的传统观念逐渐在改变。从 1995 年起，汤加开始了全国性的有奖健康减肥运动，当时 77 岁高龄的国王图普四世带头参加这一运动以示支持。这项活动也得到了联合国儿童基金会、南太平洋委员会以及澳大利亚等国的支持。尽管汤加学院的多位教师体重超标，但在校学生肥胖率明显占比不高，表明以胖为美的传统观念已经开始发生变化。

6. 汤加烹饪及饮食

汤加的传统烹饪方式叫作"乌姆"(Umu)，用大片芋头叶包裹各种调味肉类，放入烧热的石头中烫熟。现在大多数汤加家庭已使用现代化的炊具，只在学校召开运动会、欢迎外国客人时才使用"乌姆"方式。汤加人的食物十分丰富，肉类以猪肉、鸡肉等为主，植物类有木薯、芋头、芭蕉、面包果、香蕉、椰子、地瓜以及各种热带蔬菜。招待客人时，最名贵的菜品是"烤全猪"，其中一种"海鲜猪"尤为珍贵。"海鲜猪"能在浅水区游泳，到附近的珊瑚礁捕食蟹、蚌、海藻和鱼等，其肉质略带咸味，烤制后味道十分鲜美。

7. 待客与卡瓦酒

汤加人性情豁达，热情好客，与宾客见面，常以握手为礼，热情问候，礼貌寒暄。日常称呼，一般是直呼对方名字，只在表示特别尊敬时，才用姓氏加头衔相称。到汤加人家中做客，女主人会把亲自制作的花环，戴到客人脖颈上，以表示热情欢迎。他们只在亲密朋友之间送礼，而鲜花不被看作礼品。远道而来的贵宾，会被邀请尝"卡瓦酒"，卡瓦酒是一种胡椒科灌木树根捣碎后溶于水中的液汁，并不含酒精，饮后会使身心镇静、松弛、舒适。

（二）汤加与世界主要国家的关系

汤加与 60 多个国家建立了外交关系，澳大利亚、新西兰在汤设有高专署，中国、日本在汤设有大使馆，韩国、荷兰、德国、瑞典、法国、芬兰在汤设有名誉领事。汤加在中国、日本设有大使馆，在澳大利亚设高专署，在英国设高专署并兼管比利时、卢森堡、丹麦、荷兰、瑞士、法国、德国、意大利、俄罗斯、欧盟事务,在美国纽约设常驻联合国代表团并兼管美国、加拿大、古巴、墨西哥等国事务,在旧金山、奥克兰设总领馆,在美国夏威夷设有名誉领事办公室。

汤加是联合国、英联邦、太平洋岛国论坛、太平洋共同体、国际民航组织、亚洲开发银行、世界银行、国际货币基金组织、世界贸易组织、国际劳工组织等的成员国。汤加关心地区安全与稳定,积极参加地区合作,主张建立南太平洋无核区。2007 年 7 月,汤加加入世界贸易组织。2014 年 7 月,汤加当选国际海底管理局理事会成员,成为继斐济之后第二个当选理事会成员的小岛屿发展中国家,任期至 2018 年。2016 年 2 月,汤加加入国际劳工组织。

2007 年 10 月,汤加主办第 38 届太平洋岛国论坛首脑会议、第 19 届论坛会后对话会以及第 17 届南太平洋旅游组织部长理事会会议。2011 年 4 月,汤加主办联合国粮农组织西南太平洋地区农业部长会议;同月,汤加举办发展伙伴论坛,争取援助方增加对汤援助。同年 5 月,汤加主办太平洋岛国论坛贸易部长会议;同月,汤加召开能源路线图计划年度审议会,呼吁各发展伙伴积极支持汤增加可再生能源的使用,降低对石油能源的依赖。2013 年 3 月,汤加举办太平洋领导人能源问题峰会,探讨本地区各国新能源发展规划和利用。2013 年 5 月,汤加举办南太平洋防长会议。2014 年 10 月,汤加主办南太平洋旅游部长会议。2016 年 6 月,汤加主办首届太平洋岛国非传染性疾病峰会。2017 年 4 月,汤加主办地区能源和交通部长会议、保护鲸鱼会议。

汤加于 1970 年与新西兰建交,两国关系密切。新西兰是汤加主要援助国,1976 年开始向汤提供援助,后逐年增加。新西兰还是汤加最大的贸易伙伴和进口市场。2013 年 2 月,图普六世夫妇对新西兰进行国事访问。2014 年 6 月,新西兰总理约翰·基访汤。2015 年 2 月,新外长麦卡利访汤。2015 年 7 月,新总督迈特帕里赴汤出席图普六世国王加冕典礼。2018 年 3 月,新西兰总理阿德恩访汤。2022 年 8 月,新西兰外交贸易部长马胡塔访汤。

汤加 1970 年与澳大利亚建交,两国关系密切。澳是汤主要援助国,1976 年开始向汤提供援助。澳是汤重要贸易伙伴。澳汤互设高专署。2015 年 4 月,澳外长毕晓普访问汤加。2015 年 7 月,澳总督科斯格罗夫赴汤出席图普六世国王加冕典礼。2016 年 5 月,澳与汤签订援助协议,未来 3 年向汤方提供 1 200 万澳元财政支持。2022 年 6 月,澳外长黄英贤访问汤加福伊皮卡公主。

近年来,汤加同美国关系有所加强。美对汤援助包括军事支持、派遣"和平队"志愿者等。2013 年 5 月,美海军部长雷·马布斯访汤。同年 6 月,美主导的"2013 年太平洋伙伴"行动在汤举行,美"珍珠港号"军舰访汤。2014 年 4 月,美军太平洋司令部司令洛克利尔访汤,会见汤加首相图伊瓦卡诺,并与汤方就美内华达州与汤建立国家伙伴关系达成协议。2022 年 8 月,美国常务副国务卿舍曼访汤。同年 9 月,汤首相胡阿卡瓦梅利库赴美出席首次美国—太平洋岛国领导人峰会。2023 年 5 月,美国宣布驻汤加使馆开馆。同年 7 月,美国国务卿布林肯访汤。同年 9 月,汤首相胡阿卡瓦梅利库赴美出席第二届美国—太平洋岛国论坛峰会。

汤加 1970 年与日本建交,日汤互设有大使馆。日本是汤重要贸易伙伴和援助国,是汤南瓜、金枪鱼主要出口市场。2015 年 5 月,汤首相波希瓦赴日出席第七届日本与太平洋岛国领导人会议。2015 年 7 月,日本皇太子德仁夫妇赴汤出席图普六世国王加冕典礼。2018 年 5 月,汤副首相兼基础设施和旅游大臣西卡赴日参加第 8 届日本与太平洋岛国领导人会议。

汤加同英国保持传统关系。英国曾在汤设高专署近百年,但因调整驻外机构于 2006 年 4 月 1 日正式关闭驻汤高专署,由英驻新西兰高专署代管汤事务。英国女王曾于 20 世纪 3 次访汤。2012 年 3 月,英国格洛斯特公爵理查德亲王赴汤出席图普五世国王葬礼。同年 5 月,汤加国王图普六世夫妇赴英国出席英女王伊丽莎白二世登基 60 周年庆典。2013 年 10 月、2015 年 2 月,图普六世国王夫妇访问英国。

汤加与法国早在 1855 年就签署了《法国—汤加友好条约》。法国在汤设有名誉领事。法不定期向汤提供一些军事物资援助,法军舰时常访汤。2015 年 5 月,法国军舰"葡月号"访汤。

欧盟在汤有若干援助项目。欧盟曾在汤设办事处及临时代办,2002 年起该办事处事务由驻斐济办事处兼管。欧盟通过 2002—2007 第 9 个欧盟援助计划向汤提供约 700 万欧元援助。2008—2013 年第 10 个欧盟援助计划向汤提供 1 500 万欧元援助,主要用于可再生能源开发、应对气候变化、防灾减灾等领域。2014—2020 年第 11 个欧盟援助计划向汤提供 1 100 万欧元援助,用于可再生能源开发。

四、汤加与中国的政治、经济和文化教育交流

（一）政治、经济交流

中国同汤加 1998 年 11 月 2 日建交。建交以来，两国在政治、经济、文化、教育、卫生和军事等领域的友好合作关系不断发展，双方政府高级官员和代表团互访频繁。1998 年 11 月 23 日，中国在汤设大使馆。2005 年 5 月 18 日，汤加驻中国大使馆正式开馆。

2014 年 11 月，中国国家主席习近平在斐济楠迪同汤加首相图伊瓦卡诺会晤，双方建立了相互尊重、共同发展的战略伙伴关系。2018 年 11 月，中国国家主席习近平在巴布亚新几内亚莫尔斯比港会见汤加首相波希瓦，双方建立了相互尊重、共同发展的全面战略伙伴关系。2005 年 4 月，中汤双方签署《中华人民共和国国家旅游局和汤加王国政府旅游观光局关于中国旅游团队赴汤加旅游实施方案的谅解备忘录》。2006 年 4 月，中方批准汤加为中国公民旅游目的地国。2015 年 7 月，中汤双方签署《中华人民共和国国家旅游局与汤加王国基础设施和旅游部关于旅游合作的谅解备忘录》。2016 年 6 月，中汤双方签署《中华人民共和国政府和汤加王国政府关于互免持普通护照人员签证的协定》，8 月协议生效。2019 年，中汤贸易额为 2 957.3 万美元，同比增长 17.9%。其中，中方出口额为 2 944.2 万美元，同比增长 18.0%；进口额为 13.1 万美元，同比增长 9.7%。

（二）文化教育交流

1999 年 12 月和 2002 年 7 月，湖南杂技小组和河北省杂技团先后赴汤访演。2007 年 6 月，辽宁省杂技民乐团赴汤演出。2008 年 8 月，中国歌剧舞剧院交响乐团赴汤出席汤国王图普五世加冕典礼演出；同月，南京杂技团赴汤演出。2011 年 7 月，广东省文艺代表团赴汤访演。2011 年 8 月，深圳歌舞团赴汤演出。2013 年 11 月，深圳艺术团赴汤演出。2014 年 6 月，重庆艺术团赴汤演出。2014 年 11 月，广东省艺术团赴汤演出。2015 年 3 月，"欢乐春节"河南武术团赴汤访演。2015 年 11 月，广东省友好暨艺术、医疗代表团赴汤加访问。2016 年 5 月，中央民族乐团赴汤演出。2016 年 8 月，广东省友好暨艺术、医疗代表团赴汤访问。2017 年 7 月，重庆市歌舞团演出小组赴汤加为庆祝图普六世国王陛下生日进行专场演出。2018 年 9 月，时任广东省人大常委会副主任王学

成率团访问汤加。2019 年 9 月,时任山东省副省长孙继业率团访问汤加。

2003 年初起,中国政府开始派教师赴汤任教,每期 2 名。中国自 1999 年起每年向汤提供政府奖学金名额。汤方每年应邀选派官员或青年来华参加中方举办的各类培训班或研修班。2018 年起,教育部国际合作与交流司委托聊城大学选派支教教师,赴汤加开展为期 4 年的教育援外工作。2022 年 12 月 21 日,时任中国驻汤加大使曹小林与汤加王国教育与培训部代理首席执行官奥科共同签署《关于合作开展汤加王国中文教育项目的谅解备忘录》。根据谅解备忘录和汤方需求,中方将同汤教育部选派中文教学顾问,与汤方教育专家联合研制中文教学课程大纲,确保中文课程符合汤国家课程和评估框架,并支持汤方建设中文教师队伍,为当地民众提供中文学习课程和中国文化体验活动,增进双方语言文化交流。

(三)语言文化交流合作建议

1. 基础研究先行,加强汤加语研究

早在 19 世纪和 20 世纪早期,英国学者、德国学者、荷兰学者就对汤加语的书写和语法进行了深入研究,打下了坚实的语言文字研究基础。目前中国研究汤加语的学者较少,成果不多。尽管汤加国小民寡,但其在广阔的波利尼西亚地区的人口迁移和语言影响较大,因此这些基础研究非常必要。国之交在于民心相通,而民心相通,重要的一个方面就是文化上的互学互鉴。比如可以从词汇类型和语言类型学的角度,深入了解汤加语的特点。语言学习是互学互鉴的一个重要方式,语言承载着文化,只有了解一个民族的语言发展和特点,才能深入了解一个国家的历史和文化,建立在文化互鉴互赏的基础上的文化交流才能达民意、通民心。

2. 利用适宜语言环境,进一步强化中文教学

在汤加开展中文教学有很好的基础,在汤华人数量较多。据统计,汤加大约有 800 家大中小型超市,绝大多数由华人开办,这为中文教学提供了很好的能够学以致用的社会语言环境。开展中文教学既能为汤加培养能说中文的人才,也能为经济合作、商贸交流提供语言支持,夯实进行其他交流合作的人文基础。

3. 多学科并举，帮扶汤加开展高等教育

汤加高等教育资源不足，无法满足社会期待和青年人职业发展需求。有关方面可加大对汤加教育的帮扶力度，比如有针对性地为中文、农学、旅游、计算机等学科提供重点帮扶。

4. 注重田野调查，融通汤加学术研究和智库建设

在共建"一带一路"倡议的引领之下，加强与汤加开展务实合作，重视赴当地开展市场调研和田野调查等，共享"海上丝绸之路"建设红利，依托政策支持，开展多个领域交叉、学术智库兼备的合作交流，加深中汤友谊，共同为构建人类命运共同体贡献力量。

第六章

瓦努阿图的语言
文化与教育

一、瓦努阿图国家概况

瓦努阿图全称瓦努阿图共和国（The Republic of Vanuatu），位于太平洋西南部,地处澳大利亚布里斯班以东1 900千米,斐济以西800千米,新喀里多尼亚以北230千米,所罗门群岛以南170千米,南纬13度到23度,东经166度到172度之间,南北距离约850千米。瓦努阿图属美拉尼西亚群岛,由约82个岛屿组成,其中68个岛屿有人居住。陆地面积1.22万平方千米,海洋专属经济区面积68万平方千米。全国最大的岛是桑托岛(又称圣埃斯皮里图岛),面积3 947平方千米,属热带海洋性气候。数千年前瓦努阿图人即在此生息。1606年被西班牙探险家发现。1768年法国人到此。1774年英国著名航海家库克船长到此并将该地命名为"新赫布里底"(New Hebrides),这个名称一直沿用到瓦努阿图独立。1906年10月,英法签署了共管公约,该地沦为英法共管殖民地。1940年发生乔恩·弗伦运动,公开提出"反对教会,反对白人和反对政府"的口号。1963年出现了第一个政党——乡村党,要求收回土地和实现独立。由于民族运动的迅速发展,英、法同意该国于1978年1月实行内部自治。1980年7月30日独立,定国名为瓦努阿图共和国。"瓦努阿图"在当地比斯拉马语中的含义为"我们永远的土地"。

瓦努阿图共有六省:托尔巴省(Torba)、桑马省(Sanma)、帕纳马省(Penama)、马兰帕省(Malampa)、谢法省(Shefa)和塔菲亚省(Tafea)。全国只有两个城市:首都维拉港(Port Vila),位于埃法特岛西南岸美莱湾;卢甘维尔市

（Luganville），位于桑托岛东南端。

二、瓦努阿图语言概况

（一）人口、民族和宗教

根据世界银行的最新（2022 年）数据，瓦努阿图全国人口约 32.6 万，其中，城市人口约占 22%，主要集中在维拉港和卢甘维尔两市；农村人口约占 78%。瓦努阿图人口中，美拉尼西亚人种占 98%，其余为法、英、华裔和越南、波利尼西亚移民以及其他一些附近岛国人。由于独立前一直是法国和英国的殖民地，所以瓦努阿图留下了浓浓的西方殖民者的宗教印记，大约 84% 的居民信仰基督教，也有一部分人信奉传统原始宗教。

（二）瓦努阿图国家语言概况

瓦努阿图是一个语言多样性极强的国家。该国有着较长的英国和法国共同托管的历史，因此殖民者的语言对瓦努阿图的语言生态有着比较大的影响。官方语言是英语、法语和比斯拉马语，这三种语言的地位都是随着瓦努阿图成为英法共管殖民地而确立起来的。不过除了埃法特岛之外，其他各岛很少有居民能同时讲英语和法语。因此，全国性的通用语言只有比斯拉马语。据调查，瓦努阿图共有 100 多种方言，无论是相对于国土面积还是相对于人口数量而言，瓦努阿图都可以称得上是语言密度最高的国家之一。

瓦努阿图的官方人口普查数据并没有具体说明本国土著语言的数量及土著语言的名称。关于该国本土语言的数量主要依赖于语言学家对个别语言的使用者数量进行评估，有时只能提供粗略的估算，因此关于瓦努阿图本土语言的具体数量，研究者们的看法不一。Tryon（1976）认为瓦努阿图有 105 种本土语言，Lynch 和 Crowley（2001）认为有 106 种，François Alexandre（2015）在综合前人调查研究的基础上，认为瓦努阿图存在 138 种土著语言，*Ethnologue*（"世界语言"网站，2021）列出了 108 种土著语言。

这 100 余种土著语言大都是南岛语系大洋语族的成员。根据 *Ethnologue*（2021），我们对瓦努阿图 100 余种土著语言按使用人口的多少进行了统计（图 6-1）。使用人口最多的三种土著语言是莱纳克尔语（Lenakel）、纳卡纳曼加语（Nakanamanga）和乌里皮夫语（Uripiv），使用者分别有 11 500 人、9 500 人和

9 000 人,使用人口过万的语言只有莱纳克尔语一种,有 70 种语言的使用者不足千人,有十几种语言的使用者不足百人,且多是一些老人。这些土著语言很多只有口头表达形式,没有书面语,很多语言也并未从语言学的角度进行过研究。

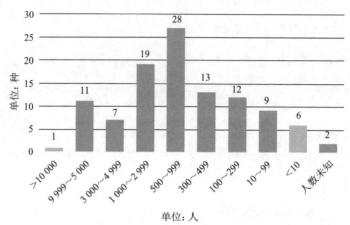

图 6-1　瓦努阿图现存土著语言使用人口分布

　　随着瓦努阿图现代化进程的加快,土著语言和英语、法语、比斯拉马语之间的接触和竞争,使得瓦努阿图的土著语言面临着越来越严峻的挑战。在教育和行政领域,人们多选择使用英语,在家庭生活中,人们则更倾向使用比斯拉马语,许多父母并不教孩子土著语言,而是直接教他们比斯拉马语,而且许多人在使用土著语言时加入了很多外国的方言,导致说土著语言的人越来越少,语言濒危现象严重,语言多样性受到很大冲击(姜艳艳,2023)。不过,瓦努阿图约 78% 的人口生活在农村,传统的瓦努阿图的语言生态总是围绕着语言社区建立的,通常只有一两个村庄的大小,成员不超过几百人。除了濒危语言,大多数语言还会传授给儿童,不会立即消亡(Crowley,1995,2000)。

(三)主要语言概况

1. 英语和法语

　　20 世纪初,瓦努阿图由法国和英国殖民主义者共同管理,引入了英语和法语。特殊的历史背景以及瓦努阿图独立后与英国和法国的联系使英语和法语成为瓦努阿图的官方语言。瓦努阿图宪法规定,教育的主要语言是英语和法语。除此之外,瓦努阿图的商业业务主要以英语进行,而法国公司则使用法语和英语。

2. 比斯拉马语

比斯拉马语最初是一种以英语为基础的皮金语，历史并不长。1840 年前并不存在，但是到 1890 年，这种语言已经在瓦努阿图沿海的许多地区广泛使用。1980 年瓦努阿图独立后宣布比斯拉马语为国语。比斯拉马语中 95% 以上的单词是从英语演变而来的，虽然最初是以英语为基础产生的，但是发展到现在已经和英语有了很大的差别，发音、单词拼写、语法等都大为简化。初次来到瓦努阿图的以英语为母语的人很难听懂两个使用比斯拉马语的瓦努阿图土著人之间的对话，同样，没有学习过英语的瓦努阿图土著人也很难听懂英语对话。今天，瓦努阿图不同民族的人们将比斯拉马语作为共同的交流媒介，并将其作为母语传递给下一代，比斯拉马语已经由皮金语发展为克里奥尔语，成为一种独立的语言。

（1）比斯拉马语的起源

19 世纪中期，欧洲人在瓦努阿图南部和洛亚蒂群岛建立了一些贸易站，向中国出售檀香木和海参，向澳大利亚殖民地出售中国茶叶、铁、布等。他们在瓦努阿图雇用了大量的雇工从事这些贸易活动，这些雇工来自瓦努阿图南部埃罗芒阿岛、坦纳岛和阿内蒂乌姆岛等不同岛屿，说不同的土著语言，因此这些贸易站的语言非常混杂。慢慢地，一种以英语词汇为基础的皮金语产生并发展起来。由于这种语言和海参贸易有关，当时海参经常以其法语名称 biche de mer 来称呼，因此在这种商品贸易背景下发展起来的混杂语言又被称为 biche de mer 英语。作为语言的名称，beche de mer 在英语中被缩短为 bichelamar，发展到现代其拼写就成了 Bislama。

19 世纪下半叶，昆士兰、斐济等地的甘蔗、棉花种植园需要大量的劳动力，大批瓦努阿图人被招募到种植园工作，此时被招募的雇工已经不仅仅局限于瓦努阿图南部的一些岛屿。种植园园主和劳工之间语言不通，种植园内的劳工因来自不同的岛屿部落，语言各异，也无法进行交际，因此 19 世纪上半叶兴起的比斯拉马语迅速成为种植园内的通用语。当时，很多劳工签订了为期三年的合同（后来，这种劳工招募行动演变为了臭名昭著的劳工掠夺行为），1906 年瓦努阿图建立英法共管政府之前，招募瓦努阿图人作为种植园劳工的行为刚刚结束，许多逗留超过三年以上的人被遣返。此后，许多在种植园工作的瓦努阿图人迁移到瓦努阿图的不同地区，如来自班克群岛的人被招募到东南部的桑托、奥雷和马洛地区的种植园工作,而来自埃斯皮里图桑托、安贝、马埃沃、马拉库拉、安布维姆、帕马和谢泼德群岛的人被招募到埃法特北部的种植园工作,这种大规模的劳动力招募导致了比斯拉马语由原来的一种种植园通用语继续传播到瓦努阿图更多的鲜为人知的地方,使欧洲定居者、贸易商之间的沟通成为可能。

由于比斯拉马语产生的特殊背景,起初很多人认为这种语言仅仅是一种粗鄙的不完善的种植园语言,不能用于祈祷或其他宗教事务。直至 20 世纪 70 年代,在瓦努阿图的教堂开始出现了用比斯拉马语翻译的宗教书籍,比斯拉马语在宗教领域才逐渐被人们接受,为比斯拉马语成为官方语言迈出了关键一步。

(2)比斯拉马语在瓦努阿图的使用情况

1980 年,瓦努阿图获得独立,宣布英语、法语和比斯拉马语为国家官方语言,同时比斯拉马语为国语。这项语言政策使瓦努阿图的语言政策独树一帜:不仅将两种殖民语言并列为官方语言,而且比斯拉马语作为一种混杂语比前殖民地语言具有更高的宪法地位,成为整个国家的通用语。

其实,瓦努阿图政府之所以采取这样的语言政策,很大程度上是为了避免独立后在英语和法语两种语言中作出选择。出于政治、经济等多因素的考虑,独立后的瓦努阿图政府不得不在英语和法语这两种外来殖民语言的竞争中寻求平衡,加之瓦土著语言种类虽多,但每种语言的使用人口比例都很低,成为通用语的可能性很小。而比斯拉马语逐渐满足了不同语言族群人们之间的交流需求,在塑造民族认同方面发挥了重要作用,最终成了象征瓦努阿图的民族身份的国语(姜艳艳,2023)。说不同土著语言的人们聚在一起时,或者是说英语和法语的人在一起时,大家通常会选择说比斯拉马语,这样交谈者双方都会觉得更舒服。

在维拉港、卢甘维尔等城市中心,构成了新的语言生态,各国移民者放弃了自己的方言,转而说比斯拉马语。比斯拉马语的使用领域和范围不断扩大,不仅在宗教、行政、商业、工作等领域使用,在广播、电视、报纸等媒体也有很多栏目使用比斯拉马语,人们的日常生活也多使用该语言进行交流。因此,虽然法语和英语是瓦努阿图的官方的教学语言,但是人们不再使用瓦努阿图本地语言的真正压力来自比斯拉马语。根据 2009 年人口普查的原始统计数据,弗朗索瓦(2012)计算出,全国只有 63.2% 的人口在家使用传统当地语言,33.7%

的人使用比斯拉马语,而 10 年前,这个数字是 73.1%。从表 6-1 可以看出比斯拉马语强劲的影响力,比斯拉马语使用人数的增多正在影响着瓦努阿图的语言多样性。

表 6-1　1999/2009 年各地区家庭用语的占比情况对比

语言 地区	1999 年			2009 年		
	本地语言	比斯拉马语	其他语言	本地语言	比斯拉马语	其他语言
托尔巴	90.6	8.3	1.1	85.6	13.8	0.6
桑马	60.1	36.2	3.7	51.1	46.5	2.4
卢甘维尔市	23.8	67.2	9.0	14.0	81.9	4.1
彭纳马	94.1	5.3	0.6	91.8	7.6	0.6
马兰帕	83.0	16.0	1.0	74.4	24.8	0.8
谢法省	50.4	39.2	10.4	39.7	53.4	6.9
维拉港	31.2	52.4	16.4	22.4	67.8	9.8
塔非阿省	95.6	3.6	0.8	91.2	8.0	0.8
全国农村地区	85.3	13.3	1.4	77.1	21.7	1.2
全国城市地区	29.3	56.4	14.3	20.5	70.9	8.6
全国	73.1	23.3	3.6	63.2	33.7	3.1

(数据来源:*The Languages of Vanuatu Unity and Diversity* by François Alexandre)

虽然最初没有人将比斯拉马语作为第一语言,但是随着城市或种植园不同语言群体的人通婚,越来越多的人开始将其作为第一语言。正因为如此,一些语言学家开始将比斯拉马语当作"克里奥尔语"而不是"皮金语"。不过,在瓦努阿图讨论比斯拉马语究竟是克里奥尔语还是皮金语并无太大意义,因为目前并没有明确的可识别特征来区分作为第二语言习得的比斯拉马语和作为第一语言习得的比斯拉马语。

(3)比斯拉马语的语言特点

① 比斯拉马语的拼写

比斯拉马语的文字系统来源于翻译宗教书籍所采用的书写标准。比斯拉马语的拼写基本上反映的是单词发音,一般没有"不发音字母",因此像 night

就被简单地拼写为 naet（Crowley，2004）。同一个音在任何单词中的书写形式都一样，例如英语单词 centimetre、send、scent 等在英语中开头字母并不一致，而在比斯拉马语中都写作 s，即 sentimeta、sendem、senda。比斯拉马语表示一个发音时也不使用双字母，因此，坦纳岛的英语拼写为 Tanna，比斯拉马语拼写为 Tana。

1995 年，瓦努阿图文字委员会批准了通用的书写规则。但是，实际使用中这些规则并没有起到多大作用。人们经常是怎么发音就怎么写，因此导致一些单词有不止一个书写形式。比如表示"有"的单词可以是 gat，也可能是 kat；表示"再次""又"的可以是 bgaegen，还可能是 bakegen 或 bakeken。语流中音节的缩短有时也反映在书写上，如 bong 在语流中可能发音为 bo，那么在书写时就可能写成 blo，long 在语流中可能发成 lom，那么书写时就可能写成 lom。书写的随意性显然不利于比斯拉马语的标准化。

②词汇

比斯拉马语产生之初，词汇主要来自英语，约有 3.75% 的词汇来自当地土著语言，6%—12% 的词汇来自法语，0.25% 的词汇来自其他语言。

来自当地土著语言的词汇经常用来表达那些英语或法语中没有的词，如当地动植物都是用本土词语来表达的——nakavika、nakatambol、nasiviru（当地一种运送椰子的车）。在美拉尼西亚文化中，与重要事物有关的术语以及当地特有的食物等也经常用当地的词语来表达，如 nimanggi（等级评选仪式，瓦努阿图的男人通过等级评选制度在家族中获得权利和地位），nanggol（"冲地俯跳"，瓦努阿图北部彭特科斯特岛土著人的一种成年礼活动，每年 4、5 月份举办，男子把藤条拴在脚上，从搭好的高台上勇敢跳下，象征勇敢和独立），laplap（拉普拉普，瓦努阿图的传统食物，将树薯、山芋及香蕉等磨成糊状混合，加入稀释的椰奶揉成面团，上面放鸡翅或猪肉等，用芭蕉叶包裹，放在热石头中烤熟，又被称为瓦努阿图的国菜），tuluk（图鲁克，瓦努阿图的传统美食，由木薯面团和里面的猪肉丝馅组成，用香蕉叶包起来蒸熟）。比斯拉马语中来自当地土著语言的名词，虽然并非总是以音节 na- 开头，但是 na- 是当地语言中广泛存在的名词标记。

有时，英语中某个词的拼写形式或意义在比斯拉马语中发生了实质性的变化，如 kolta（沥青，来自 coal tar，煤焦油）。有时，派生出现代比斯拉马语单词的英语单词在英语中可能已不再使用，如 giaman（说谎，源自 19 世纪澳大利亚英语 gammon)。有时,比斯拉马语中的英源词在当地语言的影响下,含义发生了变化。如比斯拉马语 han 一词来源于英语 hand,但它被翻译为"手臂和手",因为在当地语言中表示"手臂"和"手"的词语是一个。比斯拉马语 mama 既表示"亲生母亲",又表示"母亲的姐妹",因为当地语言表示这两个意思时使用同一个词。比斯拉马语的词汇中也有一部分不是直接借用英语单词,而是两个或多个英语单词的拼合,当地的动物很多采用这种表达方式,如 blufis(鹦鹉鱼),blu 来源于英语 blue,fis 来源于 fish。对于一些重要的文化词语、不熟悉的新技术等,如果英语中没有现成的词语表达,都倾向采用这种表达方式。bolpig(未阉割的公猪)一词中的 bol 来源于 testicle(睾丸),pig 来源于 pig。hanbom(手榴弹)中的 han 来源于 hand,bom 来源于 bomb。

③ 语音

比斯拉马语共有 18 个辅音(见表 6-2)、5 个元音(见表 6-3)。

表 6-2　比斯拉马语的辅音系统

	唇音	齿龈音	腭音	软腭音	声门
清塞音	/p/	/t/	/j/	/k/	
浊塞音	/b/	/d/		/g/	
鼻音	/m/	/n/		/ŋ/	
浊擦音	/v/				
清擦音	/f/		/s/		/h/
颤音		/r/			
边音		/l/			
滑音	/w/		/y/		

表 6-3　比斯拉马语的元音系统

	前	/ 后 /
高 / 闭	/i/	/u/
半高 / 半闭	/e/	/o/
低开	/a/	

比斯拉马语中来源于当地土著语言的词汇基本没有太大变动,因为比斯

拉马语的辅音系统和当地语言的辅音系统基本一致。但是和英语或法语的辅音相比，比斯拉马语的辅音大幅缩减，有的辅音进行了合并。如英语和法语中的 /s/、/z/、/ʃ/、/ʒ/ 几个音，在比斯拉马语中合并为 /s/，英语中 /t/ 和 /d/、/θ/ 和 /ð/ 的对立，在比斯拉马语中只留存了 /t/ 和 /d/，如 tin（英语 tin）、tingting（英语 think）、dis（英语 dish）、disfala（英语 this）。

④ 比斯拉马语语法

名词

比斯拉马语的名词可以做动词的主语或宾语，出现在介词后，可被形容词修饰。名词的语法特点是在句中可以出现在词语 i 或 oli 前（例 1）；出现在词语 ia（这个；那个）前（例 2）；出现在 blong（表示所有格的介词，相当于英语的 of）前（例 3）；可以出现在含有后缀 -fala 的词语后面，如 gudfala（好）、sotfala（短的）、niufala（新）、narafala（其他的）、samfala（一些）、sikisfala（六）、strongfala（强壮的，坚硬的）等；可以在介词 long（比斯拉马语的基本介词之一，相当于英语的 to、at、in、from 等）、blong（相当于英语的 of、for 等）之后（例 5）。

例 1：Plante man oli singsing long skul.

英语译文：Many people sang in church.

例 2：Mi no wantem luk boe ia from we hem i jikim mi oltaem.

英语译文：I do not want to see that boy because he always pokes fun at me.

例 3：Hemia nao haos blong mi.

英语译文：That is my house.

例 4：Gudfala man ia hem itekem wan strongfala tamiok.

英语译文：That good man took a strong axe.

例 5：Bae mi karem sam vatu long bang.

英语译文：I will get some money from the bank.

（以上例子都来自 Terry Crowley（2004），下同）

代词

比斯拉马语的代词同样有三种人称（见表 6-4），每种人称不仅有单数和复数，还有双数和三数，而且第一人称双数、三数和多数（大于三）分别有两个词语来表示，一个包括听话人，一个不包括听话人。

表 6-4　比斯拉马语的人称代词

人称	单数	复数		双数	三数
第一人称	mi 我	包括式	yumi 咱们	yumitu（fala）咱俩	yumitrifala 咱仨
		排他式	mifala 我们	mitu（fala）我俩	mitrifala 我们仨
第二人称	yu 你		yufala 你们	yutufala 你俩	yutrifala 你们仨
第三人称	hem 他		ol（geta）他们	tufala 他俩	trifala 他们仨

代词和名词的语法功能差不多，不同的是，比斯拉马语的人称代词不能在有后缀 -fala 的词后。

介词

介词位于名词前，比斯拉马语的介词并不多，主要有 long（表示位置、目的、来源、比较、工具等）、blong（表示所有格、目的等）、olsem（表示"像……"）、wetem（表示"和……"）、from（表示原因）。英语中许多由介词表达的意义在比斯拉马语中并非用介词表示，而是由另一类词表示。与介词不同的是，这类词可以独立使用，后面不需要跟名词或名词短语。

例：Pyin i flae antap.

英语译文：The bird is flying above.

英语中 above 是介词，可以出现在名词前，如 above the house。而在比斯拉马语中，如果 antap 后面有名词的话，则需要介词 long 连接。

例：Piin iflae anap long haos.

英语译文：The bird is flying above the house.

动词

动词是比斯拉马语中非常重要的一类词，动词在句中可以跟在 i 或 oli 之后（例 1），可以跟在 save（表示"能"）、bin（表示过去时）、mas（表示必须）、wantem（表示"想"）等词后（例 2 和例 3）。比斯拉马语动词本身没有时态变化，通过表示时间的副词即可表达各种时态，没有副词的情况下可以加助词表示。

例 1：Olgeta man oli resis long kenu.

英语译文：The men raced in the canoes.

例 2：Huia i bin kam long ofis blong mi long moning?

英语译文：Who came to my office in the morning?

例 3：Lino i wantem mared, be olfala blong hem i no letem.

英语译文：Lino wants to get married but his father won't let him.

形容词

比斯拉马语的形容词可以修饰名词，也可以在句中出现在 i 或 oli 之后单独做谓语。形容词修饰名词时，可以分为两类：一类后面可以加后缀 -fala，如 bigfala（"大的"）；一类后面不能加后缀 -fala，如 rabis（糟糕的）不可以变为 rabisfala。大部分形容词做修饰语时位于名词之前，但也有一小部分形容词会出现在名词之后。例如 nogud（坏的）、nating（不重要的）、olbaot（普通的，平常的）。

做谓语的形容词常和不及物动词发生混淆。不过做谓语的形容词后面可以跟 i stap，而不及物动词不能这样使用。

例 1：Olgeta lif i wetwet i stap from ren.

英语译文：The leaves are wet from the rain.

例 2：Masin ia i wok long moning nomo.

Masin ia i wok i stap long moning nomo.

英语译文：That machine just works in the morning.

此外，做谓语的形容词可以前加 kam 表示"变得"之义，而不及物动词不能这样使用。

例 3：Vila i stap kam bisi sapos i gat turisbot i stap long wof.

英语译文：Vila gets busy if there is a tour ship at the wharf.

数词

数词和形容词一样可以出现在名词前修饰名词，也可以出现在代词后。比斯拉马语的数词主要有 ol（表示复数）、olgeta（全部）、wan（fala）（一个），sam（fala）（一些）、plante（许多）、tumas（特别多）、evri（每，各）、smol（很少的）、hamas（多少）等。

例 1：I gat sikis man long haos.

英语译文：There are six people at home.

例 2：Mifala sikis i stap long haos.

英语译文：Six of us were at home.

副词

比斯拉马语的很多形容词不仅可以修饰名词，也可以兼做副词修饰动词。

兼做副词的形容词常以基本的动词词根形式出现，不带后缀 -fala。

例 1：Hem i katem strong faeawud blong mifala.

英语译文：He vigorously chopped our firewood.

例 2：Hem i katem strongfala faeawud blong mifala.

英语译文：He chopped our hard firewood.

连词

比斯拉马语中的连接词用于连接短句，主要有 mo（和）、be（但是）、blong（为了）、from（因为）、sapos（如果）等。

例 1：Mi kam be yu no stap.

英语译文：I came but you were not in.

例 2：Bae mi wet long yu sapos yu talem long mi.

英语译文：I will wait for you if you tell me to.

3. 土著语言

如前所述，瓦努阿图全国有 100 余种土著语言（表 6-5），这些语言大都是南岛语系大洋语族的成员。使用人口过万的语言只有莱纳克尔语，有 70 余种语言的使用者不足千人。南部塔菲阿省（Tafea）的阿内蒂乌姆岛、坦纳岛和埃罗芒阿岛的语言与该国其他地区的语言差别较大，Lynch（1998）认为这些南部语言可能与邻近的新喀里多尼亚的语言更接近。瓦努阿图还存在三种波利尼西亚血统的语言，即埃梅语（Emae）、梅勒 - 菲拉语（Mele-Fila）、富图纳 - 阿尼瓦语（Futuna-Aniwa）。瓦努阿图的这些土著语言也呈现出方言多样性，每种语言还可能存在不同的方言，有时地理距离很近，语言差异却很大。随着瓦努阿图现代化进程的加快，很多土著语言被列入濒危语言名单，保护瓦努阿图语言多样性已经引起越来越多人的重视。

表 6-5　瓦努阿图主要土著语言（使用人口 >1 000）

语言	其他名称	使用人口	使用地区
Lenakel	Netvaar	11 500	坦纳岛
Nakanamanga		9 500	埃法特岛、纽纳岛、东戈瓦岛
Uripiv	Northeast Malakula	9 000	马勒库拉岛、阿特钦岛、乌里皮韦岛
West Ambae	Duidui	8 700	安巴岛

语言	其他名称	使用人口	使用地区
Apma		7 800	彭特科斯特岛
Whitesands	Narak	7 500	坦纳岛
Raga	Hano	6 500	彭特科斯特岛
Paama	Paamese	6 000	帕玛岛
South Efate	Erakor	6 000	埃法特岛
North Ambrym		5 250	安布里姆岛
Ambae	Lolovoli; Aoba	5 000	安巴岛
North Tanna		5 000	坦纳岛
Southwest Tanna	Nawal	5 000	坦纳岛
Akei	Tasiriki	4 000	桑托岛
Sakao	Hog Harbour; Nkep	4 000	桑托岛
Tamambo		4 000	桑托岛、马洛岛
Sa	Saa	3 900	彭特科斯特岛
Namakura	Makura; Mamakir	3 750	埃法特岛、东戈瓦岛、汤加里基
Southeast Ambrym		3 700	安布里姆岛
Mele-Fila	Ifira-Mele	3 500	埃法特岛、梅莱岛、伊菲拉岛
Kwamera	Nafe; Nife	3 500	坦纳岛
V'ënen Taut	Big Nambas	3 350	马勒库拉岛
Lewo	Varsu	2 200	埃皮岛
Mwotlap	Motlav	2 100	班克斯群岛（莫塔拉瓦）
Vurës	Vureas, Mosina	2 000	班克斯群岛（瓦努阿拉瓦尔岛）
Vao		1 900	马勒库拉岛、维罗岛
Sie		1 900	埃罗芒阿岛
Futuna-Aniwa	West Futuna	1 500	富图纳岛、阿尼瓦岛
Sungwadaga	Central Maewo	1 400	沃迈岛
Baetora	South Maewo; Sungaloge	1 330	沃迈岛
Daakie		1 300	安布里姆岛
Neverver	Lingarak; Nevwervwer	1 250	马勒库拉岛
Port Sandwich		1 200	马勒库拉岛

续表

语言	其他名称	使用人口	使用地区
Daakaka		1 200	安布里姆岛
Mwerlap	Merlav	1 100	班克斯群岛（梅雷拉瓦岛）
Uliveo		1 100	马勒库拉岛、马斯基林群岛
Ninde	Labo	1 100	马勒库拉岛
TiraX	MaeDirak	1 000	马勒库拉岛
Dalkalaen		1 000	安布里姆岛

（数据来源：*The Language Situation in Vanuatu* by Terry Crowley）

三、语言政策与语言教育

（一）殖民时代瓦努阿图（新赫布里底）的语言政策

殖民地时代的瓦努阿图简史可以分为两个阶段，即英法两国对新赫布里底的殖民争夺阶段和英法两国对新赫布里底的共同托管阶段。从 19 世纪 80 年代后期到 20 世纪 60 年代，新赫布里底民族独立运动兴起。

这一时期，新赫布里底和其他殖民地一样，语言有不同的等级，殖民者语言英语和法语的语言地位最高，各种美拉尼西亚语作为本土语言，地位居中，比斯拉马语作为一种混杂语处于语言等级的最底层。在很长一段时间里，比斯拉马语是不被重视但在日常交际中发挥很大作用的语言。

殖民政府对瓦努阿图并没有连贯一致的语言政策，英法两国各自推行本国的语言，城市被分为讲英语的社区和讲法语的社区，比斯拉马语被看成是一种"乱码英语""种植园语言"而不被认可。英法共管政府在托管时期并不太重视教育，教育主要由教会负责，使用当地语言进行教学。教会学校要求学生背诵当地语言的字母，教学生阅读和书写当地语言，教学内容主要是宗教教义，因此很多人认为这些教会学校就是"唱唱《圣经》"。意识到瓦努阿图教育水平太低所造成的不良影响，英国和法国最终介入了在教会领导下发展起来的教育体系，将瓦努阿图的教育分为两类：英国教育系统和法国教育系统。20 世纪 60 年代，英国政府开始在瓦努阿图各地的农村地区建立小学，以英语作为教学语言，并在维拉港建立了中学和师范学院。英国的此种举动使当地人在政治立场上更倾向于英国,看到这一点,法国政府也不甘示弱,为和英国竞争,他们也开始建立学校,这些学校硬件设施更好,资金充足,而且不收学费,以吸引父母把孩子送到这些法语学校学习。因此,目前新一代受过教育的瓦努阿图人至少都受过英语或法语教育,只有老一辈人才接受过本土语言教育。

1977年6月,瓦努阿库党(原名新赫布里底民族党,是瓦历史最长的政党)发表了一份声明,声称如果当选掌权,将立法规定英语为学校的主要欧洲教学语言。针对这份声明,最终在维拉港爆发了有史以来规模最大的示威抗议活动,数千名教师、家长和儿童游行支持法语。尽管示威游行部分是由外籍教师策划的,但也可以看出讲法语的美拉尼西亚人对法语还是有着较为强烈的感情的。

总之,这段时间,英法共管政府对瓦努阿图的教育基本是采取单一的语言政策,虽然英语和法语共存,但总体来看,教育成为英法两国博弈的领域,这些学校不仅不教授当地语言,而且还禁止学生在课堂上使用当地语言或比斯拉马语。不过,瓦努阿图独立前夕,尽管学生要么接受英语教育,要么接受法语教育,他们在日常生活中却很少讲英语和法语。

(二)瓦努阿图独立后的语言政策

瓦努阿图没有专门的语言规划部门,教育部和语言服务部会处理一些语言规划相关问题,多是负责协调英语和法语的关系。瓦努阿图负责处理国家语言相关问题的其他机构还有以下这些。

瓦努阿图文化中心,负责文化政策的提议和执行,是批准海外大学的语言研究人员对其国家的语言进行研究的政府机构。文化部建立了由本地人组成的志愿者网络,这些志愿者负责用当地土著语言记录一些重要的或濒临灭绝的文化知识,用当地语言中特有的一些词汇来记录传统故事。

监察官办公室,负责监督政府各部门的工作。从1995年开始,监察官针对国家的多语使用情况提供监测报告,提出保证多语实施的措施。

南太平洋大学,并非瓦努阿图政府的直接机构,大学的主要目标是提高太平洋岛民对国家语言问题的认知水平,研究太平洋地区的语言和语言状况;教授太平洋语言(学生可以修读学分课程);促进瓦努阿图的语言发展等。

瓦努阿图读写协会,半正式的机构,旨在提高国民读写能力,协会成员是一些政府和非政府组织成员，协会于 1995 年成立了比斯拉马语拼写问题特设工作委员会。

暑期语言学研究所，一所国际性的语言研究机构，旨在将《圣经》用世界上鲜为人知的语言进行翻译。该组织自 1982 年以来一直活跃在瓦努阿图，在瓦努阿图基督教理事会的主持下在当地开展活动。它派遣训练有素的人员到农村地区学习，然后对每种土著语言进行描述性研究，以期为这些语言开发文字系统（或改进现有文字系统），提高村民的读写能力，并将《圣经》翻译成各种土著语言版本。

1. 语言的地位规划

瓦努阿图独立前，宪法明确指出了本国语言和文化的多样性。宪法序言中写道："我们瓦努阿图人民为我们争取自由的斗争感到骄傲，决心捍卫这场斗争的成就，珍惜我们的种族、语言和文化多样性，在此宣布建立统一的自由瓦努阿图共和国。"宪法（英文版）第 3 条规定了以下内容。

瓦努阿图共和国的国语是比斯拉马语，官方语言是比斯拉马语、英语和法语，教育的主要语言是英语和法语。

瓦努阿图共和国应保护属于国家遗产一部分的地方本土语言，并可宣布其中一种语言为全国性语言。

根据宪法的规定，可以看到瓦努阿图在语言政策方面具有独特性。

首先，瓦努阿图成为太平洋岛国中唯一给予英语和法语同等宪法地位的国家，作为英国和法国的前殖民地，独立后的瓦努阿图仍然将英语和法语两种殖民语言作为官方语言和教育语言。

其次，瓦努阿图是世界上唯一一个将一种混杂语作为国语的国家。比斯拉马语既是官方语言，又是国语，某种程度上，其语言地位高于两种前殖民地的语言。

独立后的瓦努阿图制定这样的语言政策充分考虑了国家实际情况。虽然在政治上独立，但是国家财政收入匮乏，不得不依靠外国的援助（援助国主要有澳大利亚、新西兰、欧洲、法国、美国、中国、日本等）。面对国家的多语情况，瓦努阿图不仅需要满足自己的语言需求，还需要考虑援助国的语言需求。将英语和法语作为官方语言和教育语言，使其和英语、法语国家很好地联系在一起，而将比斯拉马语定为国语某种程度上是分别接受英语教育和法语教育的领导人选择中立立场的结果，避免了瓦努阿图在政治上进行选边站队。比斯拉马语不仅是瓦努阿图的通用语，还具有民族象征功能。瓦努阿图货国徽上的格言"上帝与我们共存"和国歌都是比斯拉马语，作为一个多语言的国家，比斯拉马语语言地位的强化，有利于培养国民的国家共同体意识，增强民众对国家的认同。

此外，瓦努阿图将"保护土著语言"写入宪法，体现了政府部门对本国语言多样性的重视，但是"宣布其中一种语言作为全国性语言"并不具有可操作性，因为该国第一大土著语言的使用人口也不超过全国人口的6%。随着城市化和现代化进程的加快，很多岛屿的村民并不教孩子说土著语言，而是教孩子比斯拉马语，而且许多本地人在本国土著语言中加入了很多外国方言。因此，土著语言逐渐走向消亡已经成为瓦努阿图不容忽视的问题。在瓦努阿图《2016—2030国家可持续发展规划》中，明确提出"促进和保护土著语言"的目标。2020年12月16日，在瓦努阿图总理府举行的保护土著语言政策启动仪式上，总理鲍勃·拉夫曼正式发布了《瓦努阿图共和国国家语言政策》和《国家语言服务部语言政策》两份文件，旨在保护、保存全国所有的土著语言，通过翻译、规范术语、提升语言保护意识等举措，解决日益增多的语言服务问题。这是瓦努阿图有史以来第一次从国家层面制定针对土著语言的语言政策。

2. 语言的本体规划

语言的本体规划，主要是指语言文字的规范化和标准化。瓦努阿图的语言本体规划，主要涉及比斯拉马语。殖民时代，该语言虽然不是人人皆知，但慢慢成为岛民的一种共有语言。由于比斯拉马语特殊的历史起源，很多人认为这种语言是"破碎的英语"，登不了大雅之堂。20世纪70年代，这种语言逐渐被人们接受，成为瓦努阿图的国语，这和当时的社会经济、文化、政治等因素密不可分（Terry Crowley, 2000）。

20世纪六七十年代，瓦努阿图城市化进程加快，各个岛屿说不同土著语言的年轻人来到维拉港和卢甘维尔两大城市，大规模的移民将来自不同语言背景的人们带入了一个共同的社会和职业环境，这种多语社区环境给比斯拉马语的流行创造了条件。来自不同语言群体的人们通婚，使比斯拉马语的使用人口越来越多，并成为很多孩子的第一语言。

20世纪70年代，英国和法国在新赫布里底群岛是否应该独立的问题上产生了分歧:英国政府想领导国家走向独立,而法国人则认为独立过于仓促。两个殖民地政府之间的意见分裂迅速扩展到美拉尼西亚人,其结果是美拉尼西亚人分成讲法语和讲英语的两大派(不过这个标签主要是政治上的而不是语言上的,一个法语阵营的人可能根本不会讲法语)。在语言分裂但又要求统一的背景下,人们发现选用比斯拉马语成为一个完美的解决方案。早在瓦努阿图独立前,瓦库党用比斯拉马语发表演讲,认为这种语言体现了土著瓦努阿图人的历史,可以成为英语和法语这两种殖民语言的替代品。该党还用比斯拉马语发表了一些对英法共管政府不满的宣言,使这种语言成为统一民众力量、反对殖民政府的语言。

教会(主要是圣公会和长老会)倡导在宗教仪式上使用比斯拉马语,南太平洋圣经协会于 1980 年将《新约》翻译成比斯拉马语并于 1996 年将其书面语化,宗教领域中比斯拉马语的使用进一步促进了比斯拉马语在瓦努阿图语言中地位的合法化(Tryon & Charpentier, 2004)。

上述因素都加强了比斯拉马语的传播速度,为其成为国语奠定了基础。

随着使用人口增多,比斯拉马语产生了至少两种地域变体——城市比斯拉马语和乡村比斯拉马语,乡村比斯拉马语相对更纯正些。维拉港的比斯拉马语又分化为两类:一是 Fronkofon 地区的法式比斯拉马语,此地说法语的人多,倾向使用法语式单词和用法;二是 Anglofon 地区的英式比斯拉马语,此地说英语的人多,倾向使用英语式单词和用法。不过目前这两种城市变体都表现出向英语靠拢的趋势。

1980 年独立前不久,Charpentier 对比斯拉马语的职能进行了调查。Charpentier & Tryon(1982)认为比斯拉马语不太可能成为教学语言,因为这种语言并没有建立标准变体和提供标准拼写规范。受当地语言的影响,各岛居民发音各异,而比斯拉马语的单词往往是怎么发音怎么拼写,因此在比斯拉马语中,一个单词可能有多种拼写方式,如在不同的书面文本中,"共和国"一词可能会写成 ripablik、repablic、ripublic、republik、repablic、republic、republique、ripablique、republique 等。借词的拼写也会在体现英语词形和法语词形之间摇摆不定,如"厘米"这样的新词在比斯拉马语中应该表示为 sentimita(基于其英语形式)还是 sontimet(基于其法语形式),或者表示为两者的混合,写成 sontimeta,这些都没有统一的标准。此外,与英语和法语相比,比斯拉马语缺少科技领域的词汇,与当地土著语言相比,又缺少反映当地传统文化的词语。瓦努阿图的"语言服务部"的一项基本职责是将以英语和法语编写的文件翻译成比斯拉马语，但是却并没有确立比斯拉马语的书写标准。

20世纪70年代初，牧师Bill Camden着手设计比斯拉马语正字法，并于1977年出版了《比斯拉马语—英语描写词典》(*A Descriptive Dictionary: Bislama to English*)。这本词典成为20世纪70年代乃至80年代比斯拉马语的拼写规范。1981年7月，由太平洋教会研究中心和南太平洋大学推广中心联合举办了第一次语言规划会议。与会者主要是在教育、法律、新闻媒体等领域担任重要职务的瓦努阿图本地人，少数国外语言学家以"观察员"的身份出席了会议。与会者最关心的问题是本土语言和比斯拉马语的未来。此次会议认为在教育、法律、媒体、政治领域使用比斯拉马语是合适的(Topping, 1982)。围绕比斯拉马语的标准化和在教育体系中的作用，与会者进行了辩论。他们认为新闻报道和辩论使用的比斯拉马语充斥着"翻译腔"，并呼吁作出更大的努力以提高比斯拉语文本质量和口语质量。比斯拉马语《圣经》翻译团队主张进一步规范《圣经》(比斯拉马语译本)的拼写和用法，以便在书面文本中广泛推广使用。为实现这一目标，有人呼吁编写一部单语比斯拉马语词典。这一呼吁在随后几年的议会辩论中得到回应。

1984年，比斯拉马语《圣经》翻译团队出版了《书写比斯拉马语的方式》(*Fasin blong Raetem Bislama*)，它所使用的标准词表就是Camden广受欢迎的《比斯拉马语—英语描写词典》的扩展版。瓦努阿图政府各部门广泛宣传这个词表，该词表有助于为比斯拉马语成为教学语言建立正字法规范，并用比斯拉马语出版更多出版物。借助媒体推广比斯拉马语的一项措施是由维拉港南太平洋大学太平洋语言组织成立"比斯拉马语翻译技巧工作坊"。Tryon的比斯拉马语会话课程(1988)为语言初学者提供了当时最详细的比斯拉马语口语入门课程。

1986年，瓦努阿图成立了"比斯拉马语委员会"，该委员会由来自媒体、语言部(Department of Language)和南太平洋大学的代表组成，旨在研究比斯拉马语的标准化和现代化问题。该委员会出版的第一期刊物名为《如何写好比斯拉马语文章》(*Osem waner bae yumi raetem Bislama*)，其中就提出了关于标准化正字法的建议(Thomas, 1990)。

比斯拉马语在地位规划和本体规划方面最重要的一个里程碑是1987年为讲比斯拉马语的人开设了一个大学认证的比斯拉马语课程，课程名为比斯拉马语研究导论（Introdaksen long Stadi blong Bislama）。南太平洋大学太平洋语言组织专门用比斯拉马语编制教材，课程使用的正字法基本是源于 1984 年发布的词表。比斯拉马语也成为很多乡村培训中心的教学用语，这些培训中心分布在埃罗芒阿岛、马勒库拉岛和桑托岛等岛屿上，它们研制了教学手册，并用比斯拉马语教授力学或建筑等科目。

至 20 世纪 80 年代末，Camden 的词典已经绝版。此时，比斯拉马语的新词和新的表达方式越来越多，大众亟需新的比斯拉马语词典。1990 年，Crowley 出版了《新编比斯拉马语词典》。这本词典还补充了 Camden 词典中缺少的英语—比斯拉马语部分，不过这本词典只是列举了比斯拉马语词条，并没有为某一词条的不同拼写形式制定标准。至 20 世纪 90 年代中后期，瓦努阿图读写协会专门成立了"比斯拉马语拼写问题特设工作委员会"，负责审议向委员会提交的关于比斯拉马语标准化的各种材料，最终为比斯拉马语的计算机输入提供了一个标准拼写词表，推动了比斯拉马语的现代化进程。

3. 语言教育政策

如今瓦努阿图确立了小学 6 年，初中 4 年，高中 3—4 年的教育制度。小学是免费义务教育，入学率已达到 96.1％，有公立学校也有私立学校。一般公立学校用英语和比斯拉马语教学，私立学校主要是英语国际学校和法语国际学校，目前英语国际学校用英语教学，可以辅修法语，法语国际学校用法语教学，可以辅修英语、西班牙语和中文。中学入学率为 43.2％。中等职业学校主要有国立技术学院、师范学院、护士学校、警察学校、农业学院等，另外，首都维拉港还设有南太平洋大学法律分校。2020 年瓦努阿图国立大学正式开始招生。

瓦努阿图独立后，从殖民时期继承下来的双重教育体系引起了很多争论。瓦努阿图政府计划将此前两套不同的语言教育体系整合，建立一套统一的课程体系，来取代共管政府时期两套截然不同的课程体系，采用英法双语进行教学，教材使用双语平行教材。在这种统一的教育体系下，瓦努阿图教育部鼓励儿童接受学前教育。

在 1981 年的全国第一次语言规划会议上，瓦努阿图全国酋长理事会强烈赞成在小学低年级使用本土语言，以作为培养瓦努阿图强烈地方认同感的一种手段。总理和许多代表则强调了比斯拉马语在塑造民族认同方面的重要性。

针对这一提议,有人提出担忧,认为比斯拉马语词汇和英语词汇相似度很高,学生今后学习英语时容易产生负迁移。此次语言规划会议最终结果是比斯拉马语获得强烈支持。会议建议至少在小学四年级之前将比斯拉马语作为一门学科进行教学,并作为五、六年级的教学语言。不过此后却并未具体实施。

1983年,国家酋长委员会(主要职责是就瓦努阿图的文化、传统和语言等事宜向政府提出建议)发布了一份文件,承诺将土著语言纳入瓦努阿图正规教育体系。第一个1982—1986年国家发展计划指出,政府打算成立瓦努阿图教育委员会。该委员会除其他事项外,负责决定在教学各个阶段的语言使用。但是,这些计划虽然都获得通过,最终却未实施。

可以说,独立20多年后,瓦努阿图在语言问题上虽然通过了一些提议,但实际行动较少。《2005年瓦努阿图国家语言政策第五草案》提出:比斯拉马语应该在国家课程中占据适当的位置;比斯拉马语在混合社区学前教育和小学低年级阶段作为潜在的教学语言;在中学阶段和高等教育阶段开设比斯拉马语课程。2009年,瓦努阿图教育部又出台了一项新的教育政策,提出对十年级以下的学生实行英汉双语教育,在教育早期(幼儿园和小学头几年),乡村地区采用当地土著语言作为教学语言,城市地区采用比斯拉马语作为教学语言。为进一步支持国家双语教育的发展,同时支持比斯拉马语和本地语言的使用,《瓦努阿图国家语言政策(2012)》对小学至高中的教学语言、需要教授的语言课程及语言教学时间分配等作出规划,要求所有学校用法语或英语授课,但在小学三年级前,可以使用比斯拉马语或土著语言作为教学媒介语。接受中等教育的学生都需学习英、法两种语言,如就读学校的教学语言是法语,则将英语作为外语学习,如就读学校的教学语言是英语,则将法语作为外语学习。所有儿童在八年级结束前都应能熟练地读、说、写其中一种官方语言,并能听懂另外两种官方语言。该政策还要求在高中阶段,向具有语言能力的学生提供英语和法语以外的语言,如汉语普通话、日语和西班牙语。经过多年的努力,比斯拉马语现今终于在学校教育中获得一席之地,瓦努阿图当地的学校一般采用英语和比斯拉马语教学。

四、共建"一带一路"与中瓦语言文化交流

自1982年3月26日中国同瓦努阿图建交以来,两国友好合作关系发展顺利。瓦努阿图是南太平洋地区重要国家,位于"21世纪海上丝绸之路"的南向

延伸带。自 2013 年以来，瓦努阿图积极参加共建"一带一路"倡议，两国在贸易、投资、承包工程及经济技术援助等各领域开展了务实合作，取得了丰硕成果，到瓦旅游、投资、工作和生活的中国人越来越多。

2014 年 11 月，国家主席习近平在斐济楠迪同瓦努阿图总理纳图曼会晤，双方一致同意建立相互尊重、共同发展的战略伙伴关系。2018 年 11 月，国家主席习近平在巴布亚新几内亚莫尔斯比港同瓦总理萨尔维会晤，双方一致同意将两国关系定位提升为相互尊重、共同发展的全面战略伙伴关系。2019 年 5 月 28 日，习近平主席在会见来访的瓦努阿图总理萨尔维时表示，中瓦关系处于历史最好时期，两国政治互信持续深化，各领域交流合作不断扩大，中瓦关系已经成为中国同太平洋岛国关系的典范。

随着两国关系尤其是经贸交往的日益加深，瓦努阿图与中国的语言文化交流发展迅速。中国自 1995 年开始向瓦努阿图学生提供来华留学奖学金，截至 2019 年共向瓦努阿图学生提供 164 个中国政府奖学金名额。国家汉办自 20 世纪 90 年代起向瓦努阿图派出汉语教师。2000 年初，国家汉办与瓦努阿图教育部签署长期合作协议，定期向瓦努阿图维拉港中心学校公派汉语教师，每人次任期 2 年。2011 年，国家汉办与维拉港法语国际学校签署公派汉语教师协议，该校于 2012 年 1 月接收首位汉语教师，正式开设汉语课。目前，瓦努阿图维拉港共有 2 所学校面向在校学生开设汉语课。在国家汉办和驻瓦努阿图使馆的支持和协助下，2011 年 5 月 23 日至 6 月 3 日，瓦努阿图法语国际学校（Lycée Français de Port Vila）组织了为期 10 天的"中国发现之旅"夏令营，这是瓦学生团体第一次到访中国。

2014 年 7 月，斐济南太平洋大学孔子学院在南太平洋大学瓦努阿图艾玛芦分校设立教学点，标志着瓦努阿图中文教学进入全新发展阶段，2015 年该教学点升级为孔子课堂。随着中国不断发展并深化与南太平洋岛国间的互利合作，瓦努阿图的中文教学将迎来全新的发展机遇。近年来，中国在瓦努阿图的投资呈现稳定增长势头，给当地带来了前所未有的商业和就业机会，而瓦努阿图旅游资源丰富，作为免签证岛国，也吸引越来越多的中国游客，那些会说中文，了解中国文化的瓦努阿图人成为颇受欢迎的人才，瓦努阿图人民的中文学习热情也日渐高涨。总体来看，瓦努阿图积极的多语政策为瓦中文教育的发展提供了政策保障，特别是《瓦努阿图国家语言政策（2012）》提到高中可提供汉语普通话课程，从政策层面为中文教育提供了发展空间。2019 年，瓦教育部宣布将中文作为学校教学的第一外语,随后瓦努阿图马拉坡中学等 5 所学校开设中文选修课程,在积极的多语政策及中瓦双方共建"一带一路"的背景下,中文教育在瓦努阿图的发展前景良好。2021 年 9 月,中瓦共同签署了《关于合作开展瓦努阿图中小学中文教育项目的谅解备忘录》,瓦努阿图成为第一个将中文正式纳入国民教育体系的太平洋岛国,语言教育政策的支持必将使瓦努阿图的中文教育迈上新的台阶。

随着共建"一带一路"倡议的推进,为使瓦努阿图官员和民众更好地认识和了解中国,中国政府每年举办中文培训班,如 2016 年瓦努阿图学员赴中国参加"2016 年瓦努阿图实用汉语研修班",2018 年 8 月由商务部主办,湖南外贸职业学院、湖南省商务厅培训中心承办的"2018 年瓦努阿图汉语海外培训班"等。目前,中瓦友谊深入人心,近年来两国政府和民间的交往成果显著。2020 年,北京羊坊店中心小学与瓦努阿图维拉中心学校结成友谊学校,学校开展系列活动,向友谊学校宣传冬奥文化、中国传统文化,让他们感受中国文化的博大精深。维拉中心学校在中国中土集团南太公司的支持下,每年都会举行中文比赛。

目前,在共建"一带一路"倡议的推动下,中瓦两国迎来了全面加强交流与合作的历史机遇。一带一路,语言先行。两国亟须进一步加强语言文化交流与合作,既要了解瓦努阿图的语言生态和语言政策,又要推动中文在瓦努阿图的传播,促进中瓦语言文化的交流互鉴和共同发展。

第七章

密克罗尼西亚联邦
语言文化概况

一、密克罗尼西亚联邦基本情况

密克罗尼西亚联邦(The Federated States of Micronesia,英文简称"FSM",中文简称"密联邦")位于中部太平洋地区,属加罗林群岛,东西延伸 2 736 千米,海岸线长 6 112 千米,岛屿为火山型和珊瑚礁型,多山地。

密联邦的陆地总面积为 702 平方千米,其海洋专属经济区面积约 298 万平方千米。密联邦有 4 个主要大岛——波纳佩(Pohnpei)、丘克(Chuuk)、雅浦(Yap)和科斯雷(Kosrae)组成,并据此划分为 4 个州。波纳佩州有 345.5 平方千米的陆地面积,其中波纳佩岛占 336.7 平方千米,是密联邦中最大的岛屿。丘克州的陆地总面积为 127.4 平方千米,包括 7 个主要岛屿群。雅浦州由 4 个大岛、7 个小岛和 134 个环礁组成,陆地总面积 118.1 平方千米。科斯雷岛则是一个 109.6 平方千米的小岛。其 4 个州中的每一个都围绕着一个或多个"高岛",除科斯雷岛外,其他州都有许多环礁。密联邦首都为帕利基尔(Palikir),位于波纳佩州。

密联邦属热带海洋性气候,每年 12 月至翌年 3 月为旱季,4 月至 11 月为雨季,年均气温为 27 ℃,年降水量约 2 000 毫米,其中波纳佩岛年降水量约 3 000 毫米,是世界上降水量最多的地方之一。

密克罗尼西亚联邦人口总数为 10.48 万人,多属于密克罗尼西亚人,少数为波利尼西亚人和亚洲人。天主教徒占 50%,新教徒占 47%。华侨数十人。(中

国外交部网站 2024 年 4 月数据）

密联邦宪法于 1979 年 5 月 10 日通过并生效。宪法规定，总统为国家元首，也是政府首脑，由国会议员从来自 4 个州的 4 位 4 年期议员中选举产生。密联邦的现任总统为韦斯利·西米纳（Wesley W. Simina），2023 年 5 月 11 日当选，为密联邦第 10 任总统。密克罗尼西亚联邦议会称为联邦国会，一院制，由 14 名议员组成，其中每州 1 名任期 4 年的"全任期"议员，其余 10 名议员任期 2 年，按人口比例在各州分配。第 23 届国会于 2023 年 5 月 11 日正式成立。现任议长为埃斯蒙德·摩西斯（Esmond B. Moses），副议长为罗布森·罗莫洛（Robson U. Romolow）。密联邦内阁部长由总统提名，国会批准后组成联邦内阁。在司法机构方面，设最高法院、州法院。联邦首席大法官为终身制，现任大法官丹尼斯·雅马斯（Dennis K. Yamase），2015 年 7 月就任。在经济方面，2023 年国内生产总值为 4.6 亿美元，人均国内生产总值为 4 860 美元。

在文化和传统方面，密联邦的 4 个州具有各自的独特之处，但也共同维系着数百年来形成的文化和经济纽带。密联邦作为一个国家，乃是一个异质的混合体，各州之间有着不同的习俗和传统。密联邦的 4 个州被大面积的水域隔开。在西方接触之前，这种孤立促使了每个岛屿独特的传统、习俗和语言的发展。这种多样性不仅丰富了密联邦的文化内涵，也突显了各州的独特魅力。

二、密克罗尼西亚联邦语言概况

密联邦政府和商业交往的官方语言为英语。由于各州之间方言不通，因此在进行跨州交流时，英语成了必要的桥梁。此外，密联邦境内还广泛使用 8 种主要的土著语言，它们分别是雅浦语（Yapese）、游里希语（Ulithian）、沃雷艾语（Woleaians）、丘克语（Chuukese）、波纳佩语（Pohnpeian）、科斯雷语（Kosraean）、努库罗语（Nukuoro）和卡平阿马朗伊语（Kapingamarangi）。同时，许多老年人能够流利地使用日语。

表 7-1 展示的是每种主要语言的一些常用短语。

表 7-1　密克罗尼西亚联邦的主要语言示例

English（英语）	Yapese（雅浦语）	Chuukese（丘克语）	Pohnpeian（波纳佩语）	Kosraean（科斯雷语）
Hello（你好）	Mogethin	Ran allim	Kaselehlia	Len wo

续表

English （英语）	Yapese （雅浦语）	Chuukese （丘克语）	Pohnpeian （波纳佩语）	Kosraean （科斯雷语）
Goodbye（再见）	Kefel	Kone nomw	Kaselehlia	Kut fwa osun
Thank you （谢谢你）	Kammagar	Kinisou	Kalangen en Komwi/Menlau	Nga kuna
Friend（朋友）	Fager	Pwipwi	Kompoakepai	Kawuk
I like（我喜欢）	Gub Adag	Ua sani	Ih mwahuki	Nga lungse
I don't like （我不喜欢）	Dabug	Use sani	Ih sohte pereniki	Nga srunga
How much? （多少钱）	In pulwon?	Fite niwinin?	Iah wen pweine?	Mea ke?
Good（好的））	Man gil	Mei murino	Mw ahu	Wo
Please（请）	Weniig	Kose mochen	munas Menlau	Nunak
Excuse me （对不起）	Sirow	Omusalo tipis	Mahkongie / Kupwur Mahk	Sisla koluk

丘克语，亦称特拉其语（Trukese），属于南岛语系的特拉其－波纳佩语族（Trukic-Ponapeic Languages），主要在密克罗尼西亚联邦加罗林群岛的丘克州岛使用。还有一些使用者分布在波纳佩岛及关岛，估计约为 45 000 人，这其中包括将其作为第二语言使用的人。

密克罗尼西亚联邦民众所运用的语言，显示了他们的文化状态、等级关系。如波纳佩人的等级关系是以特定的文化方式建构的，即等级关系不仅构成权力关系和地位关系，而且构成人身依附关系。尽管在某些语言中，高地位标记和表示距离的语素之间存在直接关系，但距离关系掩盖了"微观互动"在相对地位协商中的作用。波纳佩社会的每一个成员都有权通过语言建构出自己的相对地位，同时建构出社区其他每一个成员的地位，这种权力每天都通过使用带有地位标记的语言、称呼语、身体姿势、获得的食物量和提供食物的顺序得以表达。有趣的是，唯一没有权力在社会上区分地位高者和地位低者的人是社会中地位最高的成员，如最高酋长（Ui-Ariki）。因此，波纳佩人的社会结构是自下而上建立起来的，没有两个成员拥有绝对平等的地位。

根据语言学研究和对原始南岛语和原始大洋语言的重构,现今说波纳佩语的人是 3 000 至 5 000 年前第一个离开东南亚岛屿(印度尼西亚、马来西亚、菲律宾和中国台湾岛)的群体的后代。据推算,大约在公元前 1000 年,讲原始密克罗尼西亚语的族群已经穿越马绍尔群岛和吉尔伯特群岛,最终抵达科斯雷和波纳佩,在此之前,他们已到达了新赫布里底群岛北部。波纳佩语是南岛语系大洋语族的一员,世界上大约 1/6 的语言属于南岛语系,南岛语系被描述为"世界上最大的成熟语系"。

与太平洋上众多珊瑚环礁形成鲜明对比,波纳佩岛是一座"高岛",以其高达 750 米的中心山峰独树一帜。与环礁居民不同,这里食物和原材料充足,高岛居民在岛上能够自给自足,因此他们并未与其他岛屿建立广泛的贸易联系,这也导致他们逐渐废弃了长途远洋航行的技能,这些技能曾将他们带到岛上来。最初,学者们认为大洋洲可能是一个观察"复杂社会"演变各个阶段的天然实验室,然而,考古和语言学证据表明,殖民者无疑带来了金字塔式的社会结构,这种结构基于传统的等级制度,酋长在其中扮演着神的角色。例如,酋长的术语"阿里基"已经被重构为原始海洋的术语,可以在波纳佩语中找到最高酋长南姆瓦基的术语,这表明社会中存在一种世袭等级制度,该社会的语言是美拉尼西亚、波利尼西亚和密克罗尼西亚所有南岛语言的祖先。

波纳佩语与英语在语法结构上有共通之处,句子中单词的顺序决定着语法关系,遵循主谓宾的基本语序,并且代词不分性别。在表达时间关系时,波纳佩语通过词语形态的变化来展示,例如,一个动作是完成的还是未完成的。在波纳佩语中,后缀 -ehr 表示已经完成的动作,而前缀 pah- 则用于标识已持续一段时间但尚未完成的动作。若动词保持原貌,则代表动作正在进行中。此外,波纳佩语还利用动词的重叠形式来体现动作的持续性,动词前的类似词表示习惯性行为。

一种语言可能会使用多个不同的具体动词来表示同一动作的不同执行方式,例如英语中的 go 和 come,而另一种语言可能会为两个动作保留相同的动词词根,并添加不同的语素或助词来传达不同的含义,如在波纳佩语中的 kohdo(come)和 kohla(go),la 表示远离说话人的方向性,do 表示朝向说话人的方向性。英语中使用不同的词汇,如"杀"和"死"来区分描述因果关系或行为方式。在波纳佩语中,则加上前缀(ka-),这样 mehla(die)就变成了 kamehla(kill)。

在波纳佩语中，多数动词词根仅限于及物或不及物使用，但也有少数词根能灵活变换，兼具两者形式，仅需加上特定后缀即可增加及物意义。此外，波纳佩语展现出语言学家所称的丰富量词系统，一组特定的词汇是构成某些名词短语不可或缺的要素。量词的语义范围可以是宽泛的，也可以是特定的具体的。在波纳佩语里，与数字量词一样，说话人可以通过选择量词来强调某一方面的意义。例如，kene-uht 意思是"他或她要吃的香蕉"，nah-uht 意思是"他或她的香蕉树"，ah-uht 意思是"他或她收获的香蕉"。在波纳佩语的普通语中所表达的所有格关系在敬语中被重新分类，而在分类器中编码的许多特定信息被"漂白"掉了。波纳佩语中的敬语不仅仅是对地位更高的人表示敬意，也是一种有效的力量，可以约束地位较高之人的行为，迫使他们对下慷慨并给予保护，以及降低地位较低之人的威望，当然也可以建构和再现一个不平等的体系——一个由底层共同构建的体系。

三、密克罗尼西亚联邦的语言教育

在被美国托管时期（1947—1990 年），美国对密克罗尼西亚人进行了相关的英语教育，如招募当地教师，对其进行简单的英语培训，但教师的质量并没能得到保证。由于小学教师均为密克罗尼西亚当地人，他们自身的职业水平有限。在授课时，这些教师基本上使用当地语言来进行教学，所以不利于学生对英语进行更好的学习。一名毕业于夏威夷大学的波纳佩人曾说道："在 40 年代末 50 年代初，很少一部分密克罗尼西亚人会讲英语，尽管美国管理当局试图将密克人送往关岛、斐济的学校学习，但是我们缺乏接受更高教育的准备。在 50 年代，虽然美国政府投入大量资金，但我们并不能有效利用。或许财政的增加会使接受学习的人数增加，但我认为在这里绝对受限制。你不能简简单单让他们去学校学习，因为缺乏必要的准备和培训，他们不能很好地利用所有的机会。"

乔纳森·汉滨（Jonathan Bingham）是第一个到托管地考察过的美国托管事会代表。他指出在广阔的太平洋中还有诸多语种和方言存在。因此他意识到必须加强英语的教授以作为一种公共的语言，这样才能够促进岛屿之间的交流和理解。和平队志愿者在教育、法律领域贡献最大。在教育上，和平队志愿者是管理当局提出的"教授英语作为第二语言（TESL）"计划的补充。托管地前高级行政长官威廉·R. 诺伍德（William R. Norwood，1966—1969）指出这些志愿者被分配到学校当老师，不仅参与到 TESL 计划中，而且作为英语指导教师来帮助培训密克罗尼西亚人。这些英语教育培训工作，对密克罗尼西亚语言的统一与交流的顺畅无疑起到了重要作用。

四、相关的语言工具书和研究论著

与密克罗尼西亚联邦相关的语言工具书和研究论著，主要包括以下几种。

《加罗林—英语词典》，编译者为弗雷德里克·H. 杰克逊（Frederick H. Jackson）、杰弗里·C. 马奇（Jeffrey C. March），夏威夷大学出版社 1991 年版。这本词典包括来自塞班岛加罗林语的三种方言的单词，重点放在萨塔瓦利人（Satawalese）后裔的方言上。条目包含发音指南、派生词的来源地和方言信息，还包括当地鱼类、动植物的名称。加罗林—英语词表置于英语—加罗林词表之前。

《中部和东部密克罗尼西亚：遗传学、夜间航行和语言多样性》，科济·H. 卢姆（Koji H. Lum）撰，刊发于《大洋洲的人类与文化》杂志 1998 年第 14 卷。该文探讨了密克罗尼西亚人的地理定居模式如何影响语言的发展。通过对 8 个密克罗尼西亚人群体 276 人的基因构成和语言风格的研究，作者认为地理位置直接影响语言的差异。换言之，随着人口的增长、向邻近岛屿的扩散以及与其他民族的交流，新的方言发展起来，并最终创造出不同的语言，研究结果支持了这一假设。

《查莫罗语问题与关岛研究：阅读专书》，玛丽·L. 斯宾塞（Mary L. Spencer）编纂，关岛大学出版社 1987 年版。该书由 8 篇论文组成，讨论了"查莫罗语言问题的现状及其在关岛学校和社会中的因应"。这些论文提供了查莫罗语言问题的历史视角和研究成果。讨论的主题包括语言生存模式对语言习得的影响，以及对关岛特定人群语言教育态度的调查。

《查莫罗语法指南》，唐纳德·M. 托平（Donald M. Topping）与本纳特·C. 童加（Bernadita C. Dungca）合撰，夏威夷大学出版社 1973 年版。作者指出，这部作品的三重目的是：收录以前语法中没有的资料；对某些资料提供不同的解释；帮助查莫罗语使用者了解该语言的一些复杂性。该书包括文化介绍，并继续讨论查莫罗的词法和句子结构。书中用了多个例子来说明用法上的细微差别。

《查莫罗语字典》，玛丽莲·C. 萨拉斯（Marilyn C. Salas）和约瑟菲娜·巴西纳斯（Josefina Barcinas）编辑，罗兰·米兰达（Roland Miranda）插图，贝斯出版社1998 年版。该书可用作儿童语言手册或成人图片教程。这本教科书经查莫罗语言委员会（关岛）认证，根据目前的正字法来看是准确的。

《查莫罗英语字典》，唐纳德·M. 托平（Donald M. Topping）、佩德罗·M·奥戈（Pedro M. Ogo）、本纳特·C. 童加（Bernadita C. Dungca）合撰，夏威夷大学出版社1975 年版。该书更新了前人的研究成果，增加了更多的条目、更充分的解释和说明性的句子。所有条目都是从口语或以前汇编的清单中所摘取，并由一位查莫罗母语者核实。当地鱼类、动植物的名称也包括在内，还有 100 多个昵称。

《最常用的吉尔伯特语—英语词汇》，G. H. 伊斯特曼·贝鲁（G. H. Eastman. Beru）撰，伦敦使团出版社 1948 年版。该书由伦敦传教士协会的一位成员编纂，包含了 7 400 个词条和 5 个有关用法的附录。

《吉尔伯特语语法和词汇》，由一位圣心会成员编纂，吉尔伯特群岛天主教使团出版。语法部分包括 9 节课。词汇表按照词性（动词）或特殊类别（如职业和行业、身体部位、动植物、元素等）排列。

《吉尔伯特语—英语词典》，欧内斯特·赛贝塔（Ernest Sabatier）编纂，由修女欧列瓦（Oliva）从法语翻译而来，南太平洋委员会出版局 1971 年版。该书是一部广泛而权威的词典。

《吉尔伯特语—英语词典》，海勒姆·宾厄姆（Hiram Bingham）编纂，美国外交使团委员会 1908 年版。该书是一位新教传教士编纂的早期吉尔伯特语词典，包含 12 000 多个词条。

《科斯雷语语法指南》，李克东（Kee-dong Lee）与林登·科尼利厄斯（Lyndon Cornelius）、埃尔默·阿舍（Elmer Asher）合撰，夏威夷大学出版社 1975 年版。除了探讨科斯雷语语法之外，该书还比较了科斯雷语和波纳佩语。

《科斯雷语—英语词典》，李克东（Kee-dong Lee）编纂，夏威夷大学出版社1976 年版。该书基于美国和平队志愿者编制的单词表编纂而成。

《波纳佩语语法指南》，由肯尼斯·L. 雷格（Kenneth L. Rehg）与多米尼 . G. 索尔（Damian G. Sohl）合作撰写，夏威夷大学出版社 1981 年版。该书编纂的目的是"提供对波纳佩语主要语法特征的描述"。在主要内容之前，该书简要描述了波纳佩的文化和历史，一章专门讨论语言的声音系统，另一章讨论词性、句法、句子结构和正字法。

《波纳佩语—英语词典》，肯尼斯·L. 雷格（Kenneth L. Rehg）和多米尼·G. 索尔（Damian G. Sohl）合作编纂，夏威夷大学出版社 1979 年版。该书第一部分为波纳佩语—英语词典，第二部分为波纳佩语—英语"查找表"，其中只选择了英语关键词收录。排除在这些词汇表之外的是人名、地名和在学习时尚未完全融入语言的外来词。

《普鲁瓦语词典》，塞缪尔·H. 埃尔伯特（Samuel H. Elbert）编纂，澳大利亚国立大学太平洋研究学院语言学系 1972 年版。这个单词表包含超过 10 000 个条目（普鲁瓦语—英语词汇有 6 000 个条目，英语 — 普鲁瓦语词汇有 4 300 个条目）。

《查莫罗术语的最新变化趋向》，罗伯特·R. 索伦伯格（Robert R. Solenberger）撰，刊发于《大洋洲》杂志第 24 卷第 2 期（1954 年），第 132-141 页。该文旨在补充查莫罗语的现有语法和词典。撰者探访了所有 7 个有人居住的马里亚纳群岛，但大部分调查时间都在关岛和塞班岛。

《吉尔伯特语的结构》，贝鲁（Beru）编纂，朗戈朗戈出版社 1951 年版。该书讨论了吉尔伯特语的语法和结构，提供了课程和例子，包括吉尔伯特语—英语和英语—吉尔伯特语词汇表。

《丘克语—英语词典》，由沃德·H. 古迪纳夫（Ward H. Goodenough）和杉田弘（Hiroshi Sugita）编纂，美国哲学学会 1980 年版。该书用相当长的篇幅介绍了该语言的一般语法注释。

《游里希语语法》，孙浩旻（Ho-min Sohn）、本德（B. W. Bender）编纂，刊发于《太平洋语言学》杂志 C 辑第 27 期。该文主要基于孙浩旻在夏威夷大学的论文而成。它提供了一个文献回顾，着眼于太平洋语言学研究，包含了一个研究方法概述，以及对语音、正字法、形态和句法等语言问题的讨论。

《沃雷艾语语法指南》，孙浩旻（Ho-min Sohn）和安东尼·F. 塔维里曼（Anthony F. Tawerilmang）合编，夏威夷大学出版社 1975 年版。沃雷艾环礁位于密克罗尼西亚联邦的雅浦州，该书介绍了沃雷艾语的语音系统和语法。它的受众有三个：对语言结构感兴趣的母语人士，希望学习的非母语人士，对沃雷艾语有专业兴趣的语言学家。

《雅浦语语法指南》，约翰·塞耶·詹森（John Thayer Jensen）、约翰·巴蒂斯特·露（John Baptist Iou）、拉斐尔·迪费（Raphael Defeg）及利奥·达维格·普格拉姆

(Leo Davig Pugram)合撰,夏威夷大学出版社 1977 年版。该书为雅浦人所写,并非语言教学的教学工具,而是用于开发双语课程和解释语言结构。

《雅浦语—英语字典》,约翰·塞耶·詹森(John Thayer Jensen)、拉斐尔·迪费(Raphael Defeg)、利奥·达维格·普格拉姆(Leo Davig Pugram)及约翰·巴蒂斯特·露(John Baptist Iou)合撰,夏威夷大学出版社 1977 年版。该书涉及了派生词的条目,包括来源地和发音指南。雅浦语—英语词表位于英语—雅浦语词表之前。

五、密克罗尼西亚联邦的历史进程与社会文化

(一)密克罗尼西亚联邦的历史进程

密克罗尼西亚在 4 000 年前就已有人类居住,其历史可以追溯到遥远的古代。然而,直到 16 世纪它才被西方航海者发现。19 世纪,与欧洲的接触促成了密克罗尼西亚的社会变革,对当地部落形成重要影响。波纳佩和雅浦这两个高岛,因其独特的地理位置和资源优势,逐渐成了殖民统治和商务活动的中心。这些中心地区的城镇也随之发生了翻天覆地的变化。人们从偏远地区和岛屿纷纷迁移至此,寻求更好的生活机会。随着货币经济的引入,私立及公立学校纷纷建立,这些中心地区取得了类似西方模式的社会和政治的发展。在这一过程中,这些中心地区当地部落中接受了西方教育培训的成员很快形成了一股新的社会和政治中坚力量,他们经常挑战传统权威。同时,不断扩大的家庭规模面临忠诚度和母系氏族关系的削弱,新出现的工薪劳动者阶层更加忠诚及依赖于核心小家庭和父系关系,这些都令传统领导阶层紧张不安。

密克罗尼西亚的被殖民统治是从 1886 年西班牙在加罗林群岛的雅浦岛建立管理总部开始的。次年,第二个西班牙管理总部在波纳佩州设立。但外国人在密克罗尼西亚设立的第一个代表机构并不是西班牙的这个总部,因德国公司早于西班牙几十年就在马绍尔和加罗林群岛的贸易往来中占据着优势。干椰子肉贸易为这里的经济注入了活力,使得这些岛屿成了重要的经济中心。当西班牙接管加罗林群岛时,当地经济被德国的贸易公司如赫士姆公司、加鲁特公司、DHPG 公司等所把控,德国以西班牙没有对加罗林群岛进行实际控制为由挑战西班牙的统治。1885 年 10 月,德国吞并了加罗林群岛,并在把它交给西班牙之前统治了几个月。最终这个问题以和平方式由教皇利奥八世作出

公断,裁决结果是这两个国家的统治在这个群岛共存。西班牙殖民统治官员控制政府,德国贸易机构则控制经济。在雅浦,西班牙官员的统治并没有遭到重大反抗,他们所遇到的小抵抗均来自当地的牧师对自己在社会中传统威望和职权的丧失而表现出的反抗。然而,1887年西班牙殖民统治者抵达波纳佩时,却遭遇当地居民的强烈抵抗,反抗者杀死了西班牙的统治者和几个追随者。随后,天主教牧师和士兵们因马德尼尼市的一所临近新教徒教堂的新建教堂的奠基事件引发了第二次反对西班牙人统治的战争,当地的反抗者们再次出击,杀死了建设教堂的工人和士兵。

德国在加罗林群岛设丘克、帕劳、伯纳佩、雅浦四行政区,科斯雷岛归入伯纳佩,行政区政府由地区长官及数名官员构成。

在经济方面,德国殖民者进行了大规模的经济改革,为了给加罗林群岛的殖民统治筹集经费,对该岛上年满16周岁的居民征收人头税。为了鼓励农业的发展,德国引进了土地资格登记制度,特别是在伯纳佩地区。为了提高干椰子肉的出口产量,他们要求密克人将所有未经耕作的土地都用于种植椰子。为了推动基础设施建设,德国将所有男劳动力安排到公共建设项目如码头、公路和公共建筑去劳动。他们还在雅浦岛挖掘了一条隧道来缩短岛两端的通行距离。

德国殖民者还进行了社会改革。在德国到来之前,岛上的酒精中毒和抽烟问题很猖獗,这个问题甚至在9—10岁的男孩和女孩中广泛存在。德国殖民者通过颁布禁止向密克罗尼西亚人出售酒的命令解决了该问题。

在德国殖民统治时期,加罗林群岛遭受了几次剧烈的台风袭击。台风毁坏了椰子树和其他农作物,迫使德国殖民者把居民从偏僻的地势低的珊瑚岛重新安置到地势高的岛上去。尽管如此,椰子树的损失仍导致干椰子肉的产量连续几年下降,对当地经济产生了不小的冲击。为了缓解这一压力,雅浦的一些居民被疏散到马里亚纳群岛的塞班岛上,与早在19世纪就定居在那里的同乡们汇合。同时,还有一些居民被重新安置到伯纳佩的索科斯市。然而,这些措施并未能完全平息当地居民的反抗情绪,伯纳佩的索科斯市居民反抗德国人统治的意愿尤为强烈,最终导致了起义的爆发。起义的结果是,起义的领导者被处死,其余起义者被驱逐到帕劳的一个小岛上。

德国的统治结束于第一次世界大战。英国和日本之间达成了一项秘密协议,将德国在太平洋的殖民地进行了瓜分。赤道以北的地区由日本占领,赤道以南的地区由英国人占领。1914 年,日本海军作战队占领了加罗林群岛、北马里亚纳群岛和马绍尔群岛,整个过程并未发生流血冲突。日本侵略军迅速将每个主岛变成自己的占领基地,指挥官直接成为行政区政府的首领,一个具有行政管理职能的机构就此产生。紧接着,日本在当地设立了学校,并指派军队官员担任教职,短短三个月内,便在密克罗尼西亚建立了新殖民地。

1919 年,战胜的同盟国在巴黎凡尔赛宫创立了国际联盟,并对战争果实进行了瓜分。然而,此时日本已稳固掌控这片德国前殖民地长达五年,且毫无放弃之意。实际上,日本代表已积极主张其在密克罗尼西亚的领土地位应获国际承认,因日本已在该地区实现了社会、政治及经济方面所谓的发展。

国际联盟不顾和平大会主席反殖民主义的表态,坚持在太平洋地区授予了多个委任托管权,其中日本被授予对密克罗尼西亚的托管职责。在国际联盟的委任托管权下,日本把密克罗尼西亚看成自身领土的一部分,密克罗尼西亚人受到日本天皇的统治,并被要求遵守日本的法律。

日本在南太平洋地区开始殖民统治,其私人公司便得到了政府津贴的资助,在密克罗尼西亚开展贸易活动。同时,日本殖民者从冲绳引入农民,种植蔬菜、块茎类植物和谷物,这些农产品与渔产品一同被出口至日本。

农业和渔业资源的有效开发、磷酸盐矿的开采以及干椰子肉产量的提高,使得密克罗尼西亚经济已经能够实现自给自足,因此,日本政府停止了向密克罗尼西亚提供 25 年之久的援助。然而,从日本在密克罗尼西亚开始殖民统治起,其社会政策就显现出对当地人的不平等对待。例如,在教育领域,日本殖民政府设立了两种类型的学校:一类专门招收日本儿童,另一类则是面向密克罗尼西亚人的公立学校。明显可见,日本学校的设施条件要优于密克人的公立学校。公立学校最长学制是 5 年,学业结束后,只有表现最优秀的学生才有机会被选拔进入位于帕劳 KOROR 的木工技能学校继续深造,而这部分学生仅占少数。尽管日本提供的教育有失公平,但至少建立了面向每个孩子的教育体系。

在急速发展的经济形势下,日本并不想培训密克罗尼西亚人使之有能力管理政府或扮演重要角色。日本南太当局专门针对密克人设立了两个职位:一个是村落酋长,主要负责作为联络官沟通当地居民与日本南太当局;另一个则是协助村落酋长工作的助理。

第二次世界大战之后,美国人将所有外国势力都赶出了密克罗尼西亚。随着他们的离开,密克罗尼西亚的经济也随之崩溃了。由于日本统治时期对密克人实行的低水平教育,密克人缺乏知识技能和核心技术,以至于连重建水电站这些公共设施的能力都没有,像建立社会服务设施、创建行政管理机构这些问题都留给了新殖民政权来解决。但美国海军并没有培训人才来管理这块新领土的打算。美国海军最初的统治管理政策就反映出这个问题。由美国海军上将签发的第一个指示就显示出"政府最小化政策"的特点。美军高级代表专员对此政策作出解释,"美国海军不是统治这些岛屿而是管理它们,美国作为新的管理者认为没有必要过度干预当地人快乐简单的生活"。

这个"政府最小化政策"作为美国人之后长达 15 年的管理基调,即使在 1947 年密克罗尼西亚成为联合国的托管地之后也没能改变。到 19 世纪 60 年代为止,该托管领土的全部预算资金是 700 万美元。美国人尝试用为数不多的预算资金建立新殖民地,在每个社区建立了小学,随后相继建立了初级中学,1952 年第一所普通高中在丘克州建成。

公共卫生的发展较缓慢,美国人意识到为了满足密克罗尼西亚人的卫生保健需求,必须培训当地的卫生保健人员。因此,他们主要依赖设在斐济的医学院校来培养密克罗尼西亚的卫生保健人才。

美国管理者对利用渔业和农业发展托管领土的经济并不抱太大期望。他们曾尝试将渔业产品出口至关岛,但由于该产业的不确定性,这一尝试最终停止。在伯纳佩的农业项目中,他们虽然发现了几个有潜力的作物品种,如苎麻、可可、胡椒和水稻,但由于病虫害的侵害,这些项目均以失败告终。在农业和渔业发展的连续挫折后,干椰子肉生产继续成为托管领土上主要的经济来源。

美国人管理的第二段时期开始于 19 世纪 60 年代初期,其关注焦点主要集中在三个关键事件上:1961 年联合国代表团的访问报告;在马绍尔群岛上脑灰质炎传染病的流行;到 1960 年,托管领土仍受到联合国在二战后制定并遗留下来的为数不多的托管制度的管理。

期间,美国政府对托管领土投入了前所未有的大量资金。与 1947 年至 1962 年间年均不足 750 万美元的预算相比,1963 年至 1978 年间的年均预算增加至 5 800 万美元,涵盖了美国的教育和卫生保健项目的所需资金。

1965 年,美国主动提出成立密克罗尼西亚议会,目的在于改变托管领土的政治前景并作为权力平衡,服务于美国利益。成立两年之后,密克罗尼西亚议会打算在托管领土的未来政治地位上起到积极的作用,并将此意向正式通知美国。1967 年,他们要求美国管理机构派遣特遣队来了解情况并为这块托管领土寻求可供选择的政治地位。但美国政府没有将此事操作成功,为此密克罗尼西亚议会创立了联合委员会来调查托管制度下如何解决未来政治地位问题。在对其他独立领土进行了一年的参观考察后,联合委员会与美国政府进行了谈判并建议该托管领土实现自由联盟的政治身份。

与美国的正式谈判开始于 1969 年,经过长达 17 年的谈判双方终于签订了《密美自由联系条约》。根据《密美自由联系条约》,密克罗尼西亚联邦获得内政、外交自主权,安全防务 15 年内由美国负责。在这 17 年中,这块托管领土分裂成 4 个政治实体:与美国有自由联系条约协议的 1 个联邦和 3 个独立的国家。1979 年,在马里亚纳、马绍尔和帕劳行政区举行的公民投票否决了密克罗尼西亚联邦的宪法草案,此事标志着该托管领土的正式分裂。同一年,丘克、科斯雷、伯纳佩和雅浦四个行政区正式组成了一个叫做密克罗尼西亚联邦的政治联盟。

1979 年,托管领土的四个行政区批准认可了密克罗尼西亚联邦宪法并实行了自治,3 月选举出了新的国家议会成员,5 月议员就职。之后议员们从他们中间选举出了第一位总统和副总统。

总统和副总统上任之后的第一项任务就是成立行政和司法机构,新的行政机构效仿美国政府执行机构的官僚政治体系结构,密联邦议会批准爱德华·金为密联邦最高法院的首席大法官并设立了司法机关。立法机关继承了过渡时期的密联邦议会的行政官员和职责。

1986 年,自由联系条约执行之前,密联邦政府逐步建立起自己的行政机构。为了能吸引资格高的人员到新的联邦政府机构工作,密政府制定了高于州政府官员工资的补助标准。当 1986 年自由联系条约开始执行时,出现了新的雇佣紧张问题。到 1987 年,联邦政府机构已经在规模和资金上能与前托管领土管理总部的人员水平相抗衡了。在 20 世纪 90 年代,值得关注的事情是联邦政府和州政府被迫裁员和削减工资,联邦政府和州政府的许多雇员都受到援款减少的影响,他们担心会因此被解雇和降低工资,所以联邦政府和州政府开始了一项提前退休的计划,该计划对那些愿意从政府职位中提前退休的官员一次性支付两年工资。

1990 年 12 月,联合国安理会召开会议,结束密克罗尼西亚联邦的托管地位,并于 1991 年 9 月 17 日接纳其为联合国正式会员国。2003 年,密美双方就《密美自由联系条约》续约事项达成协议,将该条约延长 20 年,2004 年 5 月起生效。密克罗尼西亚联邦是联合国、太平洋岛国论坛、太平洋共同体、太平洋岛屿发展计划、太平洋椰子共同体、亚太广播联盟、亚太经社理事会、亚洲开发银行、国际民航组织、世界卫生组织和国际奥委会等 19 个国际和地区组织成员。2021 年 2 月,密联邦宣布退出太平洋岛国论坛。

(二)密克罗尼西亚联邦的社会文化

密克罗尼西亚联邦的居民深知陆地与海洋的瑰丽与丰饶,故发展出与周遭环境相契合的定居方式。每个居住岛屿均划分为市镇、村庄(市镇的组成部分)及农庄(村庄内最小土地单位)。在景观布局上,人们展现了多样化的安排方式,既有分散的居住点散于各处,也有井然有序且并不显得拥挤的村庄聚集。

密联邦的自给经济以种植林木作物(主要是面包果、香蕉、椰子和柑橘)和根作物(主要是芋头和山药)为基础,辅以渔业。密克罗尼西亚的基本经济单位是家庭,主要由大家庭组成。在密克罗尼西亚大部分岛屿上发现的较大的独居社会群体是母系氏族。传统的政治制度,如波纳佩的酋长统治制度和雅浦的毗龙理事会,继续在今天的密克罗尼西亚联邦人民的生活中发挥重要作用。

在密联邦,每个州都形成了独特的文化特征,这对潜在的外来者,特别是那些有兴趣访问或投资岛屿的人来说非常重要。在科斯雷州,教会在日常生活中发挥着极其重要的作用;在丘克州,宗族关系仍然是一个重要因素;雅浦州继续作为最传统的社会而存在,拥有密联邦传统的种姓制度。

密联邦的宗教主要是基督教,分为罗马天主教和新教,其他教会包括后期圣徒、基督复临安息日会、上帝大会、耶和华见证会、巴哈伊信仰等。岛上到处都有各种教派的教堂,密联邦 50% 的人是罗马天主教徒,47% 是新教徒,3% 是其他教派的教徒。

雅浦州、丘克州与波纳佩州三州法律均承认本州传统领导者(科斯雷州无传统领袖)的地位和权力。传统领袖享有相当高的威望与地位,其他民众对他们十分崇敬。在重大传统节日上,传统领袖要入座贵宾席位,晚辈要单腿跪地,用长竿从树上摘取用鲜花编织的花边帽和花环给领袖戴上,并需低头(不得用眼看)向其敬食和敬献萨考酒。晚辈不得在传统领袖和长者面前喝酒与抽烟。在雅浦州还建有专门的男人屋,系用草搭建的长方形高脚屋,男人们围坐在屋内,其中一端坐着传统领袖,这是传统领袖训话或商量本族大事的屋子。

在雅浦州,各个村庄都有保存完好的聚会场所,当地人称其为"派拜"(Pe'bai)、"法鲁"(Faluw)。派拜是人们的活动场所,法鲁则沿海设立,作为男人的工作场所和民众学习传统手工技能的场所。

密克罗尼西亚人的重要交通工具为独木舟,独木舟由树叶风帆和人力驱动,由信风、星星和洋流指引,是岛民的交通工具和食物运输工具。每年 11—12 月,雅浦传统航海协会(The Yap Traditional Navigation Society)都会举行一年一度的独木舟节,节日持续三天。

生活在密联邦岛屿的居民拥有着独特实用的技能,如修筑茅屋、编织垫子、种植作物、狩猎野猪、制作独木舟、编织鲜花,这些成了岛民生活的重要组成部分。密联邦因此多能工巧匠,手工艺品包括用木材、贝壳、棕榈或香蕉纤维制作的配饰、编织袋或雕刻物品。能够显示密联邦独特手工艺传统的是丘克爱情木(Love Stick)与魔鬼面具(Devil)。按照丘克传统,每个年轻的男人拥有两根非常个性化的长短不一的爱情木,上面雕刻着相同的图案。短的爱情木用来整理自己的头发,长的爱情木则用来送给女人。如果一个男人喜欢一个女人,他就会把长的爱情木插入女人的小屋。如果女人喜欢该男人,就会把爱情木拉进屋内(暗示男人可以进去);如果女人把爱情木推出去,则表示她对该男人没有兴趣。丘克魔鬼面具也由来已久,传说从前在托儿岛上有个魔鬼一直从饥饿的人们那里偷窃食物,所以人们就雕刻了魔鬼面具,当魔鬼出来时,被吓得直接跑掉,再也没有回来。从此,雕刻魔鬼面具的传统便流传下来。

密克罗尼西亚有着丰富的口述历史。这段历史的一部分成为独特的音乐遗产。传统音乐一代又一代地传承着,在收听当地电台时,游客容易听到密克罗尼西亚流行音乐的独特声音,密克罗尼西亚流行音乐也在各州发展了自己的特色。密联邦的流行音乐明显受到传统音乐的影响,同时也受到了美国乡村音乐、西方音乐、雷鬼音乐和现代欧洲音乐的影响。

密联邦比较有代表性的传统舞蹈有雅浦舞蹈与波纳佩舞蹈。雅浦的丘路舞(Churu')世代相传,象征历史与习俗的传承。跳舞时,男人和女人分开各自起舞。波纳佩传统舞蹈中的男女身着草裙,头上戴着鲜花和树叶编织的饰品,皮肤上涂抹着椰子油。舞蹈形式包括棍舞(Stick Dance)和边舞边唱的行进舞(Marching Dance)。

(三)有关密克罗尼西亚联邦文化习俗的研究论著

对密克罗尼西亚联邦习俗和文化的研究论著,主要包括以下几种。

《密克罗尼西亚风俗和信仰》，由吉恩·阿什比（Gene Ashby）编纂，雨天出版社 1983 年版。书中所写的代表性岛屿有帕劳、北马里亚纳群岛联邦、雅浦、雅浦外围、丘克、丘克外围、波纳佩、波恩佩外围、科斯雷、马绍尔拉塔克群岛和马绍尔群岛拉利克群岛。该书涵盖了五方面文化主题，它们代表了密克罗尼西亚生命周期的重要方面：生育，土地和食物，婚姻、传说和信仰，传统技能，死亡。文章中穿插着密克罗尼西亚谚语和信仰。这些文章之所以重要，是因为其中的文化特征是由岛民自己记录的。

《密克罗尼西亚民间传说》，凯瑟琳·罗马拉（Katherine Luomala）撰写，载于《芬克和瓦格纳尔的标准词典：民俗、神话和传说》，由玛丽亚·利奇（Maria Leach）编辑，芬克和瓦格纳尔出版社 1950 年版。罗马拉调查了当时可用的文献，并对该主题进行了概述。

《密克罗尼西亚民俗文化变迁》，罗杰·E. 米切尔（Roger E. Mitchell）撰写，载于《民俗研究所杂志》1972 年第 9 卷。米切尔假设，当传统文化走向更先进的技术生活方式时，年轻一代的重要性变得更大，并且人们可以利用民俗学将过去与现在联系起来。

《密克罗尼西亚民俗档案》，赫克托·H. 李（Hector H. Lee）编纂，关岛大学图书馆 1970 年版。该书展示了密克罗尼西亚的民间传说，材料主要来自在关岛社区的采访。值得一提的是桃木那（幽灵）故事（taotaomona stories）和当地风俗信仰（如求爱、送礼）。

《密克罗尼西亚民间故事》，罗杰·E. 米切尔（Roger E. Mitchell）编纂，亚洲民俗研究所 1973 年版。该书包含 81 个民间故事，按主题分类，并有很多注释，是密克罗尼西亚民俗研究的概述。

《来自吉尔伯特群岛的移民、神话和魔法：阿瑟·格林布尔的早期著作》，阿瑟·格林布尔（Arthur Grimble）撰，由罗斯玛丽·格林布尔（Rosemary Grimble）整理并图解，劳特利奇和凯根保罗出版社 1972 年版。罗斯玛丽·格林布尔编辑了她父亲阿瑟·格林布尔关于吉尔伯特群岛的咒语和传统故事的田野笔记。她用自己对贝鲁和巴纳巴的记忆对它们进行注解，并补充了从莫德（H. E. Maude）那里获得的笔记内容，在书中把它们呈现给成年读者。这些条目非常详细地描述了在吉尔伯特群岛内的咒语、仪式和禁忌，例如爱情药水、生育仪式、结婚仪式和航海的禁忌和仪式。

《永不和永远：密克罗尼西亚社区学院学生搜集的密克罗尼西亚传说、寓言和民间故事》,吉恩·阿什比编纂,雨天出版社 1989 年版。该故事选集基于口头传统,汇集了"八个不同的方言区域"。主题包括好与坏、英雄主义、尊重、兄弟／同伴竞争、超自然和起源／创造理论等,由于其口述性起源,这些故事在风格和语言上都较为简单。

《太平洋岛屿传说:密克罗尼西亚、美拉尼西亚、波利尼西亚和澳大利亚》,博·弗劳德(Bo Flood)、贝雷特·E. 斯特朗(Beret E. Strong)、威廉·弗劳德(William Flood)编纂,康妮·J. 亚当斯(Connie J. Adams)插图,贝斯出版社 1999 年版。讲故事在太平洋地区是世代口头相传的信息传递方式。本故事集面向中学生,包含从密克罗尼西亚、美拉尼西亚和波利尼西亚群岛精选而来的口头文学作品。

《吉尔伯特北部的传统故事》,由泰恩·蒂罗巴(Ten Tiroba)编辑,里德·考威尔(Reid Cowell)翻译,南太平洋大学太平洋研究所 1989 年版。该书是 20 世纪20 年代的 22 个民间故事的翻译本,吉尔伯特的母亲们把这些故事传给她们的孩子们。文本是为吉尔伯特语读者设计的,因此当英语翻译不充分时,译者选择保留当地方言。

《密克罗尼西亚文学》,玛丽·斯宾塞(Mary L. Spencer)编纂,刊发于《密克罗尼西亚研究杂志》1992 年第 1 卷第 2 期。该文研究了密克罗尼西亚居民(范围包括关岛、北马里亚纳群岛自由邦、密克罗尼西亚自由邦、马绍尔群岛共和国)的识字水平,通过普查数据和岛屿学校系统的标准化测试确定。作者从居民对英语和土著语言的熟练程度来调查识字情况。

《密克罗尼西亚报道(阿加纳,关岛):总部,太平洋岛屿托管领土,1956—1980 年》,该杂志每月一期。第一期出版于 1951 年 11 月,1956 年更名为《密克罗尼西亚记者报》,1968 年成为季刊。它的特色是更深入的报道和更长的文章,文章向读者介绍了美国托管下的岛屿的文化和传统。

《密克罗尼西亚:关岛大学学报》,由关岛大学 1964 年开始出版。《密克罗尼西亚》是以自然科学为主的学术期刊,收录了人类学、考古学、语言学和民族学领域的文章。该期刊为密克罗尼西亚和西太平洋地区的自然科学、应用科学和社会科学的初步研究建立了一个交流的平台,尽管出版周期不规律,但至今仍在出版中。

六、共建"一带一路"与中密交流合作

中密人民友好交往的历史源远流长。中国政府高度重视发展中密关系，始终将密联邦作为好兄弟、好伙伴、好朋友。1989年两国建交，此后中密关系快速发展。2013年秋，习近平主席提出共建"一带一路"重大国际合作倡议，得到国际社会积极响应。中方视密方为共建"一带一路"倡议的重要伙伴，在基建、经济技术援助和农业、渔业传统合作领域基础上，加大对科学、教育、文化、卫生、民间交往等领域投入，与密方开展广泛合作，共同努力推动共建"一带一路"和构建人类命运共同体。共建"一带一路"是最大的国际合作平台，也是实现人类命运共同体的具体举措，必会为中密的美好未来提供强大动力。

2014年，习近平主席和密联邦领导人决定建立相互尊重、共同发展的战略伙伴关系，翻开了中密关系新的一页。2017年，密联邦总统克里斯琴对中国进行了成功访问，习近平主席同克里斯琴总统就推进中密战略伙伴关系达成重要共识。2018年，习近平主席与密领导人一致同意将中密关系提升为全面战略伙伴关系。2019年，在中密建交30周年之际，密联邦总统帕努埃洛在就职不到半年内即对华进行了历史性国事访问，习近平主席与帕努埃洛总统就深入发展中密全面战略伙伴关系达成了重要广泛共识，为中密关系未来长远发展指明了方向。帕努埃洛总统重申，中密建立在一个中国原则基石上的伟大友谊将不断迈上新高度。

至2019年9月，中国在密联邦实施了近20个成套项目和经济技术合作项目，包括已建成并投入使用的农业示范中心、运12飞机、在雅浦州和丘克州使用的客货两用船、密联邦各州多功能体育场、科斯雷州大桥、丘克州政府新办公楼等，以及实施中的波纳佩州二级公路升级改造和卡玛桥建设，还有丘克州公路修复和改造升级、第二艘客货两用船和波州政府办公楼维修等。中国已向密联邦提供200多个奖学金名额，为密方培训了500多名管理和技术人才。双方关系发展良好的原因在于：一是密方坚定恪守一个中国原则，二是坚持平等相待，三是坚持相互尊重，四是坚持共同发展。

为开展中密两国文化交流，国家汉办从2006年起在密克罗尼西亚大学派驻一名汉语教师，为学生开设汉语教程。2010年10月，中国教育国际交流协会代表团第一次访问了中南太平洋岛国地区，代表团应密方邀请，分别拜会了密联邦外交部、教育部和密克罗尼西亚大学。双方就进一步加强中密两国的教

育交流与合作交换了意见,并就密克罗尼西亚大学教师到中国培训、中国教师去密讲学及安排密联邦青年赴华留学等问题进行了深入探讨。密克罗尼西亚大学已与上海海洋大学、浙江海洋大学等建立了校级关系。中国政府每年均提供政府奖学金,以使更多密联邦青年学生到中国接受高等教育。

在共建"一带一路"合作框架下,中方在密实施一系列公路、桥梁、体育场、办公楼、学校等合作项目,中密持续深化农业技术合作。其中,中国援建的波纳佩州二级公路被当地民众誉为密联邦"最好的公路",中国援建的体育场已成为当地地标建筑,中国援密示范农场成为造福当地的"民心工程"。与此同时,中方充分考虑密联邦实际需求,同当地政府和社区通力合作,一批批防灾减灾、农业、卫生等领域民生项目相继落地,实实在在地增进了密方人民福祉。

韦斯利·西米纳总统任职以来,中密两国关系继续稳固发展。应国家主席习近平邀请,密克罗尼西亚联邦总统韦斯利·西米纳于2024年4月5日至12日对中国进行国事访问。4月3日,时任中国外交部发言人汪文斌在例行记者会上介绍了密克罗尼西亚联邦总统此行访华的有关情况,"此访是西米纳总统就任以来首次对中国进行国事访问,两国领导人将就双边关系发展及共同关心的问题深入交换意见"。汪文斌说,中方愿同密方一道,以此访为契机,增进政治互信,深化务实合作,扩大人文交流,推动中密关系进一步向前发展。4月9日下午,国家主席习近平在北京人民大会堂同韦斯利·西米纳总统举行会谈。习近平指出,中方愿同密方一道,以两国建交35周年为新起点,保持各层级交流对话,加强各领域互利合作,推动中密关系迈上新台阶。双方要坚守两国全面战略伙伴关系的政治定位,坚持互利共赢、共同发展的合作基调,加快推进共建"一带一路"合作,加强基础设施项目合作,密切文化、卫生、教育、地方等人文交流。欢迎更多密克罗尼西亚联邦青年来华深造。西米纳表示,习近平主席提出的全球发展倡议、全球安全倡议、全球文明倡议,对帮助发展中国家实现共同发展、促进世界和平稳定繁荣具有重要意义;感谢中方长期以来为密克罗尼西亚联邦等太平洋岛国经济社会发展提供宝贵帮助,愿在共建"一带一路"框架下深化农业、渔业、经贸、投资、旅游、数字经济等领域合作,共同应对气候变化。中国在太平洋岛国地区的合作有利于地区的和平与发展,密方将继续积极促进岛国同中国合作。在两国政府和人民的共同努力下,中密关系正稳步、持续地向前发展。

第八章

库克群岛语言文化研究

一、库克群岛语言概况

（一）库克群岛概况

库克群岛（Cook Islands）位于南太平洋法属波利尼西亚与斐济之间，由面积不等、发展程度不一的 15 个岛屿组成，就像小宝石一样散落在塔希提岛和萨摩亚之间的一大片海域上，是一个占地约 240 平方千米的岛群。从地理上讲，库克群岛分为两组岛屿：南部群岛和北部群岛。位于库克群岛南部的 8 个小岛树木茂盛、土壤肥沃，位于北部的群岛则地势较低、土质相对贫瘠，多产珊瑚。拉罗汤加岛是库克群岛的主岛，也是库克群岛南部岛屿之一，首都阿瓦鲁阿就在这个岛上。

库克群岛岛屿分散、人口稀少，贸易机会较少，因此基本经济供给费用非常高昂。截至 2023 年 6 月，库克群岛总人口为 2.02 万。值得注意的是，约 6.2 万库克群岛公民住在新西兰，因为库克群岛与新西兰自由联合自治，公民有自动获得新西兰国籍的权利，可以在新西兰不受限制地居住、学习、工作和领取社会福利。库克群岛财政收入主要依靠外援，其中 60％ 来自新西兰和澳大利亚。自 2004 年起，两国联合实施对库克群岛的援助，由新西兰国际开发署负责协调。库克群岛的防务由新西兰协助，不设军队。

（二）库克群岛简史

库克群岛的原住民是 6 世纪时从塔希提移民而来的毛利人。因此，库克群岛最早的本族语为毛利语。

16 世纪是地理大发现、殖民主义发展的一个世纪。西班牙作为欧洲环球探险和殖民扩张的先驱，在各大洋开拓贸易路线，从西班牙横跨大西洋到美洲，从墨西哥横跨太平洋，最终到达了库克群岛。最早关于库克群岛的记录就是 1595 年西班牙水手圣贝尔纳多留下的。1606 年，一位为西班牙王室工作的葡萄牙水手（佩德罗·费尔南德斯·德基罗斯）在拉卡杭阿登陆，为库克群岛取名 "Gente Hermosa"，义为 "漂亮的人"。

1773 年，英国航海家詹姆斯·库克船长探险到此地，即以 "库克" 命名。1888 年，库克群岛沦为英国保护地。1901 年 6 月，库克群岛成为新西兰属地。1964 年，库克群岛在联合国监督下举行全民公决，通过宪法。

1965 年 8 月 4 日，宪法生效，库克群岛实行内部完全自治。此后，库克群岛全面负责内政，而新西兰则继续负责国防和外交事务。在处理外交事务时，库克群岛作为一个主权独立国家有能力与各国政府、区域和国际组织签订条约和其他国际协定。1989 年，新西兰政府致函联合国，声明库克群岛有完全的宪法能力自主处理其对外关系和签署国际协定，希望国际社会将库克群岛作为主权国家对待。

（三）库克群岛语言概况及本族语特点

库克群岛的语言包括英语、库克群岛毛利语（或拉罗汤加语）和普卡普坎语。库克群岛毛利语的方言包括彭恩语、拉卡汉加 - 马尼希基语、阿提乌语、米蒂亚罗语、毛克语、艾图塔基语和曼盖语。库克群岛毛利语及其方言变体与塔希提语和新西兰毛利语都有密切联系，普卡普坎语被认为与萨摩亚语密切相关。

由于历史原因，库克群岛曾沦为英国保护国，其语言生态不可避免地受到影响，殖民主义者的官方语言英语占据了政治主导地位，并随着历史沿革逐渐在库克群岛推广、使用。

根据《毛利语法案》，英语和库克群岛毛利语（库克群岛毛利语的法律定义包含普卡普坎语）是库克群岛的官方语言。

1. 库克群岛毛利语特点

毛利语属于庞大的南岛语系中的波利尼西亚语族,800—1 000年前,由波利尼西亚航海者带到新西兰,因此与其他语族成员有共同的特点。比如,有的学者就认为,毛利人的语言、文化及传统建筑与中国台湾的阿美族很类似,文化上有许多共通点(Wangcy,2020)。

毛利语是新西兰土著语言,也是库克群岛的官方语言之一,在毛利族的文化和身份认同中扮演着重要角色。库克群岛毛利语主要指的是拉罗汤加毛利语(拉罗汤加岛居民所说的毛利语口语及语法和教科书所用的书面变体),也包括 Manihikian 毛利语或 Maukean 毛利语,因为每个岛都有自己的方言。据说这些方言彼此之间没有很大的差别,只有 Pukapukan 例外(Kennedy,1984)。

毛利语原来是没有文字的。英国移民来到库克群岛之后,开始采用拉丁文字拼写毛利语。毛利语只有15个字母,分别如下:元音 A、E、I、O、U,辅音 H、K、M、N、Ng、P、R、T、W、Wh,其中"R"是颤音、"Wh"基本上发 /f/ 音或 /Φ/ 音,但亦有发 /h/ 音或 /hw/ 音的。

毛利语是一种濒危的少数民族语言,因为在很大程度上,自然代际传播已经停止。现代讲毛利语的大多数人要么是在第二次世界大战之前或期间出生和长大的那几代人,要么是已经把毛利语作为第二语言的年轻人。就使用场合而言,毛利语多在毛利人集会时作为首选语言使用,如正式的演讲和歌唱等活动。在宗教场合,比如正式的教堂服务中,毛利语也比较受欢迎。然而,在其他场合,如家庭、工作、学校、社区,英语还是有着绝对优势。

对于外岛的人来说,教哪种毛利方言也一直是个问题。学校的材料都是用拉罗汤加毛利语书写的,这也是在拉罗汤加生活和工作时所需要的标准毛利语。但当孩子们开始上小学时,他们只熟悉当地方言。Mitiaro 一所中学的一位校长曾想在学校里推行 Mitiaro 方言,但家长们一直反对,因为他们认为这不会有助于孩子们找到好工作。

2. 英语对毛利语的影响

1769 年詹姆斯·库克到达库克群岛后,欧洲殖民者以捕鲸、传教等方式越来越多地参与到当地人的生活中。在西方文化、语言、宗教活动的冲击下,毛利语也随之发生变化,最典型的表现就是借词(虽然也有像 miere(蜂蜜)这样的词是从法语 miel 借来的,但从英语借词的案例更多、更明显)。

　　毛利语的音位和英语差别较大，因此在借用英语单词时发生了较大的改变。比如说，毛利语中的塞音不像英语那样有清浊之分，英语中的 /d/ 在毛利语中通常发音为 /r/，如 peke—bank/bag、kuihi—goose、tīhema—December、kari—card。毛利语中也没有齿擦音，所以英语中的齿擦音在借词中通常发 /h/ 音，和摩擦音同时出现时有时发 /ti/ 音，如 hahi—church、hoiho—horse、penihana—pension。毛利语里的 /r/ 相当于英语里的 /r/ 和 /l/，有时候也取代 /d/ 和 /dʒ/，如 reta—letter、miraka—milk。毛利语里没有辅音群和词尾辅音，所以英语里的辅音群要么通过增加元音的方式进行拆分，要么仅保留一个辅音，如 aihi kirīmi—ice cream、miraka—milk 就是增加了元音，poutapeta—post office、peke—bank 则是简化了辅音群。英语中的词尾辅音在毛利语中通常表现为增加一个新的元音，如 raiti—light、pamu—farm、pere—bell（Harlow，2006）。

　　正如其他语言中发生的借词现象一样，当词汇被借用到另一种语言中时，它们就有了自己的生命，有可能会获得原语中该词所没有的意义。毛利语中的hereni（herengi）在英语中是"先令"（shilling）的意思，后来在毛利语中泛指钱，wiki（week，星期）在英语中仅用作名词，在毛利语中则变成了一个动词，意思是"过星期天"（Harlow，2006）。

（四）库克群岛语言研究现状

1. 库克群岛毛利语研究现状

　　毛利语是波利尼西亚语中最早有文献记载的语言之一。詹姆斯·库克第一次航行期间编制的单词表就是早期记录之一。1815 年，Kendall 出版了第一本毛利语出版物，这一版主要包括了字母表、单词列表和短语，1820 年，他出版了第二本毛利语出版物，这一版包含了更多的语法描述。其后出现了更多类似的教科书，其中 19 世纪最重要的是 Maunsell（1842）、W. L. Williams（1862）和 Aubert（1885）的著作，20 世纪最重要和最有影响力的是 Biggs（1969）、Waititi（1970，1974）和 Moorfield（1988，1989，1992，1996）的著作。所有这些著作都对毛利语的语法有所描述，但直到 20 世纪 90 年代才出现了完全参考语法。Bauer（1993）以 Routledge（Lingua）描述系列为框架描写了毛利语语法，细节详尽，是学习毛利语的信息宝库。Harlow（2001）的语法研究没有 Bauer

那么详尽,其著作受众是毛利语的高阶学生,主要对毛利语阅读或演讲中会遇到的结构类型进行了阐释说明。

与此同时,毛利语词典编纂也与描写性著作同步发展。继早期单词表之后,W. L. Williams(1844)编纂了第一版毛利语词典。直到今天,最新的版本(H. W. Williams, 1971)仍然是毛利语的主要学习资源。其后,毛利语词典最重要的补充是 H. M. Ngata(1993)的《英语—毛利语词典》。

尽管有如此多的材料,关于毛利语的语言学研究真正开始于 Biggs 的博士论文(1961)。从那时起,更多的学者致力于毛利语语法研究,发表了大量的硕士和博士论文(Harlow, 2006)。

2. 库克群岛英语研究现状

库克群岛英语的研究多围绕语言规划、语码转换和语言教学开展(Kennedy, 1984; Balawa, 1996)。Tixier 和 Early(1980)进行了一项关于库克群岛南部群体对毛利语和英语的语言态度的研究,这项研究也是为了推进库克群岛语言教学方案规划而进行的。此外,Biewer(2008a, 2008b, 2009a, 2009b, 2011, 2012)在其 2008—2012 年的一系列著作中陆续对萨摩亚英语和库克群岛英语这两个独特的 ESL 变体的典型特征进行了描述。Wiglesworth(1996)在其一篇未发表的硕士论文中讨论了一小部分她称之为"库克群岛毛利英语"的语义、语音和句法特征,但她的语料仅限于五个拉罗汤加居民(其中一个只有 11 岁),只确定了三个不同的语法特征,而且对库克群岛英语一般现在时用法的讨论也并不精确。因此,就目前对库克群岛语言的研究来看,Biewer 的著作可以说是第一个讨论库克群岛语言语法特征的系列出版物,其中包括现在完成时和情态助动词的使用。Biewer(2012)探讨了语言态度和这些变体的隐性编码。

库克群岛人有时会在同一个句子里同时使用毛利语和英语,Crocombe(2003)将这种语言变体表述为"Maroro Māori"。Jonassen(2003)认为,在库克群岛,语码转换或语言交叉是一种不好的现象。Mathews(2000)对这一说法持反对态度,他认为语码转换是一种身份行为。语言交叉使说话者能够在同一对话中改变立场,与他们所使用的语言以及他们认为对话者所属的社区保持团结或距离。而 Balawa 则认为这是语言的扭曲(Mugler & Lynch, 1996)。

二、语言教育与语言政策

（一）库克群岛的语言教育

库克群岛的正规教育是在19世纪20年代通过伦敦传教士引进的（Vaimene，2003）。自1827年以后，英国通过传教士对库克群岛产生了相当大的影响，但直到1888年，库克群岛才被宣布为英国的保护国。在那之前，库克群岛上的知识和技能都是通过家族分享的方式世代相传的。随着社会的发展进步，库克群岛人很快就意识到孩子们不能仅仅掌握继续在岛上生活所需的技能，而应该接受正规教育，从而为在更广阔的世界中生存、生活做好准备。到了1880年，大多数孩子都能读写毛利语。

1901年，库克群岛被新西兰吞并，成为新西兰属地。殖民地期间，英语被定为库克群岛的官方语言。英语官方语言地位的确立，确保了英语在库克群岛的威望，即便后来库克群岛恢复了独立主权，英语仍然为其政府的主要工作语言。

在库克群岛，罗马天主教徒早在1888年以前就开始在学校教授英语（Kennedy，1984；Wiglesworth，1996），在库克群岛成为英国保护国之后英国政府立即强调库克群岛的教学应以英语进行，并应使用新西兰教科书（Kennedy，1984；Gilson，2003）。1895年《学校法》规定英语为教学媒介（Kennedy，1984）。但是，与萨摩亚一样，库克群岛直到1954年才建立了第一所中学（位于拉罗汤加）。另外一点也与萨摩亚类似，库克群岛直到1946年才制定了一份全面且影响深远的教育报告，并因此制订了一项奖学金计划，使学生能够在新西兰继续深造。

库克群岛于20世纪60年代实现了半独立，此后，其国际事务和军事防御的责任一直由新西兰承担，库克群岛得到新西兰的财政援助，所有库克群岛人都持有新西兰护照（Campbell，1989）。库克群岛实现政治半独立后并未取消英语的官方语言地位，因为翻译所有政府文件、重写所有教材耗资不菲。而且，如果要用库克群岛毛利语来教授数学和计算机科学，那么教师都要先接受培训。因此，这一时期的库克群岛需要把英语作为一种不同民族都能使用的中立、通用语言。除此以外，不少库克群岛公民也非常认可英语在国际交流中的价值，并认为它是事业成功的关键（Melcher & Shaw，2003）。因此，英语在库克群岛的政治和高等教育等领域仍然占据着重要地位。但近几十年来,库克群岛也开始重视其本族语——毛利语的保存和推广,如培训当地人担任中学教师,在课程中加入一些本土教材等。

英语在库克群岛具有官方语言的功能和法律地位,与拉罗汤加毛利语享有同等地位。在政治方面,直到 20 世纪 90 年代,库克群岛的议会辩论一直以英语进行(Lynch & Mugler,1999);现在议会的演讲和辩论也可以用毛利语,但通常立即就翻译成英文。在拉罗汤加,能熟练运用毛利语的人不多,越来越多的人担心毛利语受到英语威胁。因此,库克群岛的政治家开始有意识地在官方场合使用毛利语,而且也已经通过一项法案,支持在官方场合使用毛利语。但在议会中,英语依然是主要工作语言(Biewer,2015)。

教育方面,当前库克群岛的学校课程主要采用双语教学法,使用库克群岛毛利语和英语来传播知识、价值观和文化,为学生提供在各种情况下运用库克群岛毛利语和英语的机会,促进学生双语能力的提升。但年长的库克群岛人表示早些时候在拉罗汤加,毛利语是被禁止在学校使用的,他们会因为在课堂或课间使用毛利语而受到惩罚。如今,年轻人则表示他们在学校说毛利语时从未受到过惩罚。事实上,现在的教师更担心他们在毛利语课上说英语。有的上小学的孩子请求教师使用英语讲课,因为他们听不懂毛利语。库克群岛毛利语社区非常关注这种明显的语言转变,并试图在其他科目中重新引入毛利语。一位来自中学的教师说,他的学生使用毛利语和英语的比例约为 20∶80,但库克群岛毛利语社区领导希望这一比例能达到 50∶50(Biewer,2015)。

库克群岛各岛屿居民的毛利语和英语能力水平并不均衡。有研究(联合国教科文组织,2010)表明,库克群岛居民毛利语的语言能力与其居住地和主岛拉罗汤加的地理位置关系直接相关。在较偏僻的北部群岛,达到高标准和低标准毛利语水平的学生比例均为最高。南部群岛(该统计所述南部群岛不包括拉罗汤加岛)学生的成绩虽然没有北方群岛学生的成绩高,但仍显著高于拉罗汤加的学生。超过 1/3 的拉罗汤加学生达不到毛利语的最低能力标准。拉罗汤加毛利语成绩不高的原因通常是家长和教师把英语作为高等教育和职业所需的主要语言放在首位。有意思的是,英语能力刚好呈相反趋势,拉罗汤加学生的英语能力最强,南部群岛较弱,北部群岛最弱(只有 1/3 的学生达到最低能力标准)。

目前,库克群岛正在采用各种方法提高拉罗汤加学生的毛利语语言技能。

但不好的一点是,对毛利语的重视导致了对英语教学和学习的忽视,因此有的学生毛利语的熟练程度并没有增加,英语的熟练程度反而下降了。就像城市地区的萨摩亚人或斐济人一样,拉罗汤加的学生有时在课间休息时也使用英语,有的是因为感觉说毛利语不安全,有的认为这是一个身份问题,他们不想让其他朋友知道他们是毛利人。

外岛(库克群岛拉罗汤加岛以外的所有岛屿)的学校教育与拉罗汤加的学校教育有很大区别。外岛接触英语的机会通常只限于学校和电视。大多数外岛很小,有的只有一名英语教师,这很大程度上影响了学生对英语的熟练程度,并可能在不同的岛屿上产生不同模式的石化现象。有的岛屿虽然有中学教育,但并没有相当于 A 级考试的水平测试,也没有新西兰学校证书(New Zealand School Certificate)(库克群岛的教育系统与新西兰的教育系统有着密切的联系,库克群岛的学生都要参加新西兰的考试),学生要么必须在最后一年去拉罗汤加,要么参加南太平洋大学(拉罗汤加)的远程学习课程。许多父母把他们的孩子送到拉罗汤加的亲戚那里上学,甚至和全家人一起搬到那里接受更好的英语教育。

两种语言在私人场合的使用情况也因岛而异。外岛的年轻人在与他们的朋友、兄弟姐妹交谈时通常使用毛利语,只有在与不懂毛利语的人交谈时才使用英语;朋友之间有时也会两种语言混用。对于拉罗汤加的年轻人来说,则刚好相反,和朋友、兄弟姐妹交谈时多用英语,只有当对方英语不好时才会说毛利语。具体使用哪种语言交流也和礼貌原则有关,当对方用一种语言说话时,人们通常会用同样的语言回答。在拉罗汤加,年轻人的语言偏好也受到同龄人的影响。有的孩子在家里不许任何人使用毛利语,理由是他的朋友都不说毛利语,有时也有学生因为讲毛利语而被同学取笑。

读物方面,库克群岛有三家英文报纸:《库克群岛新闻》(周一至周六出版)、《库克群岛时报》(周末出版)和《库克群岛先驱报》(周报)。其中,只有《库克群岛时报》设有毛利文专栏,另外两份报纸是全英文的。其他印刷媒体也大多以英文出版,仅有个别毛利语出版物(如 Mana Maori Media 从 1992 年开始出版了一本毛利语杂志),但潜在买家数量太少,出版商用英语以外的语言印刷出版物的盈利空间不大。

同样,广播和电视节目大部分是使用英语。库克群岛电视台有自己的毛利语和英语本地节目,也会从新西兰电视台购买国际新闻及其他节目

（Crocombe,1992），还有 CNN 的国际新闻（Hunt & Keller,2003）。但 2003 年之前，库克群岛只有拉罗汤加能接收电视信号（Lynch & Mugler,1999）。总的来说，社会服务主要是用英语提供的，媒体主要是用英语运作的，与毛利语相关的资源较少（Biewer,2015）。

（二）新西兰的语言政策

正如前文所述，作为一个与新西兰自由联合的自治国家，库克群岛与新西兰关系密切，其公民有自动获得新西兰国籍的权利，在新西兰可以不受限制地居住、学习、工作和领取社会福利。因此，要了解库克群岛的语言政策，有必要先了解新西兰的语言政策。

新西兰政府于 1987 年通过《毛利语法案》，将毛利语确立为官方语言，并制定了政府层面的毛利语战略。政府还为毛利语相关的教育举措（如各学段的毛利语沉浸式教育）和媒体发展（如毛利语广播电视）提供支持，资助由社区发起的毛利语倡议、对毛利语进行的定期态度调查等。

鉴于毛利语基本上已经不存在自然代际传递，新西兰毛利语事务部于 1982 年成立了第一所以毛利语为教学及交流语言的幼儿园（Kohanga Reo），并为发展语言巢穴（Language Nest）毛利学前学校（Te Kohanga Reo）提供进一步的支持，使儿童有机会从小接触毛利语及毛利传统文化。但语言巢穴的实施在早期也遇到了不少问题。虽然教育部当时表示公共教育系统将完全有能力接纳从这种单一语言的毛利学龄前学校毕业的儿童，但后来事实证明行不通，一些超过学龄的儿童为了继续在毛利语环境中接受教育只能继续留在毛利学前学校学习。1985 年，新西兰建立了第一所所有课程均使用毛利语授课的小学（Kura Kaupapa Mäori），以解决政府学校无法管理新的学龄儿童的问题，这项措施也得到了政府的批准和资助。而且，一些 Kura Kaupapa Mäori 还将课程扩展到高等教育的最后一年。因此，目前学生能够通过毛利语接受整个学前、小学、中学以及高等教育（Kaplan & Baldauf,2003）。新西兰的语言巢穴倡议采用了真实、传统的教育模式以促进民众土著语言的学习，在促进语言和文化发展方面取得了较大的成功（Pohatu,2006），对其他国家有着一定的借鉴意义。

新西兰主要有两个毛利语规划组织，一个是毛利语委员会（Te Taura Whiri Te Reo Ma'ori），另一个是毛利语发展部（Te Puni Ko'kiri）。毛利语委员会的法定职能包括"实施将毛利语作为新西兰官方语言的声明"和"将毛利语作为一种活的语言和日常交流手段进行推广"。毛利语发展部成立了一个毛利语言和广播团队。虽然其他机构也有推广毛利语的职责（例如教育部向新西兰的毛利人和非毛利人提供毛利语教育），但毛利语委员会和毛利语发展部是新西兰级别最高的语言规划机构。

毛利语委员会第一次大规模的运动是1995年的"毛利语年"活动，活动旨在"提高毛利语在毛利人以及整个新西兰社会中的地位"（Chrisp，1997）。该活动被命名为"He Taonga Te Reo"（毛利语是一种宝藏），有三个主要目标：鼓励毛利人在日常活动中学习和使用毛利语；强调毛利语在新西兰历史和现代社会中的地位；在新西兰更广范围内激发人们对毛利语的善意（Chrisp，1997）。面向普通民众的活动包括一系列的电视小品、海报、图书馆展览、开放日、毛利主题展览、表演艺术节以及流行歌曲等。

2000年，毛利语委员会发起了一项历时五年的"走进毛利语"项目，旨在"让毛利语走进新西兰人的心中"（毛利语委员会，2000）。

毛利语委员会在描述其对毛利语这一濒危语言的语言政策时，采用了"regeneration"（再生）一词，并于2007年发布了准则，指出再生一种语言包括：

（1）提高人们对语言和语言问题的认识；

（2）对语言持积极和重视的态度；

（3）学习语言；

（4）不断发展语言；

（5）使用语言（Julia Sallabank，2013）。

然而，尽管新西兰政府为促进土著语言作出了如上努力，但据统计新西兰讲毛利语的百分比在这一期间还是有所下降（Bauer，2008）。根据2006年的人口普查，新西兰有157 110人说毛利语，仅占毛利总人口的23.7%，而且研究也表明非毛利人对毛利语的态度远不如毛利人积极（Boyce，2005）。

正是在这种背景下，毛利人发展部部长于2010年启动了一项审查，委托名为"Te Paepae Motuhake"的毛利语专家审查小组审查部落、社区和毛利语提供者的愿望以及各种政府服务在回应这些愿望方面的有效性。审查的目的是为政府在毛利语复兴中发挥作用制定一个"干预逻辑"，同时确定政府对于毛利语的具体作用（Te Puni Kōkiri，2011）。在此基础上，新西兰立法机构于2016年又通过了新的《毛利语法案》（Ruckstuhl，2017）。

库克群岛语言周是新西兰为庆祝丰富多彩的库克群岛语言文化而举办的

节日，通过一系列活动来强化库克群岛人的身份、语言和文化。2023 年库克群岛语言周的主题是"Ātuitui' ia au ki te au peu o tōku kāinga Ipukarea"，意思是"将我与祖国的传统和文化联系起来"。2023 年的主题是 2022 年主题"Ātuitui'ia au ki te Oneone o tōku 'Ui Tupuna"（"将我与祖先的土壤联系起来"）的延伸，2022 年的主题旨在努力弥合许多库克群岛人民所感受到的"脱节"，而 2023 年的主题则侧重于加深人们与其文化及语言的联系。

库克群岛语言周致力于将库克群岛居民与其众多岛屿的传统、文化和方言联系起来。太平洋民族事务部长 Aupito William Sio 认为这是一个值得骄傲的里程碑，它反映了库克群岛社区及其领导人在新西兰为振兴他们的语言和文化付出的巨大努力，同时指出，要确保库克群岛语言的未来和可持续性，还有许多工作要做，并鼓励新西兰人在网上和日常生活中增加库克群岛文化和语言相关的庆祝活动。

（三）库克群岛的语言政策

语言地位受历史、语言发展状况、词典和语法书的存在与否、标准化程度、与语言最相关的社区的地位、政府支持程度等因素的影响。Kangas（1999）认为，多语种社会往往选择维持由前殖民者制定的教育制度，由此带来的问题是对不同语言的消极或积极态度会长期维持下去，而且一种被认为地位更高、用处更大、对经济和社会发展起关键作用的语言，比那些经常用于交际目的但在学校系统或高薪就业部门使用有限的语言，更能激起积极的学习态度。

语言态度反过来又会影响语言行为，进而决定这种语言在子孙后代中的保存和使用趋势（Shameem，2004），而语言态度是很难改变的。如果要改变根深蒂固的偏见，就必须制定专门的国家语言政策，为各种语言分配角色。在太平洋地区，库克群岛和萨摩亚已开始执行国家语言政策，保护和推广土著语言，并承认英语在学校系统和其他方面的地位（Shameem，2004）。目前，库克群岛正在重新引入更多的毛利语教学，以防止语言转换，而且制定了相关政策以促进毛利语的保存和推广，如《库克群岛国家文化战略和政策（2017—2030）》将语言目标列为第一位，表示将"加强库克群岛毛利语或其任何方言的使用，确保它得到保存和推广到未来"，本阶段目标为"增加库克群岛居民在家中使用库克群岛毛利语或其任何方言的人数"。

库克群岛教育部（2019）也非常重视毛利语言和文化的保护和传承，制定了如下战略目标。

（1）确保库克群岛人民的语言、习俗、环境和价值观在各级教育中得到承认、肯定和保护；

（2）教育提供者认识到并重视毛利语言、文化及习俗在培养自信的学习者和强烈的自我意识方面的重要性；

（3）在教育项目中研究、发展和实施相关的教学法，以保存或掌握库克群岛毛利语及文化习俗；

（4）确保继续传播关于传统做法和习俗的知识，制定并加强所有库克群岛居民全员参与的可持续发展做法和环境保护措施；

（5）确保为库克群岛文化建立与世界其他地区的关系提供了基础；

（6）尊重文化多样性，秉持社会正义，包容多种世界观，了解世界以及库克群岛与世界的关联；

（7）确保库克群岛的教育（包括毛利语言、文化及习俗）为增加就业机会和促进国家经济发展提供更多途径；

（8）认识到全球化、人口流动以及库克群岛社会和文化的不断演变给库克群岛身份认同带来的挑战。

在库克群岛教育部 2019 年发表的《TE PEU E TE AKONOANGA MAORI》一文中，有如下表述："语言是身份的组成部分。它决定了我们如何交流，我们说什么，我们怎么说。教育研究表明，学习者在母语流利的情况下，认同感的发展也有相应的优势。"库克群岛教育部认可库克群岛毛利语在维持和提高文化身份认同方面的作用，认为库克群岛毛利语和文化活动是学校各级教育课程的基础，并在语言指导纲要中提出要支持库克群岛语言、文化、传统习俗的家庭参与活动，同时以加强社区参与等方式来提高库克群岛毛利语的地位和价值。

库克群岛教育部还和文化发展部合作，共同维护和保存库克群岛毛利语和文化，在新西兰学历资格框架内制定适合库克群岛特有文化的语言、知识、技能成绩标准，并为在库克群岛以外完成高等教育的学生建立强有力的支持系统，以便这些在海外完成学业的学生在取得学术成就的同时能够保持身份认同感。

除实施新西兰的语言巢穴倡议，库克群岛教育部也提出了自己的保护语言及文化的倡议。根据库克群岛的课程框架，库克群岛的教育应该培养库克群岛人民的技能、知识素养、态度和价值观,以确保库克群岛语言和文化的可持续性发展及经济增长,使库克群岛人民能够在生活的各个领域发挥其最大的作用。库克群岛课程旨在培养学生强烈的库克群岛认同感和在其社区中充分发挥作用的能力(库克群岛教育部,2002)。此外,库克群岛教育部的《终身学习:库克群岛 2008—2023 年总体规划》强调了儿童的身份认同以及语言和文化在促成库克群岛强烈身份认同感中的重要性(Ali Glasgow,2010)。

目前,库克群岛在选择参与教师培训候选人时还会评估其毛利语的知识能力水平,参加培训的教师应具备教授拉罗汤加毛利语的能力。除此之外,他们还从外岛招聘精通方言的候选人,以便在外岛社区任教(库克群岛教育部,2002)。

三、传统文化与社会发展

(一)库克群岛传统文化传承与保护状况

今天,尽管许多库克群岛居民已经拥有且能够使用诸如汽车、摩托车、电视、计算机、互联网之类的现代产品和技术,但他们仍然坚守着传统的文化习俗,例如独特的命名方式、传统音乐、舞蹈、木雕、Tivaevae、酋长制。

命名是岛上毛利人的象征性传统。名字(First Name)不仅与祖先、后代和朋友联系在一起,而且与头衔、土地以及事件有关。出生、结婚、死亡等事件可能会导致改名,出现坏兆头时也有可能改名。名字在男女之间是可以互换的,姓氏在一个家庭中也会因人而异(Jonassen & Jon,2003)。

库克群岛的音乐种类繁多,基督教音乐非常流行。Imene tuki 是一种无伴奏声乐形式,以词组末尾独特的波利尼西亚语调下降,以及无意义音节的断续节奏性爆发(Tuki)而闻名。在库克群岛到处都可以看到和声歌唱教堂音乐的人们,听到各种各样的赞美诗以及婚礼和葬礼音乐,每个岛屿都有自己的传统歌曲。

传统舞蹈是库克群岛最突出的艺术形式。每个岛都有自己独特的舞蹈,每个岛都有几项年度比赛。库克群岛最受欢迎的传统舞蹈之一是毛利乌拉舞(Maori Ura),这是一种神圣的仪式,通常由一名女性通过移动身体以不同姿势来讲述故事,并伴随着至少 5 名鼓手的激烈鼓声。故事通常与海洋、鸟类和花卉等自然景观有关,有时也表达爱、悲伤等不同情感。

　　木雕是库克群岛常见的艺术形式。南部岛屿位置临近，雕刻风格也极为相似，但每个岛屿的木雕都有自己的特色，例如拉罗汤加以其渔夫神和杖神而闻名，阿提乌因其木制座椅而闻名，米蒂亚罗、毛克和阿提乌则主要制作狼牙棒和石板神，曼盖亚则以其礼仪扁斧而闻名。大部分原始木雕要么被早期欧洲收藏家偷走，要么被传教士大量烧掉。今天，雕刻不再是新西兰毛利人所强调的精神文化的主要艺术形式。然而，库克群岛人努力使年轻人对他们的遗产感兴趣，在年长的雕刻家的指导下，库克群岛制作出了一批相当精美的佳作。

　　外岛盛产传统编织的垫子、篮子和帽子。妇女去教堂时都会戴由椰子、棕榈的未成熟纤维编织而成的礼帽，相当于波利尼西亚版的巴拿马草帽，制作精良，深受来自塔希提岛的波利尼西亚游客的喜爱。

　　库克群岛的主要艺术形式是"Tivaevae"，这是一种由波利尼西亚妇女制作的传统绗缝艺术品。这个词的字面意思是"被子"，指的是缝在一起的材料。Tivaevae 通常在非常特殊的场合，作为生日和结婚礼物送给重要的访客，或者用来遮盖逝去的亲人的身体。Tivaevae 的价值不是用货币或生产成本来衡量的，它的价值体现在创作者在制作一件令人惊叹的艺术品时所付出的爱和耐心。库克群岛的女性经常形容她们的 Tivaevae 是"发自内心的东西"。岛上很少有人出售 Tivaevae。阿提乌岛上的 Atiu 纤维艺术工作室是库克群岛唯一一个商业生产和销售 Tivaevae 的地方。

　　库克群岛的社会等级制度和 Tapu（神圣事物）由 Ariki（高级酋长）控制，每个岛屿通常有 3 到 6 个高级酋长。每一个高级酋长都是一个部落的统治者。在社会等级制度中，Mataiapo 和 Rangatira（小首领）等级较低。酋长的控制权是由其出身、成就和地位所产生的法力（权力）来建立的。如果酋长受欢迎的程度下降，就会被认为缺乏法力，可能会导致其丧失社会控制力。Are Ariki 是库克群岛的议会机构，成立于 1967 年，由权力有限的高级首领组成。

　　根据 1950 年颁布的《库克群岛修正法案》，一切土著文物、使用古代土著工具和按照土著方法制作的物品、所有其他具有历史或科学价值或利益的物品，以及与库克群岛有关的物品都应受到保护（Boer & Ben, 1996）。库克群岛的文化活动由库克群岛国家艺术委员会协调，该委员会于 1985 年依据议会法案成立，其管理机制的目标是促进岛屿的文化保护和发展，由文化司负责运作。20 世纪 80 年代末，库克群岛首相杰弗里·亨利热衷于推广岛上文化，建立了许多纪念碑，还成立了文化发展部，并为其提供财政支持。1990 年《文化发展部法》废除了

1981—1982 年的《国家艺术委员会法》，并规定进一步加强保护库克群岛的文化遗产，鼓励其文化艺术形式，以及维护其岛民独特的文化民族特性。

库克群岛旅游局还在拉罗汤加岛的 Arorangi 修建了库克群岛文化村，该村的规划包括传统形式的房屋、园艺区和文化表演的礼堂，用来呈现岛屿的历史以及舞蹈、捕鱼、编织、木雕、医药和食品制作等传统技术。游客们可以跟随酋长参观文化村小屋，学习库克群岛和波利尼西亚文化的历史、航海文化、当地医药文化、古老的捕鱼技术、服装和塔帕制作技术等。

（二）当代社会特点与外界影响

1. 库克群岛当代社会特点——政治

库克群岛自 1965 年 8 月 4 日起与新西兰自由联合自治。自那时以来，库克群岛全面负责内政，新西兰则继续负责国防和对外事务。在处理外交事务时，库克群岛作为一个独立主权的国家与国际社会互动，有能力与其他政府签订条约及国际协定。自 1991 年新西兰准许库克群岛外交自主化以来，库克群岛已与 64 个国家建立了正式外交关系，不断在国际舞台上以主权国家身份亮相，不断扩大全球足迹。库克群岛不是联合国成员国，是联合国开发署、联合国粮农组织、联合国教科文组织、世界卫生组织、世界气象组织、国际民航组织、国际海事组织、亚洲开发银行、国际红十字会等国际组织的成员，是英联邦和联合国亚太经社会联系成员国，是太平洋共同体、太平洋岛国论坛、论坛渔业局、非加太集团等地区组织的成员。

库克群岛的政府形式可以说既是宪政君主制，也是议会民主制。国家元首是英国国王查尔斯三世。国王在库克群岛设有个人代表。政府制度以威斯敏斯特模式（类似于英国和新西兰）为基础，该模式规定立法机关、行政机关和司法机关实行权力分立。库克群岛议会为一院制，由 24 名议员组成，每 4 年举行一次大选，根据普选制以无记名投票方式选出，通过审查、辩论和颁布法案制定法律。司法机构由高等法院和上诉法院组成，通过审理和裁决案件来实施法律，可向（英国）枢密院司法委员会提出上诉。高等法院设有民事、刑事和土地司，由司法部负责法院的管理。

Ariki 众议院经库克群岛宪法承认由 24 名部落最高酋长组成，他们根据各自部落传统和习俗继承头衔。法院确认其遵守授职惯例后，最高酋长们在国外代表面前宣誓,并被正式授权终身在 Ariki 众议院任职。之前 Ariki 众议院只能讨论议会提交的事项,在过去几十年中,政府放宽条件,允许众议院在与政府机构合作时灵活处理文化、习俗和传统等相关问题。

1965 年库克群岛独立时,库克群岛宪法赋予了库克群岛充分的立法权力,但也规定现行法律应继续适用。因此,新西兰颁布的 1915 年《库克群岛法》仍然有效,普通法和《库克群岛法》规定新西兰颁布的其他条例,如 1908 年《伙伴关系法》和 1956 年《受托管理人法》也同样有效。自 1965 年以来,随着库克群岛制定了自己的成文法,《库克群岛法》的许多条款已逐步被废除(OECD,2015)。

2. 库克群岛当代社会特点——经济

自 20 世纪 90 年代中期以来,库克群岛经济增长强劲,2021 年人均国内生产总值约 1.48 万美元。21 世纪初,库克群岛的经济增长轨迹良好,但在 2008 年和 2010 年,由于全球经济危机,库克群岛出现了负增长。其后,这一趋势发生了逆转,2012 年国内生产总值增长率达到了 4.4%。库克群岛的经济主要以旅游业为基础,少量出口热带水果和柑橘类水果,制造活动仅限于水果加工、服装和手工艺品,国内生产总值主要来自旅游业,国际金融服务约占国内生产总值的 3.2%,其主要贸易伙伴是新西兰、澳大利亚和斐济(OECD,2015)。

库克群岛在贸易自由化和降低进口关税方面一直是该地区的领头羊,并被认为是履行《太平洋岛国贸易协定》义务方面最合规的国家。但该国严重依赖进口和旅游业,因此极易受到外部经济流动的影响,这可能会对该国的债务承受能力产生巨大影响。不确定的全球经济前景和任何重大的负面变化都有可能对库克群岛政府的金融健康构成严重风险(WHO,2015)。

近年来,库克群岛主要致力于开发旅游业、鼓励离岸银行业以及扩大采矿业和渔业,一定程度上刺激了经济发展和增长。旅游业是库克群岛占国内生产总值 50% 以上的主要经济驱动力。拉罗汤加国际机场于 1974 年开放,使库克群岛的旅游业增长迅速。而且随着农业生产减少、出口不足和生计经济大大减少,库克群岛经济越来越依赖旅游业。

与许多其他南太平洋岛国一样,库克群岛受制于地理位置,与其他国家距离较远,鱼类以外的自然资源缺乏,基础设施建设较为落后,且遭受自然灾害的周期性破坏,贸易逆差较大。

总部设在悉尼的智库洛伊研究所(Lowy Institute)的一项综合研究显示,2018年,澳大利亚、新西兰、中国和亚洲开发银行(Asian Development Bank)等主要捐助方为库克群岛及周边太平洋岛国提供的外国援助高达31亿美元,援助金额约相当于该区域国内生产总值的8.5%。洛伊研究所的报告称,2013年用于库克群岛的援助金额不到2 300万美元,而2018年则达到了5 713万美元。2021/2022财年至2023/2024财年,新西兰对库克群岛援助预算为7 600万新元。2021/2022财年至2023/2024财年,澳大利亚对库克群岛援助预算为800万澳元(中华人民共和国外交部网站,2024)。

经济学家维恩·威奇曼(Vaine Wichman)认为库克群岛收到的财政援助水平充分反映了该国的发展水平,能够兼顾合作伙伴和库克群岛的发展需求(Samoglou, 2020)。

3. 全球化对库克群岛的影响

互联网、卫星电视的兴起以及更频繁、更低成本的航空旅行增强了西方和全球文化对库克群岛文化、社会和生活方式的影响。在全球化大背景下,库克群岛大量人口向新西兰和澳大利亚移民。截至2023年6月,库克群岛人口为2.02万人,另有大约6.2万人居住在新西兰(中华人民共和国外交部网站,2024)。

这种大规模的人口移徙对库克群岛的影响之一就是增加了库克群岛人对全球化语言——英语的需求,同时也使毛利语的地位更加岌岌可危。Baker(2006)发现,以少数民族语言为母语的父母注重英语的学习,以增加他们孩子在教育和职业上取得成功的机会。对于许多库克群岛儿童,特别是拉罗汤加的儿童来说,英语已经成为一种有助于他们找到好工作或获得奖学金去海外学习的魅力语言(Sperlich, 1994)。

虽然新西兰专门设立了毛利语委员会和毛利语发展部,通过了相关政策法规以鼓励毛利语言文化的保存和推广,但研究表明,包括库克群岛毛利语在内的许多太平洋岛屿语言现在都已经处于危险之中,在新西兰移民家庭,毛利语的自然代际传播基本上已停止,英语在政治、经济、教育等领域占据主导地位。而在库克群岛,受全球化及早期殖民文化的影响,英语已成为库克群岛的通用语言,在年轻人中比毛利语更受欢迎;能流利地讲库克群岛毛利语的人越来越少。传统上毛利语是在家庭代代相传的,而现在教育系统必须专门培养有资质教授毛利语的教师,把毛利语作为第二语言来教。语言是文化保护的重要组成部分,濒危语言的丧失无疑会导致整个区域许多文化特征的丧失。

大规模移徙也对该国的人口构成产生了深远影响。从斐济、菲律宾和中国输入的劳动力,正在形成新的族裔人口群体,以补充该国短缺的劳动力。而管理人员和专家人员则主要来自新西兰和澳大利亚,因此收入的上层是新西兰人和澳大利亚人,这也加剧了库克群岛收入不平等的状况。外国劳动力增加的同时,外国投资也增加了。虽然《国家人口发展计划》认识到人口减少是一个关键问题,并假定该计划的执行将会使"库克群岛成为库克群岛人所希望居住的地方",但该计划尚未提出直接和有针对性的政策来解决人口减少问题。

另外,全球化对于库克群岛的传统文化也产生了深远的影响。一方面,旅游业作为库克群岛的经济基石为库克群岛带来了大量的经济收入,为吸引更多游客到来,库克群岛重点开发更具民族特色的旅游项目,如拉罗汤加岛的高地天堂文化中心(又被称为"失去的村庄")、库克群岛文化村,一定程度上促进了毛利传统文化的保存和推广。另一方面,伴随全球化的深入和西方文化的输入,库克群岛的传统家庭模式也发生了变化。之前库克群岛的家庭模式是传统的大家族"kopu tangata",包括父母及其子女、姑姑、叔叔、堂兄弟姐妹和父母堂兄弟姐妹的子女、祖父母和曾祖父母。长辈、父母在家族中备受尊重,他们是家庭谱系、文化和传统的守护者。然而,现在库克群岛的家庭模式逐渐从大家庭单位转变为较小的核心家庭单位,平均家庭由两名成人和两名被抚养人组成(截至 2006 年)。随之而来的是,库克群岛核心家庭对住房的要求也逐渐有西方化的趋势,这一点在拉罗汤加最为明显(OECD,2015)。

四、共建"一带一路"与中库语言文化交流

(一)中国与库克群岛双边交流合作现状

1997 年 7 月 25 日,中国同库克群岛签署建交公报,建立了大使级外交关系。自中库建交以来,库克群岛多任总理——亨利(1998 年)、温顿(2004 年)、马鲁莱(2005 年、2007 年)、普那(2011 年、2013 年)访华,两国签署了《中国同库克群岛政府贸易协定》《中国政府和库克群岛政府经济技术合作协定》等。

2006 年 4 月,时任国务院总理温家宝在斐济出席"中国—太平洋岛国经济发展合作论坛"期间会见库克群岛总理马鲁雷。同年 7 月,时任外交部部长

李肇星访问库克群岛,会见看守内阁总理马鲁雷和外长拉斯穆森。2007年5月,时任全国人大常委会委员、外事委员会副主任吉佩定率团出席在库克群岛举行的第六届太平洋岛国论坛议会大会对话会。国家主席习近平分别于2014年11月、2018年11月在斐济楠迪、巴布亚新几内亚莫尔斯比港同库克群岛总理普那会晤,双方建立了相互尊重、共同发展的全面战略伙伴关系。

2013年9月和10月,中国国家主席习近平在出访中亚和东南亚国家期间,先后提出共建"丝绸之路经济带"和"21世纪海上丝绸之路"的战略构想,得到国际社会高度关注。2018年11月,中国和库克群岛签署了《关于共同推进丝绸之路经济带和21世纪海上丝绸之路建设的谅解备忘录》,共建"一带一路"为中国同库克群岛以及库克群岛同世界其他国家加强经贸联系和互联互通、更好地参与经济全球化进程提供了新的路径。

中国和库克群岛自1997年建交以来,非常注重文化方面的交流,如2011年8月,广东省文艺代表团赴库克群岛演出,并参加库克群岛宪法日活动,10月下旬至11月上旬,库克群岛旅游部长毕晓普出席在昆明举行的中国国际旅游交易会,并访问北京、上海等地,11月,库克群岛文化发展部长希瑟率团出席广东国际旅游文化节。2016年,库克群岛副总理兼文化、基础设施部长希瑟访问广东省,时任广东省政协副主席林木声率广东省艺术团、汕头杂技团访问库克群岛并举行专场文艺演出。2017年8月,文化部派遣的艺术团赴库克群岛举行文艺演出(中国新闻网,2020)。

与此同时,双方的经贸关系发展也比较快。中库1997年的双边贸易总额为14.5万美元;2005年比之前增长了近五倍;2019年,中库双边贸易额为4 440.9万美元,同比增长了477.6%。

中国和库克群岛同属发展中国家,自双方建交以来,中国积极开展南南合作,与库克群岛分享应对自然灾害、基础设施建设、疫情防护等方面经验并加以援助,帮助岛国提高可持续发展能力,改善民生,如在库克群岛遭受奥拉夫飓风袭击后中国援助3万新西兰元助其救灾(2005),援助库克群岛拉罗汤加岛供水项目(2014—2017),捐赠重型机械设备和珍珠养殖设备帮助外岛基础设施建设及经济发展(2015),援建库克群岛阿皮尼考学校(2017—2018),分享抗击疫情经验,捐赠新冠病毒检测试剂盒、防护服、呼吸机、呼吸器等防疫用品(2020)。

除帮助库克群岛建设供水设施、学校、体育馆等,中国还通过设立孔子课堂、派遣教师等形式助力当地文教事业发展。2015年10月8日,拉罗汤加南太平洋大学库克群岛校区孔子课堂揭牌仪式在库克群岛主岛拉罗汤加岛举行,这是库克群岛第一个孔子课堂。尼古拉斯部长表示,孔子课堂将在多个领域为库克群岛及其人民提供更多的发展机会,为加强中库合作发挥重要作用。南太平洋大学计划为学生开设多门中文课程,并考虑逐步将中文课程纳入该校正式学分课程(中华人民共和国驻新西兰(库克群岛、纽埃)大使馆网站,2015)。库克群岛第一批汉语学生大多来自政府、银行、媒体等机构,也包括设计师、自由职业者以及一些中学生,平均年龄 35 岁。多数学生学习汉语或是因为工作需要,或是在为将来的发展做准备(宿亮,2015)。2019 年底,库克群岛孔子课堂成功申请成为汉语考试海外考试中心,于 2020 年正式开展汉语水平考试的相关工作(南太平洋大学孔子学院,2020)。

（二）存在问题与对策

中库双方建交尤其是共同签署《关于共同推进丝绸之路经济带和 21 世纪海上丝绸之路建设的谅解备忘录》以来,加强了经贸往来及文化交流,双方的互利合作取得了显著进展,但仍有较大发展空间。如库克群岛景色优美,旅游业为其国民经济的支柱产业,每年有大量的中国游客来此游玩,虽然大部分中国游客会说英语,但是在就医、住宿等紧急时刻,由于很多景点和酒店名称是毛利语,给中国游客造成了极大不便。

人文交流是共建"一带一路"的重点领域之一,也是中国与太平洋岛国合作的重要依托。在中库未来的经济文化交往中,双方有必要进一步加强人文交流,如斐济南太平洋大学孔子学院下设库克群岛校区孔子课堂的志愿者教师绘制了拉罗汤加岛的中文地图并交给当地旅游局;南太平洋大学校区主管罗德里克·迪克森也表示希望库克群岛旅游局可以加强与南太平洋大学及南太平洋大学孔子学院的合作,适当让更多旅游服务业从业者及相关人员来库克群岛校区孔子课堂接受中文基础培训,以便提供更好的服务,以促进库克群岛旅游业的繁荣发展。

另外,中国和库克群岛都是非常重视传统文化的国家,双方可以通过互办文化年、艺术节等活动来交流保护和传承传统文化习俗、非物质文化遗产等方面的经验,还可以通过举办电影节、电视周和图书展等活动加强双方文化交流,拓展国民文化视野,让库克群岛毛利语言文化走进中国,也让中国传统文化走进库克群岛。

第九章

基里巴斯的语言文化状况

一、基里巴斯语言概况

基里巴斯共和国（The Republic of Kiribati），简称基里巴斯，位于太平洋中部，有"太平洋肚脐眼"之称。陆地面积 811 平方千米，海洋专属经济区面积 350 万平方千米。基里巴斯人口 12 万（截至 2024 年 4 月）。于 1979 年脱离英国获得独立。全国由 33 个岛屿组成（其中 21 个岛有常住居民），分属吉尔伯特群岛、菲尼克斯群岛和莱恩群岛三大群岛。从其东部的圣诞岛到最西部的巴纳巴岛，分布于赤道上 3 800 千米长的海域，拥有世界最大海洋保护区。基里巴斯是世界上唯一纵跨赤道且横越国际日期变更线的国家。

（一）基里巴斯通用语言

基里巴斯通用两种语言：基里巴斯语和英语。基里巴斯官方语言为英语，居民中通用基里巴斯语和英语。

基里巴斯语通常写作 I-Kiribati（又作 I Kiribati，I 和 Kiribati 之间无连字符），或 the Kiribati Language（基里巴斯语：taetae ni Kiribati），偶尔也称作"吉尔伯特语"（Gilbertese），全世界有 7 万多使用者，有两种主要方言：北部方言和南部方言，它们之间的主要区别在于某些音的发音不同。布塔里塔里岛和马金岛也有自己的方言，在一些词汇和发音上与标准的基里巴斯语不同。基里巴斯语跟加罗林语关系最近；有 1/4 的词与波纳佩语同源，属南岛语系密克罗尼西亚语族。几乎 99% 的基里巴斯人都能说基里巴斯语。此外，在斐济、所罗门群岛、图瓦卢的人也都能说基里巴斯语。与其他太平洋语言不同的是,基里巴斯语并非濒危语言。

在基里巴斯,将英语用作第一语言的人很少,尚不足 1 000 人。但许多人将英语作为第二语言。基里巴斯的英语从当地语言中吸收了不少词语,属于印欧语系日耳曼语族。

这两种语言在基里巴斯均具有正式语言的地位。在殖民地时期,英语所处的地位更重要一些,在会议和公文中必须使用英语。今天,基里巴斯语在某种程度上具有和英语相同的地位。几乎所有的政府报告、文件甚至国家的宪法都使用这两种语言。政府各部之间备忘录、信函和正式文件的起草通常用英语,但若是涉及公众利益的问题,则使用基里巴斯语。广播节目和报纸文章往往也用基里巴斯语。

(二)基里巴斯语的发展

在独立之前,基里巴斯被称为"吉尔伯特群岛",是英国的保护地。1788年,这个群岛以其发现者托马斯·吉尔伯特(Thomas Gilbert)船长命名。基里巴斯语的拼写系统出现在 19 世纪中叶,新教传教士用其向居民宣传教义。同时,其他传教士也设计了不同的拼写系统。20 世纪 70 年代,独立后的基里巴斯政府开始注重基里巴斯语的拼写及发音标准化,并出版了基里巴斯语字典,这些都推进了基里巴斯语文学的发展。

1. 基里巴斯名称的来历

"基里巴斯"(Kiribati)一词,即群岛目前的名称,是原先欧洲名称"吉尔伯茨"(Gilberts)在吉尔伯特语(Gilbertese)语音学上的本地化。早期的欧洲游客,包括 1765 年将船停靠在尼库瑙(Nikunau)岛的海军准将约翰·拜伦,已将某些岛屿命名为金斯米尔(Kingsmill)或金斯米尔群岛(Kings Mill Islands),但在1820 年,这些岛屿被亚当·约翰·冯·克鲁森斯特恩上将以托马斯·吉尔伯特船长的名字用法语重新命名为 lesîles Gilbert。托马斯·吉尔伯特与约翰·马歇尔船长一起,在 1788 年穿越过其中的某些岛屿。19 世纪 20 年代,欧洲人、美国人和中国人频繁地进入这些岛屿进行捕鲸和石油贸易,当时欧洲人学会了说吉尔伯特语,吉尔伯特人也学会了说英语和其他外语。吉尔伯特语的第一个词汇表由"莱茵号"巡洋舰(Corvette Le Rhin)上的一位辅助外科医生于 1845

年在法国《殖民地评论》(*Revue Coloniale*)上发表。然而,直到 19 世纪 60 年代小海勒姆·宾厄姆在阿拜昂环礁建立了一个宣教团进行传教,吉尔伯特语才开始采用如今已知的书面形式。宾厄姆是第一个将《圣经》翻译成吉尔伯特语的人,他用吉尔伯特群岛的语言写了几部赞美诗集、一本词典(1908 年,死后出版)和一些评论。霍雷肖·黑尔汇编的于 1846 年出版的《美国探索探险的民族学和语言学》一书首次用英语描述了吉尔伯特语。

关于该语言的第一个完整而全面的描述发表在天主教牧师欧内斯特·萨巴蒂埃神父(Father Ernest Sabatier)的《吉尔伯特语—法语词典》中。这本完整的词典后来由奥利维亚修女(Sister Olivia)(在南太平洋委员会的帮助下)部分翻译成英语。

2. 基里巴斯外来语

吉尔伯特群岛是传教士的目的地,他们引入基督教作为传统信仰体系的替代方法,并协助将语言从口头形式转换为书面形式。翻译《圣经》(*te Baibara*)是传教士的首要职责。新教徒(1860)和罗马天主教徒(1888)必须找到或创造一些吉尔伯特群岛上没有使用过的词,例如山(te maunga,借用了夏威夷语中的 mauna 或萨摩亚语中 maunga),还要得体地翻译 God (上帝)(te Atua)。许多单词都改编自英语,如 te moko (smoke 烟)、te buun (spoon 勺子)、te beeki(pig 猪)、te raiti(rice 米)、te tai(time, a watch 时间,手表)、te auti(house 房子)。吉尔伯特语中没有斯瓦迪士核心词表(Swadesh list)中的某些词,如 te aiti (ice 冰)或 te tinoo (snow 雪)。但是,以前不存在的事物也有了吉尔伯特语的词汇表达:te rebwerebwe (motorbike 摩托车)、te wanikiba (plane, a flying canoe 飞机,飞行的独木舟)、te momi (pearl, from Hawai'i an 珍珠,来自夏威夷语)。

3. 基里巴斯书面语

基里巴斯语是用拉丁文书写的,拉丁文是在 19 世纪 60 年代新教传教士小海勒姆·宾厄姆第一次把《圣经》翻译为基里巴斯语时引入的。以前,基里巴斯语没有书面语。自独立以来,长元音和长辅音都是通过字符加倍来表示,还用几个符号来表示软腭鼻音(/ŋ/ /ŋː/)和软腭化双唇音(即 /pˠ/ /mˠ/)。宾厄姆和第一个罗马天主教传教士(1888 年)在他们书写的字母中没有通过加倍字符来表示元音的长度。自 1895 年以来,新教和罗马天主教拼写之间的差异一直是一个问题。也没有清晰地区分元音 /a/ 在软腭化双唇音，像 /pᵛ/（bw）和 /mᵛ/（mw）后的发音，这导致了旧版《圣经》和现代版《圣经》之间的差异。例如，单词 maneaba 应该写成 mwaneaba，甚至是 mwaaneaba，以及 Makin（环礁）应该是 Mwaakin（环礁）。基里巴斯新教教会最近也使用了一种不同的字母来书写这两种软腭化双唇音，"b'a" 和 "m'a" 这种组合出现在新教出版物中。

4. 基里巴斯语的翻译

翻译《圣经》的一个困难是涉及诸如 "mountain"（山）这样的词，这是当时基里巴斯群岛人民所不知道的地理现象（只有在萨摩亚神话中才会听到）。宾厄姆决定用 "hilly"（丘陵的）一词，这样更容易理解。这种调整对所有语言来说都是常见的，因为 "现代" 事物需要创造新词。例如，基里巴斯语中的 "飞机" 一词是 te wanikiba，即 "飞行的独木舟"。某些单词更改后由西方语言翻译成基里巴斯语，如 te aro，意思是物种或颜色，如今已用于宗教翻译。

天主教传教士于 1888 年抵达该群岛，并独立于宾厄姆翻译《圣经》，由此产生的分歧（宾厄姆将耶稣写成 "Iesu"，而天主教徒则写成 "Ietu"）直到 20 世纪才得以解决。1954 年，欧内斯特·萨巴蒂埃神父出版了规模更大、更准确的《基里巴斯语—法语词典》(*Dictionnaire Gilbertin-français*)（由奥利维亚修女译成英语），词典共 981 页（1971 年由南太平洋委员会编辑）。它现在仍然是基里巴斯语和西方语言之间最重要的作品。1995 年，弗里德里克·吉拉迪(Frédéric Giraldi)反过来编写出版了第一本《法语—基里巴斯语词典》。此外，圣心传教士葛莱廷·伯蒙德(Gratien Bermond)神父还增加了语法部分。这本词典可在法国国家图书馆（稀有语言部）和圣心传教士伊苏丹总部找到。

（三）基里巴斯语的基本特点

基里巴斯岛民们说到人时，用两个单词表示。他们称自己为 aomata，指复数的 "人"。其他具有不同肤色的人，特别是很高大的，被称为 Te I-Matang，字面意思是 "众神之地来的人"。

跟基里巴斯的岛民初次见面时，他们会说 Ko-na-mauri，相当于 "你好"。与英语问候语 "hello" 不同，Ko-na-mauri 通常只用于第一次见面，或者在与问候者上次见面一段时间后使用。它通常缩写为简单的 Mauri！初次打交道，岛民会问"You speak English（你说英语吗）？"英国殖民时期的遗产英语会帮助人们解决交流困难,当问到出租车时,岛民会有些遗憾地回答道:"No taxi here（没有出租车）。"

1. 基里巴斯语字母与语音

（1）基里巴斯语的字母

19世纪中期,希拉姆·宾厄姆(Hiram Bingham)牧师首次书写该语言时,他使用的字母顺序如下:"a, e, i, o, u, m, n, ng, b, k, r, t, w。"而现在,字母的顺序和英语字母的顺序是一样的,如表9-1所示。

表9-1　基里巴斯语字母表

Letter	A	B	E	I	K	M	N	NG	O	R	T	U	W
IPA	/ä/	/p/	/e/	/i/	/k/	/m/	/n/	/ŋ/	/o/	/ɾ/	/t/	/u/	/βɣ/

（2）基里巴斯的语音

基里巴斯语有13个辅音（表9-2）、10个元音（表9-3）。

表9-2　基里巴斯语的辅音

	双唇音		舌尖音	软腭音
	普通	软腭化		
鼻音	/m/ /m:/	/mɣ/	/n/ /n:/	/ŋ/ /ŋ:/
爆破音	/p/	/pɣ/	/t/	/k/
摩擦音		/βr/		
流音			/ɾ/	

t在i前面会弱化成/s/,如Kiribati。

表9-3　基里巴斯语的元音

	前元音	后元音
闭	/i/ /i:/	/u/ /u:/
中	/e/ /e:/	/o/ /o:/
开		/a/ /a:/

短元音 /i/ 和 /u/，如其后跟着更响亮的元音时可能变成半元音。/ie/ →
/je/（"sail"）。基里巴斯语中有鼻音节，尽管音节 /n/ 和 /ŋ/ 后面只能跟着同
音辅音。

2. 基里巴斯语的语法概况

基里巴斯语的基本语序是动词—宾语—主语。

（1）名词

任何名词都可以由动词或形容词加上定冠词"te"构成。

nako（to go）

te nako（the going）

uraura（red）

te uraura（the redness）

名词可以被标记为所有格形式（按人或数）。复数仅在某些名词中通过延
长第一个元音来表示。

te boki（book）

booki（books）

基里巴斯语词汇没有性别之分。生物学上的性别可以在名词后面加上
mmwaane（男性）或 aiine（女性）来表示。

te moa（chicken）

te moa mmwaane（rooster）（mwane 更常见）

te moa aiine（hen）（更常用的写法是 aine）

由于单词本身无法表示性别，在使用"兄弟／姐妹"这个词时会比较麻烦。

tariu（当所指对象与说话者是相同性别，则用这个单词来指我的兄弟或姐
妹）

maneu（当所指对象与说话者是不同性别，则用这个单词来指我的兄弟或
姐妹）

对于表示人的名词，可以使用 n 作为连接手段。

ataei（孩子）

ataeinimmwaane（男孩）

ataeinnaiine（女孩）

施事名词可以用助词 tia（表单数）或 taan（i）（表复数）构成。

（2）动词

动词不随人称、数、时态、体或语气而变化。动词范畴由小品词表示。但是，被动句中动词需要加被动后缀 -aki，比如：

E kabooa te raiti.　He bought the rice.　他买了米。

E kabooaki te raiti.　The rice was bought（by him）.　这些米是（他）买的。

任何形容词也可以是不及物动词。及物动词可以加词缀 ka-（…）-a 构成使役动词，例如："uraura"（变红）变成了"kaurauraa"（使变红）。时态通过在动词前边加上不同的助词来表示，或者通过语境来判断。动词前的助词主要包括：

a（立即、未完成和不确定）

tabe n（i）（进行时）

nang（i）（即将发生）

na（一般将来时）

a tib'a（刚刚过去）

a tia n（i）（过去完成时）

3. 基里巴斯语与英语表达的异同

（1）日期的表达

英语中一般用序数词表示日期——the first of March, the third of June, August fifth。但是，在基里巴斯语中，则使用基数词：March 4—aua ni Maati（four of March），April 17—tebwi ma itiua n Eberi（seventeen of April），并且没有冠词。

（2）疑问词的使用

与英语相似，基里巴斯使用一组疑问词来获取句子中缺失元素的信息。从功能上讲，其中一些是疑问词充当代词，可以由名词来代替。有些疑问词用作形容词，询问关于句子中某个特定名词的描述性信息。另一些则像副词，要求提供句子中动词或整个从句的信息。

4. 基里巴斯语的日常用语（表 9-4）

表 9-4　基里巴斯语的日常用语示例

英语	基里巴斯语
Welcome	Mauri

续表

英语	基里巴斯语
Hello（General greeting）	Ko na mauri Mauri
How are you?	Ko uara?
Reply to "How are you?"	Ko rab'a, I marurung. Ao ngkoe, ko uara?
What's your name?	Antai aram?
My name is . . .	Arau . . . Arau ngai . . .
Where are you from?	Kaain iia ngkoe?
I'm from . . .	Ngai boni kaain . . . Boni kaain . . . ngai
Goodbye （Parting phrases）	Ti a boo Ti a kaboo
Cheers! Good Health! （Toasts used when drinking）	Marurung!
I don't understand	I aki oota
I don't know	I aki ataia
Do you speak Kiribati?	Ko rabakau n taetae ni Kiribati?
Yes, a little （reply to "Do you speak . . . ?"）	Ko rabakau n taetae ni Kiribati?
How do you say . . . in Kiribati?	Teraa n te taetae ni Kiribati te taeka ae . . . ?
Excuse me	Taiaoka
Please	Taiaoka
Thank you	Ko rab'a Ko bati n rab'a

二、基里巴斯的语言政策与语言教育

（一）基里巴斯语和英语教育

基里巴斯总体属于密克罗尼西亚民族。尽管有人认为他们的祖先是美拉尼西亚人。有人说基里巴斯和萨摩亚群岛有密切的联系，可追溯到 13 世纪。

基里巴斯的地方和官方语言都属于密克罗尼西亚方言,通用于所有岛屿中。也有很多人说图瓦卢语,这和他们与图瓦卢的联系有关。在图瓦卢通常说英语,且在所有政府部门中都能通用。通常情况下,其他岛屿居民不说英语。在学校里,学生最晚从五年级开始学英语,有一些学校一年级就开始学习。

从殖民地时期开始,基里巴斯人就认识到教育的重要性,高度重视教育。根据联合国开发计划署1999年发布的数据,基里巴斯基础教育注册率为77%,成年人文盲率为8%。另一个重要表现是基里巴斯女童入学率较高。在拉比岛上,若唯一的公共汽车停运,孩子们需要每天步行2个小时去上学,而这是经常发生的事情。为了解决这个问题,人们在学校周围修建临时房子,学生和他们的父母得以在此容身,这样可节省路上的时间用来学习。

基里巴斯的小学教育入学率很高,尽管入学率的统计可能不准确,这可能是由于班上有复读生和小学学生年龄过大造成的。所有学生都无需参加入学考试就可以进入初中(JSS)。初中毕业后,学生离校比例开始上升。15岁及以上的人中,受过中等或高等教育的比例较小(50.5%)。

大多数基里巴斯学校不提倡在课堂上说英语。而人们注意到,在课堂上推广英语口语的学校,例如位于南塔拉瓦州拜里基的鲁鲁宝小学,培养出了能说流利英语的儿童。还有一些父母把孩子送到斐济和其他地区国家,以提高他们的教育水平,特别是提高他们用英语进行交流和沟通的能力。大约在20世纪80年代中期,所有学校都采用了基里巴斯语,学生的英语口语开始下降。尽管还没有研究证实这种相关性,但学生们抱怨说,他们没能很好地适应就业市场。获得政府奖学金或找工作需要具备良好的英语水平,而国际就业市场显然需要良好的英语沟通能力。

(二)基里巴斯的中文教育

1.启动中国政府奖学金

2021年12月1日,中国驻基里巴斯大使馆同基教育部联合举办中国政府奖学金启动仪式。马茂总统夫妇、教育部长蒂博等政要共同出席活动。唐松根大使在致辞中宣布中国政府奖学金正式启动。赴华留学的学生们将有机会享受卓越的学术环境和科研条件,体验独特多彩的中国文化,感受便利的中国生活。教育始终是中基合作的重点,双方积极推动汉语教学、职业技能培训、文化交流、教学设施升级等多形式交流合作。中方设立的中国大使奖学金将向百余名基高中生发放优秀学生奖、进步最快奖和优秀毕业生奖。中方愿为基有志青年追求梦想、为祖国贡献力量提供积极支持。中国将弘扬和平、发展、公平、正义、民主、自由的全人类共同价值,坚定奉行独立自主的和平外交政策,积极构建人类命运共同体,推动共建"一带一路"高质量发展,以中国的新发展为基里巴斯等世界各国提供新机遇,秉持真实亲诚理念发展对基关系,携手实现共同繁荣。蒂博部长表示,基中教育合作有助于基方加强人才培养和能力建设,更好地实现基二十年发展规划目标、落实基政府施政纲领。基方高度重视基中伙伴关系,愿同中方进一步加强合作,落实好两国教育合作谅解备忘录,为青年一代带来更多福祉。此系中基复交以来中国政府奖学金首次在基招生,于 2022—2023 学年招收首批 10 名学生赴华深造,受到当地各界广泛关注。

2. 合作开展基里巴斯中文教育项目

2022 年 7 月 1 日,时任驻基里巴斯大使唐松根代表中方教育部同基教育部长蒂博在塔拉瓦签署《关于合作开展基里巴斯中文教育项目的谅解备忘录》。文明因交流而多彩,因互鉴而丰富。语言是文明交流的桥梁和连结友谊的纽带。中文是联合国六大官方语言之一,在全世界范围内广泛使用,为促进国际交流、民心相通等发挥了积极作用。中文教育正受到各国民众的热烈欢迎,世界各地掀起了"中文热",许多基里巴斯朋友表达了对中国文化的喜爱和学习中文的愿望。谅解备忘录的签署标志着中文教育首次在基落地,将为基青年带来更多成长成才的机会,为中基关系发展注入新动力。中方教育部中外语言交流合作中心将根据基方需求提供积极支持,如派遣中文教师、举办文化交流活动。中方将继续深化中基教育合作,助力基方培养更多栋梁之材,实现长久可持续发展。

3. 开设中文教育课程试点高中

随着基里巴斯人民对中国了解不断深入,民众对学习中文的兴趣不断加深。根据两国政府间协定,2023 年我国在基里巴斯最好的高中乔治五世国王高中试点开设中文教育课程。当地学生的兴趣异常浓厚,才一年不到的时间,有的学生竟能用中文进行演讲。鉴于此,基里巴斯中文教育团队陆续在当地小学、大学甚至图书馆加开兴趣班,受到当地民众热烈欢迎。越来越多的当地学生开始学习中文。基里巴斯乔治五世国王高中的学生们在中文课堂上欣赏民乐、体验中国书法、练习中国舞蹈，了解丰富多彩的中国文化。南太平洋大学基里巴斯分校开展中国文化活动和中文兴趣体验课，基里巴斯图书馆中国角不定期开展中文绘本故事会活动，基里巴斯职业技术学校开展线上"知行贵州"丝绸之路青年交流计划活动。

2023 年 11 月 3 日，周立民大使夫妇前往基里巴斯乔治五世国王高中看望在基中文教育团队，听取团队成员对在基开展中文教育工作情况的汇报。周大使对团队工作给予肯定，鼓励团队继续为推进两国中文教育合作、促进人文交流、深化中基友谊作出新的贡献。

教育是国之大计。为给当地学生创造必要的学习条件，我国向基里巴斯援助课桌椅，并给各外岛学校提供接送学生用的卡车；充分鼓励两国学校间交流合作，探讨在中文教育、职业技术等领域开展务实合作；全力支持两国学生互学互鉴，成为中基友谊的使者；努力提供追寻梦想的舞台，为两国青年歌手举办中基艺术交流音乐会，为两国运动健儿提供交流训练的机会；积极促进文明交流互鉴，推动举行文物交流博物展，组织留学生进行极富特色的民族舞蹈表演。事实已经证明，中基友好符合时代潮流，符合两国人民共同利益。

三、基里巴斯的传统文化与社会发展

早在 3 000 年前，基里巴斯就有马来 - 波利尼西亚人定居。约 14 世纪，斐济人和汤加人迁入后与当地人通婚，形成了基里巴斯民族。16 世纪，西班牙殖民者最先来到这块土地，之后其他各国殖民者相继而来。1877 年，英国设置西太平洋高级事务官专门监管吉尔伯特群岛及其南方的埃利斯群岛。1892 年，这些地区正式成为英国的保护地。1916 年，这些地区被划入"英属吉尔伯特和埃利斯群岛殖民地"。第二次世界大战之后，该地一度脱离英国的管辖。1975 年，经居民投票，埃利斯群岛与吉尔伯特群岛分离，改称图瓦卢。1977 年，吉尔伯特获内部自治权。1979 年 7 月 12 日正式独立，改称基里巴斯，仍为英联邦成员。

（一）基里巴斯的传统文化

基里巴斯民风淳朴，热情好客，风光秀丽，治安状况总体良好。与中国传统类似的是，老人在基里巴斯社会中地位很高，民众非常尊重老人。基里巴斯人的主要食物是米饭和鱼,还有一些热带水果,如椰子、香蕉和面包果。基里巴斯的男女老幼之间从不冠称谓,一律称呼姓名。基里巴斯对数字没有特殊的爱好与禁忌。基里巴斯人民对军舰鸟具有一种特殊爱好,他们将此鸟作为国旗的图案,并喜欢以此鸟做图案的商品。

由于地理位置偏僻,受外界影响较小,基里巴斯至今保留着极富特色的传统习俗。当然,基也有一些文化禁忌:参加在当地议事大厅举办的公众活动时,应等待主人迎接,再跟随进入,需脱鞋;如受邀与表演者共舞,应予以接受,拒绝则被视为不尊重当地礼仪;因拍照或其他原因走动,应适当俯身,以示尊重;摸小孩的头被视为是对其家人的不尊重和冒犯;在当地议事大厅内,传统坐姿为盘腿,不能背靠柱子,不能脚尖或脚底指向对面的人,否则会被视为不礼貌。

音乐、舞蹈是基里巴斯文化的重要表达方式,是民族和文化独特性的标志。基里巴斯传统音乐受欧洲影响较少,更多地保留了传统。密克罗尼西亚传统音乐与太平洋其他区域显著不同,以唱为主,很少使用乐器,主要伴奏乐器是海螺壳号角、棒、箱子(后二者用以敲击)。基里巴斯圣歌反映了远古时期依靠星辰航行的海员的适应力、海鸟运动时的波动,以及远处云的形成。圣歌通常包含着对神或祖先的召唤,用以请求他们帮助。密克罗尼西亚音乐也是对生活的反映,人们歌唱生活中的日常事件,包括捕鱼、割棕榈、造独木舟,还有美丽的爱情。基里巴斯传统舞蹈依然活跃,如茹伊阿(ruioa)和巴特里(batere)两种舞蹈,动作集中在手、头和眼睛上。与汤加、斐济等太平洋岛国相比,基里巴斯舞蹈没有受到基督教的太多禁锢,因而保存了传统的活力。基里巴斯人相信舞蹈应该自然地将人引入愉悦的状态,对所有社会成员(男性、女性,不分年龄和社会地位)都如此。基里巴斯舞蹈既是生活的一部分也是艺术,在国内,在庆典上有舞蹈演出和舞蹈比赛;在海外,基里巴斯舞蹈家经常巡回演出。2010年,中国上海世博会太平洋岛国联合馆的基里巴斯馆中,由13人组成的舞蹈队表演的拍手舞不借助任何道具和音乐,完全靠着歌声,并用拍手、拍腿和跺脚来打节拍,展示当地人划船、捕鱼、编织等场景,具有浓郁的岛国风情。

基里巴斯居民不仅勤劳,而且十分勇敢。许多人擅长捕鱼,更精于航海,无论海浪多么汹涌,他们都会认清航向,找到所要去的目标。基里巴斯传统的茅舍看起来很低矮,但屋顶却很高,人在里面的活动不受影响,这种房子可以遮挡阳光的强烈照射和暴雨的猛烈冲击。

基里巴斯的生态环境脆弱。基里巴斯人民利用有限的陆地资源和广袤的海洋发展起独特的农业文明,借以在珊瑚礁岛世界生活数千年,创造出灿烂而独特的文化。在珊瑚岛上,淡水是最为稀缺的资源,基里巴斯是世界上最节约用水的国家之一。基里巴斯人从小养成节约用水的习惯,无论是地下水还是积蓄下来的雨水从不浪费。

基里巴斯人拥有强烈的分享、合作、平等的价值观念。在某种意义上基里巴斯人的财产为社会共享,这里的社会并非政治意义上的国家,而是指亲人、近邻、朋友及其他社会成员所组成的社群。基里巴斯是世界上最穷的国家之一,但人民高度关注社会群体,互相帮助,所以基里巴斯几乎没有流浪汉和乞丐。

(二)外界影响与传统文化保护状况

基督教的引入是基里巴斯传统文化和信仰发生变化的关键因素。1857年,第一批新教宣教团抵达吉尔伯特群岛,1888年罗马天主教传教团抵达吉尔伯特群岛。这些使团到达后,吉尔伯特群岛居民的文化信仰发生了巨大变化,因为基督教"满足了传统信仰所缺乏的一些方面"。人们注意到早期的传教士在使吉尔伯特人皈依基督教方面没有取得多大的成功。岛上的居民最初把传教活动视为"欧洲人引进的一揽子文化"的一部分,但一旦岛上居民采用了其他形式的欧洲生活方式,宗教很快就随之而来。

尽管基督教传教士在19世纪50年代就已来到,但是因为隔离在太平洋中心,基里巴斯文化得以保存下来,基督教为适应当地文化发生了有趣的自我改变。基里巴斯海员在远离家乡、漂泊于世界各地的流动环境中,坚持他们的原生文化价值以及他们在家庭中履行的角色义务,在海洋的孤舟上创造出一个临时的住家社区。在巴纳巴岛和拉比岛,巴纳巴人强调他们与吉尔伯特人种和文化的不同,为此他们努力创造了自己的舞蹈来体现其独特性。太平洋文化倾向于培养存在主义而不是长远观念,基里巴斯人认为应该享受当前美好时光,不必为未来担忧。

尽管基督教传入了基里巴斯,但某些传统仍然存在,特别是围绕生计物品的艺术和习俗。有关生计的传统习俗包括捕鱼、凭星航行、镶骨、造船、采椰子和割棕榈。这些技能通过家庭传递给年轻一代。

在基里巴斯的传统艺术中,舞蹈、歌唱和编织很重要。基里巴斯舞蹈被认为比其他太平洋岛屿的舞蹈更正式。舞蹈都是精心编排的,象征和反映基里巴斯生活的各个方面。创作歌曲也受到同样的关注，遵循了一种微妙的精神仪式传统。编织被认为是一种需要很多技巧的传统艺术，编织传统上使用露兜树的干叶子，但有时也会使用椰子叶，最常见的是编织垫子、篮子、帽子和扇子。当地染料有时被用来装饰编织物。

随着基里巴斯城市化水平不断提高，其过去的文化习俗和技能有被忽视的风险。基里巴斯中小学教授文化艺术，以帮助遏制岛屿内部文化潜在的丧失。

特维安瑞·特安罗（Teweiariki Teaero）是基里巴斯的教育家、画家和诗人。他在澳大利亚留学期间，学习了美洲、澳大利亚艺术家以及太平洋作家和艺术家的作品，他随即决定必须学习更多自己国家的文化，并且做一名教师来教授本国文化。在中学教学中，他尝试将基里巴斯文化形象融入教学课程，如文身、垫子编制的纹样，为此他重新学习母亲的手工工艺。之后他去大学任教，进行更多的艺术探索以延续基里巴斯传统文化。在南太平洋大学的支持下，特维安瑞·特安罗举办了一些展览，展品包括他的油墨作品，与制陶工、音乐家合作的作品，反映了他对于本土主题和当地环境的关心。他去过美属萨摩亚首都帕果帕果，参加了 2008 年的太平洋艺术节，组建了一个年轻基里巴斯艺术家工作室，创作的中心是传统艺术。同时他在进行一个训练班项目，旨在保护传统知识和文化遗产。在太平洋共同体秘书处的协调下，以及太平洋岛国论坛的支持下，他的工作室于 2009 年开始运作。他的绘画挂在南塔拉瓦机场贵宾休息室供旅客欣赏。基里巴斯精美的传统手编、木篮子、贝壳首饰等作品成为基里巴斯独特文化的象征。

（三）基里巴斯的对外关系

1. 对外关系概况

基里巴斯原为英属殖民地，1979 年 7 月 12 日独立。基里巴斯关心南太平洋地区的安全，反对在该地区进行核试验；重视发展同南太平洋地区各国的睦邻友好关系，对太平洋共同体、太平洋岛国论坛及论坛渔业局等地区组织持积极参与、合作的态度。基里巴斯认为促进国际经济合作是解决小国经济问题的有效途径。为促进经济转型，基里巴斯与太平洋岛国论坛合作较密切，对建立南太平洋自由贸易区态度积极。在基里巴斯的外交政策中，经济因素占了相当的比重,并经常成为基里巴斯政府的首要考虑。

基里巴斯强调维护国家主权和领土完整,反对别国干涉其内政和掠夺其资源;重视自身的环境安全,呼吁国际社会采取有效措施,防止海平面上升威胁岛国的生存,强烈批评美国摒弃《京都议定书》的行径。

基里巴斯是英联邦成员国。1999年基加入联合国,成为联合国第186个成员国。现基已同33个国家建交,但只在联合国常驻代表团、斐济、中国设有外交代表机构,在少数国家设有名誉领事。

2. 基里巴斯和其他国家的关系

澳大利亚、新西兰、日本等发达国家每年向基里巴斯提供赠款,帮助其进行基础设施建设及教育培训等技术合作项目。澳大利亚为基里巴斯最大外援国,澳方援助主要集中在改善基础教育、提升劳动者技能、加强经济治理、改善基础设施方面。新西兰向基里巴斯提供的援助主要集中在基里巴斯国际机场建设、劳动者技能培训、城市可持续发展等方面。

3. 基里巴斯和中国的关系

1980年6月25日,中国与基里巴斯建交。2020年1月,马茂总统访华,两国签署了共建"一带一路"谅解备忘录。2023年,基里巴斯总统签署法令,宣布自2023年9月1日起,持外交、公务、普通护照(有效期在6个月以上)赴基的中国公民可免签入境、过境,每12个月累计在基停留不超过90天。

(四)发展前景:现代化,城市化与文化变革

目前,基里巴斯的人口中约有一半生活在塔拉瓦。像斐济、图瓦卢和马绍尔群岛等大多数其他太平洋岛国一样,基里巴斯也遇到了城市化问题。正如科比·托卡劳所指出的那样,某些太平洋岛屿国家的城市化进程使自然环境和现有的社会结构紧张;在基里巴斯这样的环礁国家,"获得清洁水供应、适当的卫生设施和垃圾处理是一个重大问题……,并助长了诸如肝炎、霍乱和伤寒等传染性疾病的流行"。此外,城市岛屿上拥挤的生活状况也可能导致居民无法充分参与教育和就业活动,从而进一步加剧不发达和贫困的状况。从外岛向主岛迁移的趋势不太可能逆转;根据联合国人口基金会的数据,发展中国家的城市人口预计将在2000年到2030年间翻一番。人口基金会指出,发展中国家城市化的趋势给已经很薄弱的基础设施系统带来压力,使居民面临健康风险,并限

制了他们获得卫生和淡水设施的机会。

基里巴斯生活方式变革的开始首先可以追溯到殖民时期，然后再到宗教的引入，随着塔拉瓦的城市化文化变革有所加深，因为越来越多的人涌向主岛寻找工作和接受更好的教育。罗素（Russell，1985）认为，"采用新的生活方式和忽视我们自己的文化是有危险的"。岛上可利用的西方便利设施以及影视作品的影响，可能会加速传统基里巴斯文化的流失。

基里巴斯土壤盐渍化程度高并且干旱严重，种植的食物往往会被污染，钻井取得的地下水也不干净，加上基里巴斯人有吃生海鲜的习惯，所以食物中毒是国内的常见病。另外，因为医疗卫生条件差，基里巴斯婴儿夭折率达到了54‰，直到有了古巴医生的义务支援才有所好转。

基里巴斯是全世界最贫困的国家之一，这是因为基里巴斯没有太多经济来源。基里巴斯的主要出口商品只有干椰子肉和鱼类，本地人大部分从事捕鱼业和旅游业。由于基里巴斯的粮食和淡水都不能自给自足，所以很多人不得不背井离乡到外国打工养活家人。由于外出打工者较多，基里巴斯的年轻人受到西方不良文化的影响，吸烟率达到了54%，是世界吸烟率第三高的国家。

基里巴斯近年来面临严重的风暴和洪水威胁，食物和饮用水供应都受到威胁。作为应对措施，基里巴斯总统在斐济购买了超过5 000英亩的土地。短期来看，如果基里巴斯的土地因海水侵蚀而贫瘠，斐济的土地可以用来种植粮食；长远来看，这些土地可以用来安置基里巴斯人，基里巴斯人称为"有尊严地移民"。灾害诱发的跨边境转移南森倡议的代表之一沃尔特·凯琳（Walter Kaelin）认为，这是一个明智的举动："他们希望或多或少能够选择去哪里生活。从这个意义上说，他们想继续主宰自己的命运。"

四、共建"一带一路"与中基语言文化交流

（一）加入共建"一带一路"倡议

2020年1月，马茂总统访华，两国签署了共建"一带一路"谅解备忘录。双方同意加强在经贸、农渔业、基建等领域的合作与交流。中方已批准基里巴斯为中国公民组团出境旅游目的地国。两国将共建"一带一路"倡议同"基里巴斯20年发展规划"相对接，拓展务实合作，在基础设施、民生、可持续发展、人文交流等领域开展合作，有力推动了双边关系发展，为两国人民带来巨大福

祉。中方鼓励更多中国企业赴基里巴斯投资兴业。中方愿同基方在联合国、太平洋岛国论坛等多边机制内加强沟通合作,继续在南南合作框架内为基方应对气候变化提供支持帮助,维护发展中国家共同利益。

随着基里巴斯、瑙鲁的加入,截至 2024 年 3 月中国同所有 11 个建交太平洋岛国都签署了共建"一带一路"合作文件。太平洋岛国地处中国大周边和 21 世纪海上丝绸之路延伸地带,是亚太大家庭的重要成员。中国秉持正确义利观和真实亲诚理念同太平洋岛国加强团结合作。中国在岛国没有私利,不谋求所谓"势力范围",将永远做值得岛国信赖的好朋友、好伙伴。中国欢迎岛国搭乘中国发展快车。

1. 经贸方面的合作

经贸合作是推动中基关系不断发展的重要力量,基里巴斯看重我国国内大市场及产品物美价廉的优势,期待进一步开展对华经贸合作,提升民众收入和生活水平。双方在共建"一带一路"框架下开展货物贸易、农渔业、基础设施建设、光伏产业等方面的合作潜力巨大,前景可期。

2. 农渔业方面的合作

基里巴斯海洋专属经济区面积 350 万平方千米,拥有丰富的渔业资源,出产金枪鱼、鲷鱼、石斑鱼、龙虾等。渔业是基里巴斯支柱产业,每年基里巴斯政府通过向捕捞船收取的入渔费收入占其年度财政收入的 60%—70%。目前,中国企业先后与基里巴斯政府、斐济金洋渔业公司等合资成立基里巴斯渔业有限公司、圣诞岛渔业公司、基里巴斯金枪鱼渔业公司,开展海产品加工、生产基地开发和金枪鱼围网捕捞。中水集团、上海水产公司、浙江大洋世家等公司在基海域从事金枪鱼捕捞作业。

椰子是基里巴斯重要产业,也是其外岛民众主要收入来源。基里巴斯国土面积近 80% 由椰子林覆盖,超过 60% 的外岛民众从事椰子相关工作,但其椰子生产加工能力严重不足。中国先后召开椰子综合利用视频培训、外岛椰子产业发展视频会,开展椰子生产加工海外培训班。

3. 基建领域的合作

农业是基里巴斯实现可持续发展的重要产业,但基却面临缺淡水、缺土壤、缺肥料、缺饲料、缺技术、缺人力资源的局面。我国实施援基农渔业技术援助项目,派遣专家在基开展蔬菜种植,生猪、家禽、水产品养殖,改进基里巴斯国营农场基础设施,学员培训等工作,为中基农业领域开展合作打下良好基础。

基里巴斯基础设施较为落后。首都电力供应严重不足,南北塔拉瓦道路连接不畅,与外岛之间的物资运输也极为不便。我们向基提供柴油发电机解决首都电力紧张问题,援助拖驳船、登陆艇解决基首都与外岛、莱恩和菲尼克斯群岛的客货运输问题,完成布塔桥便桥建设,开展南塔拉瓦交通网升级项目,中铁一局也中标乌库道路升级项目。

4. 医疗方面的合作

近几年,两国医疗合作取得了巨大成就,从提供现汇援助、新冠疫苗和个人防护设备等助力基方抗击疫情,到援建诊所捐赠医疗设备和药品等提升基医疗服务能力。其中,最令人瞩目的当属中方派遣援基医疗队。

2022年5月,中国援基医疗队不畏疫情挑战抵基,翻开中基医疗合作新篇章。2023年,第二批援基医疗队在首批基础上,克服当地艰苦条件,通过"送医上岛、送药上岛"造福外岛民众,让基患者享受到便捷、有效的医疗服务,践行"不畏艰苦、甘于奉献、救死扶伤、大爱无疆"的中国医疗队精神。

此外,2023年我国海军"和平方舟"号医院船南太平洋岛国之行首站就是基里巴斯,这也是其第一次访问基里巴斯。"和平方舟"在一周内为基里巴斯提供6 600余人次的医疗服务,并成功在船上接生基里巴斯第一个"和平宝宝"。同年9月,广东"光明行"义诊团队访问基中央医院,帮助当地数十名白内障患者重见光明。

5. 民间友好往来

与此同时,民间交往、友好城市关系的建立也在酝酿中。2021年2月9日,山东省人民政府外事办公室、聊城市人民政府、聊城大学与中国驻基里巴斯大使馆举行视频会议,共同探讨聊城市、聊城大学与基里巴斯在经贸往来、教育交流、医疗合作、民间交往等方面的合作举措。

2023年6月,青岛市人民政府外事办公室面向在青基里巴斯留学生举办"当青岛遇到基里巴斯"短视频大赛。活动包括中国传统文化体验、视频拍摄与制作、颁奖仪式等版块,旨在通过基里巴斯留学生的视角,讲述其在青岛学习和生活的感悟,分享中国传统文化习俗,让更多基里巴斯人认识青岛、了解中国,同时也向中国受众展示基里巴斯特色文化和舞蹈,帮助更多青岛市民了解基里巴斯,不断增进中基民间友好。

2023年9月2日,基里巴斯—山东省推介会在塔拉瓦成功举行。山东省政协副主席王书坚、驻基里巴斯使馆临时代办赵健、基里巴斯商务部长纳万、卫生部长伊森特昂、农业部长特凯亚拉、内政部长巴特里基以及山东多家企业、基工商界代表、主流媒体等60余人出席。山东省农业农村厅、商务厅、聊城市、中国—太平洋岛国应对气候变化合作中心、中国援基医疗队负责人分别介绍山东省农业、经贸、地方合作、中国—太平洋气变中心、中国及山东省援基医疗服务相关情况,多家山东企业于现场设展推介。基渔业部官员以及商会负责人也在现场介绍基渔业和工商发展情况及需求。

(二)语言文化交流

1. 举办中国文化展

2022年12月20日,基里巴斯国家博物馆中国文化展开幕。广东省肇庆市捐赠了富有代表性的中国文化艺术品。国之交在于民相亲,民相亲在于心相通,人文交流是拉近民心距离的纽带和促进友谊的桥梁。中华传统文化源远流长、博大精深。习近平主席曾说,搞历史博物展览,为的是见证历史、以史鉴今、启迪后人。要在展览的同时让文物说话,把历史智慧告诉人们,让世界可以更加全面深刻地了解中国文化、认识中国。此次丰富多彩的中国传统文化展的展品包括文房四宝、脸谱、剪纸、旗袍、雕刻等。在基中资机构和援基中文教育顾问倾情表演的舞龙舞狮和茶艺赢得满堂喝彩。

巴特里基部长表示这是基里巴斯国家博物馆首次举办外国文化展,是基中文化友好交流的关键一步。在中方的帮助下,基本地艺术品得以在中国展出,更多人得以了解基文化,基方高度评价和赞赏中方。中国对基发展给予了巨大支持,基方表示期待在两国政府的引领下,开展更多文化交流合作,推动两国伙伴关系更加紧密,两国人民友谊更加深厚。

2. 中国民俗传万里

2023年2月4日,农历元宵节前夕,中国驻基里巴斯使馆和基教育部、国家图书与档案馆在塔拉瓦拜里基广场共同举办2023年中国新春庙会。多样性是世界的基本特征,也是人类文明的魅力所在。习近平主席曾说,文明因多样而交流,因交流而互鉴,因互鉴而发展。中华文明历来崇尚"以和为贵""和而不同""协和万邦"。多样带来交流,交流孕育融合,融合产生进步。中国文化与基里巴斯文化内核相通,都以开放包容为重要特征,在相互学习、相互交流的基础上促进文化交流互鉴,积极搭建文明对话平台,共同绘就人类文明美好画卷,共同推进构建人类命运共同体的伟大事业。

基教育部长蒂博表示,人人皆知文化的重要性,中国与基里巴斯都有自己独具魅力的文化。新春庙会为学习探索中国文化、实现文化交流互鉴提供重要机遇。对于向往赴华留学的学生而言,这场活动是了解中国文化知识的绝佳机会。中国在世界经济中发挥举足轻重的作用,学习中文和中国文化具有重要意义。

3. 弘扬中国文化,交融共创未来

习近平主席在"全球文明倡议"中指出,在各国前途命运紧密相连的今天,不同文明包容共存、交流互鉴,在推动人类社会现代化进程、繁荣世界文明百花园中具有不可替代的作用。近几年,两国文化交流不断深化,取得重大成果。2024 年 3 月 2 日,驻基里巴斯使馆在基首都塔拉瓦拜里基广场举办首届"中国文化日"。中基友好根植于人民,随着人文交流持续开展,双边互信水平将不断提升至全新高度。

随着全球化和世界经济一体化的不断深入,不同国家人民之间的相互交流日益频繁,语言文化交流达到了新的高度。语言文化在推进共建"一带一路"、民心相通、文明发展和社会进步中的作用也将更加凸显。国内外语言、教育和文化组织应充分发挥各自在语言和文化交流方面的优势,共襄创新之举,为中国与共建"一带一路"国家在语言、教育、文化领域的交流合作贡献智慧与力量,通过教育合作与文化交流增进各国人民间尤其是各国青年间的相互理解和友谊,进一步促进文明互通、互学、互鉴,助力共建"一带一路"高质量发展。

第十章

纽埃语言文化状况与中纽交流合作

一、纽埃语言概况

（一）纽埃概况

纽埃（Niue）是位于太平洋中南部的岛国，坐落于新西兰的东北方向，汤加群岛的东侧。纽埃岛的陆地面积仅有 260 平方千米。除此之外，纽埃还拥有近 32 万平方千米的海洋专属经济区。纽埃岛是世界第二大正在上升的环形珊瑚礁，被称为"波利尼西亚之礁"。纽埃不是联合国成员国，没有军队，新西兰负责纽埃专属经济区执法任务。

纽埃人属波利尼亚人种，讲纽埃语和英语，岛屿南北部分别讲两种方言。居民多数信奉埃克利西亚纽埃教。首都为阿洛菲（Alofi）。纽埃人口 1 564 人（2022 年），另有 3.1 万人居住在新西兰（2018 年），约 5 000 人居住在澳大利亚（2016 年）。纽埃本土的人口数量一直保持非常低的水平，尤其自 20 世纪 70 年代以来，纽埃人口数量下降非常明显。根据世界卫生组织的统计，纽埃人口最多的时候是 1966 年，一度达到 5 194 人，但随后迅速减少，到目前一直维持较低的水平（中国领事服务，2024）。

纽埃人口数量逐渐减少的主要原因是纽埃人大量移民新西兰。纽埃人移民新西兰有各种各样的原因，其中最主要的原因是纽埃本土缺乏发展经济甚至日常生活所必需的自然资源。各种资源匮乏，自然灾害频发，加之地理位置过于孤立，在纽埃维持生活需要付出非常大的努力，这一切使得纽埃人更向往新西兰等国富有、开放、安定的现代生活。移民新西兰，既能满足对安逸生活的追求，也能满足为子女寻求更好教育的需求。纽埃人口减少还有一个非常重要的原因。1974 年，纽埃脱离新西兰，成为独立的政治自治国家，但还需要依靠新西兰的经济援助，在相当程度上可视为新西兰政治及社会的延伸。新西兰法律允许纽埃人同时具有新西兰国籍，纽埃政府也允许纽埃国民拥有新西兰国籍。此外，新西兰政府设立了一个 5 000 万新西兰元的信托基金，新西兰的每个居民每年都可以从新西兰政府得到 11 000 新西兰元的津贴，纽埃移民也可以获得这种津贴。因此，移居新西兰的纽埃人得以把一部分津贴寄回纽埃供养家人。这些都为纽埃人移民新西兰提供了便利。尤其是 1971 年纽埃周边国家开通国际航班以来，这一现象更加普遍。为了发展本国经济，纽埃政府曾试图通过吸引外资、开办国内企业、提高就业机会等手段，控制移民浪潮，但移民问题并没有得到很好的控制。

（二）纽埃简史

欧洲人和纽埃的第一次接触是在 1774 年，当时詹姆斯·库克发现纽埃，但被拒绝登陆。他将该岛命名为萨瓦奇岛（Savage Island），义为野人。1846 年，伦敦传教士协会来到纽埃。1900 年，纽埃成为英国保护地。1901 年，纽埃作为库克群岛的一部分划归新西兰。1974 年，新西兰议会通过宪法，承认纽埃的自治权。纽埃自然资源贫乏，经济上严重依靠新西兰补贴和侨民汇款。

2004 年 1 月，纽埃被热带气旋赫塔（Cyclone Heta）袭击，整个岛几乎被摧毁，岛上多数房舍及全岛唯一的医院等都遭热带气旋夷平，岛民的农作物也毁于一旦。岛上的人口大量移居新西兰，由 1 500 人骤降至 500 人，导致纽埃自治政府无法继续支撑。因此，纽埃政府认为必须以某种方式与新西兰自由联合，1974 年纽埃独立宣言规定，新西兰有义务向前殖民地纽埃提供必要的经济与政治协助。纽埃每年接受新西兰约 800 万新西兰元的援助。根据两国自由联合协议，纽埃人同时是新西兰公民，并持有新西兰护照。

（三）纽埃的语言状况

纽埃人主要使用纽埃语。纽埃语与汤加语、萨摩亚语十分相近，同属南岛语系波利尼西亚语族。如前所述，纽埃南北两大族群来自不同的地区，因此纽埃南北两地人的语言在单词发音、词语拼写方式上也略有不同。纽埃人多数为双语使用者,纽埃语多用于家庭成员和村民内部的交流。目前纽埃政府把纽埃语作为其民族文化的重要组成部分,正努力通过词典编纂、学校教授纽埃语等方式保护这一民族语言。英语是纽埃人对外交流的语言,目前为纽埃的官方语言,移居新西兰的纽埃人多使用英语。在纽埃海外移民当中,还有一个现象不容忽视,不少纽埃移民的后代由于在新西兰出生,在新西兰长大,使用的是新西兰的英语,接触的是新西兰的文化,不会使用纽埃语,不了解纽埃本土的民族文化,这对纽埃的民族文化传承势必造成较大的负面影响。

纽埃语发展为两种方言:北部的莫土方言和南部的塔菲提方言(莫土是指这片土地上的人,塔菲提(Tafiti)是指陌生人或远方的人)。按照传统,汤加移民在塔菲提地区的影响更大。这两种方言在结构上几乎没有什么差别,大部分差别体现在词汇上。如表 10-1 所示,下列单词有不同的莫土和塔菲提形式,这两种形式都是正确的。

表 10-1　纽埃语中莫土方言和塔菲提方言的词汇形式差异示例

Motu (Eastern Polynesian form)	Tafiti (Western Polynesian form)	English
haloka	aloka	Being noisy
likiliki	ikiiki	small
afule	hafule	peel
kalemutu	kalemutu	earthworm
kanomea	kanomea	Kanomea [a kind of small bush]
kolomiti	kolomete	Backward drift [of the tide or a wave]
kuvei	kavei	handle
maona	malona	damaged
maine	maini	ticklish
nei	nai	now

纽埃语中有五个元音,分别为 a, e, i, o, u;十一个辅音分别为 f, g, h, k, l, m, n, p, s, t, v。辅音"r"(不在前述列表中)和"s"是由伦敦传教士协会从《圣经》中翻译而来的。"s"音和"r"音传统上不是纽埃语的一部分。然而,"s"已经进入印刷书籍和课堂课程。纽埃字母表一共有十六个字母:a, e, f, g, h, i, k, l, m, n, o, p, s, t, u, v。字母"g"听起来像"ng",例如在"vagahau"中那样。

在书面语中，一些纽埃语单词可能有一个或多个长音符（例如，māmā，意思是颜色苍白或重量轻），而另一些单词可能用双元音书写（例如，maama，意思是轻或知识）。长音符和双元音表示不同的发音，有不同的意义，例如，māmā的第一个音节（颜色苍白）听起来与 maama 的第一个音节不一样。

纽埃语的印刷文本并不总是使用长音符或双元音。熟练掌握纽埃语的读者可以根据上下文来识别所要表达的词。有经验的读者很容易分辨 mama 的意思是 mama（嚼过的食物）还是 māmā（颜色苍白）。在过去，是否使用长音符和双元音有时是不一致的，这取决于每个作者的背景和喜好。

有些纽埃语单词尽管拼写相同，却有两种不同的含义，例如，kupu 的一个意思是"词语"，另外一个意思是"一片"。同样，有经验的读者通常可以根据上下文来判断所要表达的词义。

二、纽埃的语言政策

（一）纽埃语学习动因

新西兰与纽埃的外交关系证实了两国之间的密切关系。许多纽埃人定居在新西兰。越来越多的纽埃族儿童出生在新西兰。学习纽埃语可以让拥有纽埃文化传统的学习者在提高自己语言和文化知识的同时，增强自己的认同感。学习和使用纽埃语的机会将使这些学习者能够与讲纽埃语的更广泛的社区建立联系。

与纽埃族没有亲属关系的学习者也可以通过教学和学习计划了解纽埃语言和文化。参加这些计划将增加他们在新西兰各地社区和工作场所使用纽埃语的知识和经验，使他们能够与这些社区的人建立关系。

（二）纽埃语和英语的关系

正式的纽埃语被用于长老大会（官方会议）、教堂布道、葬礼等仪式性聚会和表演艺术节等文化聚会上。非正式的纽埃语用于家庭和朋友之间的随意交谈。学习者需要逐渐掌握正式和非正式形式的纽埃语，并知道什么时候、如何使用每一种形式。有些语言在口头语中可能是正式的，但在书面语言中是不合适的。例如，缩略语 ha lalu（ha lautolu）和 ha talu（ha tautolu）在正式演讲中是合适的，但在正式写作中却不合适。一些在面对面交谈中正确的表达方式（例如，FēFēho loto?）不适合书面语言（在书面语中，这里使用的是 haau a 而不是ho）。

教育部的大部分纽埃语资源都被设计成在不同的层次上以不同的方式使用。在一所小学的纽埃语双语班学习如何阅读的儿童可以独立阅读一本书，该书可以在纽埃语幼儿计划中读给儿童听。同样的资源将以另一种方式用于中学的纽埃语入门课。这些书也可以从学校图书馆借来，供学生阅读、消遣或研究。

纽埃语是一种濒危语言。纽埃岛人口的减少意味着作为语言维持来源的家园受到威胁。鉴于新西兰基本上是一个单一语言的社会，纽埃语社区已经表现出融入这个社会的意愿，这可能会对新西兰的语言维护倡议产生负面影响。新西兰纽埃语社区的语言转变已经很明显（Starks et al. , 2003）。新西兰第一代移民的纽埃语技能往往高于第二代移民。随着熟练程度的降低，使用纽埃语的领域和使用纽埃语的人群都有所减少（Starks et al. , 2004）。这些变化为关于民族身份认同的讨论提供了背景。

英语对纽埃人社区来说很重要，因为他们要努力取得成功并融入新西兰的生活，而英语是取得学业和经济成功的关键。因而，纽埃人努力学习双语，提高自己的英语水平，以帮助自己适应新的环境。虽然英语对纽埃人在当今世界的成功至关重要，但纽埃人社区有着强烈的民族认同感，渴望纽埃语在纽埃人的社会中发挥关键作用，纽埃语并没有被主导语言所完全取代。

三、纽埃传统文化与社会发展

（一）纽埃传统文化传承与保护情况

长期以来，纽埃的传统文学、艺术主要采用口头传授的形式，缺乏书面形式。纽埃近年来非常关注民族文学、民族艺术、民族工艺、民族历史等的传承问题，并于 2004 年建立"托加纽埃"文化建设办公室，其主要目标是支持、促进纽埃文化、语言、传统的保护及应用，实现纽埃经济、社会的可持续发展，具体从以下几个方面开展工作。历史方面，"托加纽埃"通过保护现有的历史书籍，为学生、学者、研究人员和普通读者提供了解、研究纽埃历史的资料。传统工艺方面，主要收集并保存纽埃人传统的编织刺绣工艺以及草垫、草帽、腰带、树皮服装、项链等传统工艺品，还包括建筑艺术以及制作木器、制作武器、结网等技艺,尤其是制作独木舟的传统技术。传统艺术方面,收集纽埃民族的传统舞蹈、音乐以及传统乐器与乐器制作技术,口头故事、绘画等也是需要收集和保存的文化内容。传统习俗方面,建立传统习俗文献数据库,供学校和学者研究使用,通过传承传统文化、传统习俗,强化纽埃人民的民族身份,增强纽埃人民的爱国情怀。民族遗产传承方面,鼓励民间艺人记录民族传说故事,从本国各地以及海外相关机构搜集已有的文化资料,收集纽埃传统的捕鱼工具、雕刻工具、农耕工具、狩猎工具,申请文化遗产。纽埃语言也是"托加纽埃"未来重点建设的内容,培养师资教授纽埃语,编写语言教材、词典。除纽埃传统的文化艺术之外,现代艺术、现代文化资源也是"托加纽埃"文化建设的内容。

纽埃政府于1987年在阿洛菲建造了纽埃国家博物馆。在2004年的飓风灾难中该馆遭到严重损毁,收集的资料损坏严重。该博物馆现已重建,并于2013年开馆。2005年之前收藏的民族文化艺术藏品中,有10%为从纽埃居民手中或海外机构和个人手中收集来的传统工艺品。新馆收藏了2005年以来收集的传统工艺品,有来自居民家庭的收藏品,有具有历史与文化意义的物品,也有2004年飓风袭击以后当地妇女利用纽埃原材料编织的手工艺品。其中最具特色的是2005年经过比赛筛选出来的编织草帽。该馆还展出了纽埃宪法,以纪念纽埃独立。除此之外,1995年建立的塔西奥诺艺术馆,还展出一些与纽埃有关的艺术作品,主要是新西兰籍纽埃当代油画家马克·克劳斯的作品。该艺术馆目前由马克·克劳斯的妻子阿依·克劳斯管理,主要展出马克·克劳斯在纽埃创作出版或与纽埃有关的绘画作品。

(二)纽埃当代社会特点与外界影响

1. 纽埃当代社会特点——政治

1887年,纽埃国王法塔阿依基登基以后多次致信英国女王,要求纽埃成为英国的保护国。英国政府最终于1900年通过决议,正式对纽埃实行政治托管。经过协商,英国政府于1903年又将纽埃划归新西兰,由新西兰实行全面托管,纽埃在法律上成为新西兰的附属国。1974年,新西兰议会通过决定,允许纽埃实行内部自治,但依然作为英联邦国家的一员。

政治独立后的纽埃属于资本主义国家,依然沿用英国、新西兰的政治体制,采用英联邦的君主立宪政体、一院制议会制度,实行政府内阁制度,内阁成员由议会选举产生。英国女王派任总督代为行使管理职责,纽埃现任总督即新西兰现任总督辛迪·基罗,2021 年 10 月就职,任期 5 年。

1974 年,纽埃议会在纽埃人民中组织投票,决定纽埃成立内部自治政府。1974 年 10 月 19 日,新西兰议会通过纽埃宪法,由纽埃人组建自己的行政机构、立法机构、司法机构,标志着纽埃的政治独立。从当年开始,纽埃人民便可以选举自己的政府。纽埃宪法从政府机构、立法、司法、公共收入、卫生教育及社会服务、公共服务等八个方面对政治独立后的纽埃各个部门和部门工作人员的工作规则进行了详细的规定。

纽埃司法机构由高级法院、上诉法院构成,高级法院下设刑事法庭、民事法庭和土地法庭。纽埃高级法院是纽埃合法的司法机构。纽埃高级法院有权依照宪法对纽埃的刑事、民事问题实施司法管理,包括与土地有关的民事问题,保证纽埃各项法律政策的有效实施。刑事法庭和民事法庭负责依法对各种刑事或民事诉讼案件进行听证,作出裁决;土地法庭负责处理所有与土地有关的民事诉讼案件。

2. 纽埃当代社会特点——经济

(1) 纽埃经济概况

纽埃是世界上唯一一个全国土地均由珊瑚礁石构成的岛国,除了珊瑚礁之外,岛上没有任何其他种类的石头露出海面。纽埃资源贫乏,土地贫瘠,没有石油、黄金、煤炭等自然矿产资源。受其自然条件的限制,纽埃的经济十分脆弱,经济发展受到很多的限制,比如交通不便,尤其是航空服务比较落后,缺乏技术人员和企业家。除此之外,纽埃自然灾害频繁,尤其是飓风袭击经常给纽埃带来毁灭性的打击。长期以来,纽埃人口的持续下降反映了纽埃的经济状况,反过来又影响了纽埃经济的发展。

纽埃的农业生产主要用于国内消费,少部分农产品,如诺丽果(或诺丽果汁)、香草、蜂蜜、可可、椰肉干、西番莲果、木瓜、芋头、酸橙等产品出口国外。新西兰是纽埃农产品的主要出口市场,此外还有部分农产品出口到澳大利亚、斐济、库克群岛等地。纽埃的工业发展严重不足,企业较少,主要为小型农产品加工厂,加工的产品多为西番莲果、酸橙油、蜂蜜、可可等。

近年来,旅游业成为纽埃最主要的经济来源,主要通过深海潜水、帆船比赛等项目吸引世界各地的游客,每年有近百万美元的收入。旅游业作为纽埃经济的支柱产业，为纽埃带来可观的收入，但纽埃独特的气候条件又对经济产生了较大的负面影响。纽埃气候分旱季和雨季，飓风、台风等恶劣天气频繁发生，旅游业容易受到极端天气的影响。此外，纽埃政府还通过向国外游客出售邮票、向国外组织和个人出售渔业许可证等方式增加政府收入。除了国外援助及国内生产获得的收入之外，纽埃还通过各种税收或收取服务费增加政府收入。税收是纽埃主要的财政收入来源之一。

（2）对外经济关系

国际经济援助

纽埃的经济发展严重依赖新西兰政府的援助。1974年，纽埃成立内部自治政府，但是按照宪法规定，新西兰政府依然有义务向纽埃提供大量的经济援助，用于卫生、教育、农业、政府管理等。由于新西兰等国的经济援助，纽埃的人均收入水平远在世界人均收入水平之上，属于福利国家之一。

除了新西兰政府的经济援助之外，纽埃海外侨民的侨汇是纽埃另一个主要经济来源，20世纪七八十年代这一现象最为突出。近些年来，由于许多家庭举家移民新西兰，纽埃的侨汇收入也逐年减少。

除了新西兰之外，澳大利亚、中国、日本、印度、韩国和欧盟国家以及联合国开发计划署、联合国粮食及农业组织都给予纽埃一定的经济援助。2004年1月，纽埃遭受历史上最强烈的飓风袭击，受灾严重。澳大利亚、新西兰、中国、法国、法属波利尼西亚和欧盟都提供了援助。2014年1月，欧盟、澳大利亚及全球环境基金会共同援助纽埃购置5 000个储水罐，用于收集生活用水。

进出口贸易

纽埃出口产品多为农产品。除此之外，草帽、篮子等编织品和其他传统手工艺品也是纽埃重要的出口商品。纽埃通过出口这些商品获得了一部分收入。但总体而言，纽埃生活用品严重依赖从国外进口，进口的商品包括食品、动物产品、燃料、润滑剂、化学药品等日用商品，以及车辆、船只、冰箱等耐用商品。

国际经济合作

2004年，遭受飓风"赫塔"袭击以后，纽埃政府愈加关注同世界其他国家的合作，寻求促进纽埃本国经济发展的道路。纽埃政府不断尝试同其他国家进行贸易合作，参加了太平洋岛国贸易合作组织的贸易服务计划，同欧盟签订了经济合作协议，同澳大利亚和新西兰签订了《太平洋更紧密经济关系协定》，并成立了贸易咨询指导办公室（简称OCTA），帮助纽埃同太平洋地区的其他国家开展合作,处理各种经济合作事务。

尽管纽埃政府出台了一系列旨在促进国内各个行业协调发展的政策法规,但总体来讲,纽埃还缺乏行之有效的全国性的发展规划。现有的政策规划还不能全面关照纽埃社会各个方面的协调发展,不能满足当前国际发展局势的需求,也难以得到国外投资,导致纽埃并没有有竞争力的企业。

1997年,根据与美国商业部的合约,互联网编号管理局(简称IANA)指定纽埃互联网用户协会(简称IUS-N)进行互联网". nu"顶层域名的管理。纽埃互联网用户协会的主要目的是利用注册". nu"域名的收入,资助纽埃人免费使用互联网服务,必要时收取少量的服务费。1999年,该协会同纽埃政府签订协议,纽埃政府授权该协会向纽埃政府及居民提供免费的网络服务。据统计,仅1999—2005年,该协会就已经投资300万美元,为纽埃政府组织和个人提供网络服务。自2003年开始,该协会开始在阿洛菲及其附近的村庄、学校架设无线网络。因此,纽埃成为世界上第一个实现无线网络全覆盖的国家。

(三)纽埃外交

目前,纽埃同新西兰保持自由联系。如纽埃要求,新西兰有义务帮助纽埃处理其外交事务。新西兰和纽埃互设高专署并派驻高级专员。澳大利亚于2020年8月在纽埃设立高专署,也是除新西兰外唯一在纽埃设立外交机构的国家。纽埃驻澳大利亚高级专员由驻新西兰高级专员兼任。

纽埃宪法和新西兰宪法之间有密切的联系。1974年《纽埃宪法法案》第一条规定,"新西兰有义务代表英国女王处理纽埃的外交及国防事务"。第七条则规定"新西兰依然有义务为纽埃提供必需的经济及行政管理帮助"。该法案还规定在纽埃总理和新西兰总理充分协商、相互信任的基础上,两国在各个领域开展亲密合作。1977年,新西兰《国籍法案》规定,纽埃人自然享有纽埃和新西兰双重国籍。为保证两国之间合作的顺利开展,纽埃和新西兰互派代表,协助双方政府开展合作。两国国家高层领导人实现互访,互派高级专员。

新西兰设在纽埃的高级专员公署是新西兰唯一的驻纽埃外交机构,纽埃也仅在新西兰设立了驻外代表机构,纽埃与许多国家的外交活动多通过其在新西兰的驻外代表机构开展。独立后的纽埃政府有权自行处理国内事务。近年来,随着新西兰国内以及全球政治经济局势的变化,新西兰对纽埃的政策有所调整。自2000年以来,纽埃开始建立自己的外交关系,寻求与世界各国的合作。但由于没有自己的军队和国防力量，在国家安全及军事外交方面，纽埃依然严重依赖新西兰政府。

1981 年，纽埃在新西兰的奥克兰市设立总领事馆，标志着纽埃和新西兰的现代外交关系正式建立。1993 年，纽埃在惠灵顿设立高级专员公署，标志着纽埃作为外交独立的国家与新西兰正式建立了外交关系。由于纽埃同新西兰特殊的外交关系，2001 年纽埃通过一项特殊的法案，赋予纽埃驻新西兰惠灵顿高级专员公署及其所有工作人员外交豁免权。纽埃、新西兰两国高层领导人互访频繁。

美、日等国同纽埃的关系也在纽埃的国际交往中具有重要意义。美国虽同澳大利亚、新西兰等国合作密切，但目前还没有同纽埃建立正式外交关系。日本作为太平洋地区的重要国家，2015 年 8 月 14 日与纽埃建立正式外交关系。作为其海洋战略的一部分，日本政府许诺协助纽埃开展"人类安全草根工程"，每年向纽埃提供 1 亿日元（约合 96 万美元）的援助，为纽埃提供人员培训服务。日本此举在于试图通过与纽埃的外交关系及对纽埃的经济援助，增加其在太平洋地区及国际事务中的影响力。

四、共建"一带一路"与中纽语言文化交流

（一）中国与纽埃双边交流合作现状

2018 年 7 月，中国和纽埃签署《关于共同推进丝绸之路经济带和 21 世纪海上丝绸之路建设的谅解备忘录》。同月，时任中国驻新西兰兼驻库克群岛、纽埃大使吴玺在纽埃首都阿洛菲向纽总理托克·塔拉吉递交国书。同年 11 月，国家主席习近平在巴布亚新几内亚同建交太平洋岛国领导人举行集体会晤，并会见纽埃总理塔拉吉，双方决定建立相互尊重、共同发展的全面战略伙伴关系。

2019 年 10 月，纽埃代总理比利·塔拉吉致函习近平主席，祝贺中华人民共和国成立 70 周年。同月，纽埃基础设施部长希佩利出席在萨摩亚阿皮亚举行的第三届中国—太平洋岛国经济合作发展论坛。

新冠疫情发生后，中纽积极加强疫情防控交流和合作。2020 年 3 月，纽埃参加中国—太平洋岛国卫生专家视频会议。同年 5 月，纽埃参加中国和太平洋岛国应对新冠疫情副外长级特别会议。

中华人民共和国外交部发言人表示，中国愿在和平共处五项原则的基础上与世界各国建立和发展友好合作关系。中纽建交并发展互利合作关系，符合中纽两国人民的共同利益。中方愿本着相互尊重、平等互利的原则继续推进与包括纽埃在内的太平洋各岛国的关系，为维护和促进地区和平、稳定与发展作出贡献。

（二）当前语言文化政策对共建"一带一路"合作的启示

中国始终注重与太平洋岛国在经济上的共同发展、和平发展、合作共赢。纽埃作为该地区的重要国家之一，对于中国提出的共建"一带一路"倡议，对于加强南南合作，促进更加紧密的亚太经济融合，提升中国国际形象，使我国在国际社会特别是在发展中国家获得更为广泛的支持，无疑都具有非常重要的现实意义（胡传明，张帅，2013）。作为共建"一带一路"倡议的一部分，中国政府成立"中国—太平洋岛国论坛奖学金项目"，每年向太平洋岛国学生提供约10个奖学金名额，鼓励岛国学生到中国留学。纽埃于2015年参与了该项目。

包括纽埃在内的大部分太平洋岛国也都注意到了中国的快速发展给他们带来的巨大机遇。在同太平洋岛国的交往合作中，中国政府所提供的不附加任何政治条件的援助和互利双赢的经济合作策略，受到太平洋岛国的欢迎。纽埃作为该地区的重要成员之一，同中国的合作前景也更为广阔，尤其随着海外中国游客数量的增加，某种程度上能够推动纽埃旅游产业的发展，给纽埃国内的经济发展注入活力。中国在巴布亚新几内亚、斐济、瓦努阿图、萨摩亚等国经济合作项目取得的成效，为下一步中纽加强共建"一带一路"提供了很好的参照。

第十一章

瑙鲁语言文化概况

一、瑙鲁及瑙鲁语概况

瑙鲁共和国（The Republic of Nauru）位于中太平洋、澳大利亚东北方向，赤道以南 42 千米处，马绍尔群岛以南，陆地面积 21.1 平方千米，海洋专属经济区面积 32 万平方千米，是最小的太平洋岛国，在全世界国家中国土面积仅位列摩洛哥和梵蒂冈之前，是全球第三小的国家。根据我国外交部网站的信息（2024 年 1 月更新），瑙鲁目前约有 1.3 万人，多为密克罗尼西亚人种，其余为其他太平洋岛国人、华人、菲律宾人和欧洲人后裔。另有约 2 000 瑙鲁人居住在澳大利亚。官方语言为英语，通用瑙鲁语。瑙鲁由 12 个部落组成，每个部落都有自己的首领。当一个孩子出生时，他将跟从母亲一方继承部落所属。岛名来自瑙鲁语的"naoero"（国徽上方书写此词语），意思是"我要去海滩"。

瑙鲁语和英语是瑙鲁的主要语言，其中约 93％的人口在日常和家庭生活中使用瑙鲁语，而英语则被广泛使用在学校教育、政府部门和商业活动中。瑙鲁儿童在学校通常不学习瑙鲁语而学习英语。由于瑙鲁的其余族群还包括其他太平洋岛国人（26％）、欧洲人（8％）及华人（8％），因此有少数人口使用基里巴斯语、图瓦卢语、马绍尔语和汉语（普通话和广东话）。瑙鲁人及瑙鲁语的确切起源尚不清楚，因为他们的语言与太平洋地区的其他语言差别较大。许多说别的语言（如基里巴斯语、图瓦卢语、马绍尔语等）的人也把瑙鲁语用作第二语言。

在瑙鲁，虽然把英语用作第一语言的人数仅有数百，但瑙鲁几乎人人都能说和听懂英语,并且在使用过程中还吸收了不少瑙鲁词语。由于很多瑙鲁人在澳大利亚接受教育,瑙鲁英语受澳大利亚口音影响颇深。除了英语和瑙鲁语,在瑙鲁还有 5 种少数民族语言被使用。占总人口 26% 的太平洋岛国人是瑙鲁的第二大族群,主要讲基里巴斯语、图瓦卢语、马绍尔语和科斯雷语(后两种同属密克罗尼西亚语系)。瑙鲁大约 8% 的人口是中国移民,他们在岛上经营着许多家中餐馆和商店,他们大多数人会说英语。

瑙鲁语是 4 000 多瑙鲁人的母语,但若加上将其作为第二语言的人,可达 6 000—7 000 人,瑙鲁语属南岛语系密克罗尼西亚语族。瑙鲁语发音包括16—17 个辅音音素和 12 个元音音素(6 个长元音、6 个短元音),在软腭化和腭化唇音之间进行音位对比,软腭化在长后元音前边不明显,腭化在非低前元音前边不明显。当最后一个音节以元音结尾时,重音在倒数第二个音节;当最后一个音节以辅音结尾时,重音在最后一个音节。因受传统文化和殖民国家语言的双重影响,特别是德语、英语、托克皮金语(巴布亚皮金语)和基里巴斯语的影响,瑙鲁语目前使用 29 个拉丁字母书写,包括以下这些。

元音:a, ã, e, i, o, õ, u, ũ

半元音:j

辅音:b, c, d, f, g, h, j, k, l, m, n, ñ, p, q, r, s, t, w, y, z

在 1888 年瑙鲁成为德国殖民地之前,该岛使用多种多样的方言,并且差异较大,各个地区的人们经常在相互交流方面存在困难。随着外语和瑙鲁语书面语影响力的增加,各地方言逐渐融合成为一种标准化的语言,并通过菲利普·德拉波特和阿洛伊斯·凯瑟的词典和翻译加以推广。1907 年,菲利普·德拉波特出版了他的《德语—瑙鲁语词典》。这本词典很小(大约 10.5 厘米 ×14 厘米),使用由 32 个字符——b, p, d, t, g, k, q, j, r, w, m, n, ñ, c, f, h, l, s, z, i, e, a, à, â, o, ò, ô, ö, u, ù, û, ü 组成的正字法,有 65 页专门词汇表,另外还有十几个短语是按德语字母顺序排列的。大约 1 650 个德语单词是通过短语或同义形式使用瑙鲁语进行注释,在注释中有大约 1 300 种独特的瑙鲁语形式,其中忽略了变音符号。词典中出现了 a 的 3 种类型,o 的 4 种类型,u 的 4 种类型,以及 i 和 e 的 1 种类型。由于词典中没有解释性的部分,标音符号的音值是由使用者来定义的。

瑙鲁人提摩西·德图达莫年轻时是瑙鲁新教教会的一名信徒,之后成为德拉波特牧师的助手。1917 年,他得到德拉波特牧师资助到美国将《圣经》翻译成瑙鲁语，并于 1921 年返回瑙鲁。1938 年，他和瑙鲁语言委员会曾试图改革瑙鲁语，使它更容易被欧美人阅读和理解。他的目的是引入尽可能多的变音符号，用于不同的元音发音，以说明瑙鲁语在书写上的多样性。然而，他的改革并没有被广泛采用，德拉波特的正字法直到现在仍然被普遍使用。同时，由于外来语言的影响，今天瑙鲁方言的差异化明显减少，在首都亚伦地区周边的方言之间只有些许差异。

二、瑙鲁语相关研究

美国韦恩州立大学的内森·杰弗里教授是最早研究南岛语系的学者之一。1973 年，他所发表的《南岛语系中的瑙鲁语》提供了对瑙鲁语系的详细研究。该论文是在对以瑙鲁语为母语使用者的广泛接触和大量实例研究基础上撰写的，其中介绍了瑙鲁音系学的共时性描述，从原始海洋到瑙鲁语语素的发展历程，并简要介绍了瑙鲁语形态和句法学的内容。该研究成为之后的瑙鲁语语言历时性研究的开端。杰弗里教授还曾撰写过《瑙鲁语语法描述》，这一手稿并未公开出版，但其中详细介绍了瑙鲁语音系学、名词、代词、动词、形容词、限定词、介词和句法的具体内容。美国夏威夷大学的拜伦·本德教授在 1973 年发表的《几种密克罗尼西亚语言形态音位学的平行性》中强调了杰弗里教授提出的元音升调同化的共时性音韵过程。犹他州立大学博士丽莎·约翰逊在她的论文《瑙鲁语中的量词》中，试图将阿洛伊斯·凯瑟对瑙鲁名词等级体系复杂的描述简约化，使其更容易为现代学者所接受，并详细介绍了瑙鲁语的词法和句法，以及瑙鲁语的历史、文化对语言的影响。澳大利亚国立大学的罗伯特·布鲁斯特教授 2009 年出版的《南岛语系语言》一书认为，瑙鲁语是密克罗尼西亚语系中分歧最大、最难描述的语言，因此在该语系中的地位并不确定。

三、瑙鲁的教育与语言政策概况

瑙鲁教育部的工作目标是，根据国家可持续发展战略，对瑙鲁人民进行培训和教育，并为瑙鲁子孙后代应对未来挑战做好准备。工作重点是确保所有瑙鲁人公平地获得受教育的机会，确保学生在离开瑙鲁教育系统后获得成为合格劳动力的资格，并在瑙鲁以外地区获得进一步的专业培训机会，并成为独立的个体。

20 世纪初期,新教传教士们在瑙鲁开始规范其现代教育系统,最初的学校是由传教士菲利普·德拉波特倡导设立的,使用瑙鲁语教儿童识字。1923 年,英国、澳大利亚、新西兰联合行政机构开始在瑙鲁实施义务教育,并开设以英语为基础的课程。目前,瑙鲁有 11 所学校,包括 3 所小学和 2 所中学(瑙鲁中学和瑙鲁学院),还有 1 所专为有特殊需求儿童而设的残障人士中心。瑙鲁 6 至 15 岁儿童免费接受义务教育,学前教育包括学前班和预科班两个阶段。2011 年,澳大利亚外交与贸易部报告称,瑙鲁有 3 026 名儿童入学。小学教育历时 6 年,学生毕业时需要参加国家考试,通过者获得瑙鲁小学毕业证书。中等教育分为两个阶段:前 4 年是义务教育,而之后的 2 年是可以自由选择的。中学开设的课程包括英语、数学、物理、化学、生物、地理、会计、商业研究和水上实践。由于缺乏基础教学设备和合格的教师,瑙鲁试图提供职业和技术教育的努力在 20 世纪 90 年代后期失败。

澳大利亚国际开发署从 2007 年底开始出资 1 100 万美元提升瑙鲁中学教学设施,项目于 2010 年完成。瑙鲁中学毕业生大多会考虑去澳大利亚继续接受高等教育,不过在瑙鲁本土也有接受高等教育的机会。南太平洋大学瑙鲁分校位于瑙鲁艾沃区,从 20 世纪 70 年代开始开设远程课程。瑙鲁校区于 1987 年 10 月正式开放,为超过 11 000 人提供教学服务。目前,开设专业和课程包括会计、管理、幼儿教育、小学教育、英语、图书情报学等。澳大利亚昆士兰州国际教育部门开发了瑙鲁教师项目,该项目旨在帮助瑙鲁中学教师获得教授教学课程的能力。

瑙鲁学校中的主要教学语言是英语,不过许多教师在教学课堂中也会讲瑙鲁语。从 20 世纪 90 年代中期开始,教师开始接受英语作为第二语言的培训。

四、瑙鲁的传统文化与社会发展

瑙鲁传统文化是密克罗尼西亚、美拉尼西亚和波利尼西亚文化的混合体。瑙鲁人极其重视民族认同感,所有瑙鲁人都要在出生时或出生后不久在瑙鲁出生、死亡和婚姻登记处进行登记,儿童登记的部落需要跟随母亲一方。如果一个孩子没有进行登记并公示,他就无法享有瑙鲁人的相关权利,特别是获得土地权和分享磷酸盐矿收益。如果孩子的父亲是瑙鲁人,但母亲是外国国籍,必须寻求特别许可才能登记为瑙鲁人。瑙鲁人对民族的归属感将持续一生,并且不会因婚姻而改变。瑙鲁传统家庭以母亲为中心,土地和其他财产由儿子和女儿共同继承，但只有女儿才能将其权利传给子女，而且无需征得家族成员的同意；像摩托车之类的财产是由大家庭共同拥有的。

尽管长久以来瑙鲁与世隔绝，并未受到外界太多的影响，但瑙鲁的古代历史和文化保留下来的并不多，老人们也已听不懂瑙鲁电台所收集的当地传统歌曲，但传统舞蹈和歌唱在特殊场合仍时有演出。目前，瑙鲁人开始重拾对自己传统历史和文化的兴趣，瑙鲁教育部正在从瑙鲁人的角度编写瑙鲁人的历史和词典，并通过南太平洋大学瑙鲁分校推广中心，鼓励作家创作与瑙鲁有关的故事、诗歌和歌曲。

军舰鸟是瑙鲁的重要象征，瑙鲁国徽和瑙鲁航空公司飞机尾翼上都能发现它的踪影。瑙鲁传统劳作方式就是上午将军舰鸟放逐到海上，日落时开始利用传统的套索捕鸟，并将其觅食的鱼类当作食物。除了军舰鸟以外，瑙鲁国徽上还有十二角星（代表十二个部落）和基督教十字架，下方书写"上帝旨意至上"（God's Will First）。这表明在瑙鲁基督教早已取代了女神崇拜，成为主要宗教和社会生活方式的基础。

五、瑙鲁与主要国际组织和国家的关系

（一）瑙鲁的国际组织成员身份

自获得独立到 1999 年 5 月，瑙鲁一直是英联邦的特别成员国，之后成为英联邦正式成员国。瑙鲁于 1999 年 9 月 14 日加入联合国，而且还是洛美公约、小岛屿国联盟、亚洲开发银行、亚洲及太平洋经济社会委员会、国际粮农组织、77 国集团、国际民航组织、国际海事组织、国际电联和国际奥委会的成员国。

多年来，瑙鲁积极参与区域事务，与各种多边组织的区域合作是瑙鲁外交政策的关键要素。瑙鲁是太平洋岛国论坛、南太平洋应用地球科学委员会、太平洋区域环境计划和太平洋共同体秘书处的正式成员。2018 年，太平洋岛国论坛领导人会议在瑙鲁举行。

（二）瑙鲁与澳大利亚的关系

1914 年第一次世界大战期间，澳大利亚夺取了德国在瑙鲁的控制权。1920 年，英国、澳大利亚和新西兰获得对瑙鲁的委任统治权，由澳大利亚代为管理。第二次世界大战后，瑙鲁继续作为联合国托管领土由澳大利亚进行管

理。1968 年,瑙鲁独立,此后澳大利亚一直是瑙鲁最重要的经济和援助伙伴。瑙鲁经济基础薄弱,几乎所有食品、水和工业产品都是通过进口来提供。澳大利亚提供了瑙鲁 90％的进口商品。目前,瑙鲁在澳大利亚布里斯班设有总领事馆。澳大利亚是仅有的在瑙鲁设有高级专员公署的两个国家之一。

20 世纪 70 年代初,瑙鲁通过出售磷酸盐获得了大量资金,他们建立了瑙鲁磷酸盐特许权信托基金,将利润用于投资国际房地产。1972 年,瑙鲁政府以 1900 万美元的价格购买墨尔本展览街和小柯林斯街拐角处的地块,并于 1977 年建成高 190 米的瑙鲁之家(Nauru House)。2004 年,迫于债务压力,瑙鲁政府被迫将瑙鲁之家出售给昆士兰投资公司。

1989 年,瑙鲁以殖民时期磷酸盐矿开采造成的环境破坏为由,向澳大利亚国际法院提起诉讼。1993 年,澳大利亚为瑙鲁提供了为期 20 年、每年 250 万澳元的庭外和解协议。2001 年,两国通过太平洋解决方案协议进一步加强双边关系。

瑙鲁极易受到气候变化的影响。该国面临着干旱、海岸侵蚀、海平面上升等气候变化带来的挑战。瑙鲁的大部分人口和基础设施都位于沿海地区,澳大利亚帮助瑙鲁政府确保诸如学校和发电站等基础设施的安全。

自 2016 年以来,澳大利亚已向瑙鲁援助约 610 万澳元以应对气候变化和抗灾能力建设。这一支持已纳入包括基础设施和教育部门在内的许多计划。瑙鲁还受益于澳大利亚在区域和全球气候变化方面的一系列投资,太平洋气候和海洋支持计划第二阶段为瑙鲁气象局提供海洋监测和气象预报服务。海洋预测能够为捕鱼、旅游和航运等行业提供有关潮汐和海浪的信息,而气象预报则能够帮助当地农民计划种植和收割,并提前为干旱和热带气旋等灾害做好准备。2019 年太平洋岛屿论坛会议期间,澳大利亚承诺从 2020 年到 2025 年提供 5 亿澳元援助,以加强太平洋地区的气候变化和抗灾能力。澳大利亚致力于与瑙鲁合作,以满足人民的需求和愿望,建立抵御气候变化和灾害事件的能力。

(三)瑙鲁与美国的关系

美国在 1976 年与瑙鲁建立外交关系,但美国在瑙鲁没有领事馆或外交机构。美国驻斐济大使兼任驻瑙鲁大使,并进行定期访问。瑙鲁在美国华盛顿特区没有设立大使馆,瑙鲁在纽约的常驻联合国代表兼任驻美国大使。

由于瑙鲁的磷酸盐矿业资源枯竭,国家基础经济严重依赖其海洋专属经济区的捕鱼权。瑙鲁是《美国与太平洋岛国多边金枪鱼渔业条约》的缔约国,该条约允许美国渔船进入瑙鲁专属经济区,以换取美国捕鱼业支付的许可费。根据《大洋洲海上安全倡议》,美国与瑙鲁拓展了船舶搭载协议。

2020 年 12 月 3 日,美国驻瑙鲁大使约瑟夫·塞拉与瑙鲁高级专员迈克尔·阿罗伊在斐济苏瓦签署《瑙鲁—美国刺激投资协议》,该协议承诺美国将通过国际开发金融公司为瑙鲁提供全方位的投资支持。

（四）瑙鲁与新西兰的关系

新西兰和瑙鲁两国基于同为太平洋地区国家的共同利益进行合作。新西兰向瑙鲁派驻高级专员,合作重点在于富有弹性的经济和区域发展,旨在培养应对可持续发展挑战的能力,建立高效的公共部门,使瑙鲁成为新西兰季节性劳工项目的有效支持者,并发展在安全、渔业、区域贸易等方面的合作。

新西兰与瑙鲁两国官员时有互访。2018 年,新西兰总理杰辛达·阿德恩和外交部长温斯顿·彼得斯访问瑙鲁并参加太平洋岛国论坛首脑会议。2019 年,新西兰国会副秘书长弗莱彻·塔布提奥代表新西兰参加瑙鲁独立 50 周年庆典。同年,瑙鲁议会议长兼财政和司法部长大卫·阿德昂访问新西兰,并出席了在新西兰举行的瑙鲁国际信托基金委员会会议。

六、中国与瑙鲁的关系

最早到瑙鲁的华人是 1914 年英国殖民者从中国香港招募的磷酸盐矿工,到 1948 年,瑙鲁的中国人多达 1 400 余人。瑙鲁 1966 年人口普查数据显示,华人华侨共有 1 167 人,占当时瑙鲁总人口的 1/5。

瑙鲁独立以后,中国与瑙鲁之间的贸易往来和文化交流不断。1979 年,中国驻斐济大使和中国武术团先后访问瑙鲁。1991 年 7 月,瑙鲁总统伯纳德·多威约戈(Bernard Dowiyogo)就中国遭受自然灾害向中国政府表示慰问,并捐款 1 万美元。1998 年 5 月,时任中国外交部驻香港特区公署特派员马毓真会见了在香港进行私人访问的瑙鲁总统金扎·克洛杜马尔(Kinza Clodumar)。2002 年 7 月 21 日,瑙鲁总统雷内·哈里斯(Rene Harris)在香港签署联合公报与中华人民共和国正式建立外交关系,承认"世界上只有一个中国,中华人民共和国是代表中国的唯一合法政府,台湾是中国领土不可分割的一部分"。

2024 年 3 月 25 日,中国国家主席习近平在北京人民大会堂同来华进行国事访问的瑙鲁总统戴维·阿迪昂举行会谈,就发展两国关系达成一系列重要共识,标志着中瑙关系正式翻开新的篇章。

近年来,中国日趋重视与太平洋岛国的合作和发展。共建"一带一路"倡议将进一步深化南南合作,中国欢迎所有太平洋岛国共同建设"21 世纪海上丝绸之路"。作为太平洋岛国之一,瑙鲁位于"一带一路"南向延伸线上,是中国共建"一带一路"倡议的重要合作伙伴之一。中瑙两国将在平等相待、相互尊重、合作共赢、开放包容的基础上开展各领域合作。

参考文献

[1] Adger, N. & Barnett, J. Compensation for Climate Change Must Meet Needs [J]. *Nature*, 2005, *436* (7049): 328-328.

[2] Ali, G. Measures to Preserve Indigenous Language and Culture in te Reo Kuki Airani (Cook Islands Māori language): Early-childhood Education Models [J]. *AlterNative: An International Journal of Indigenous Peoples*, 2010, *6* (2): 122-133.

[3] Anderson, V. & Yuko, O. The Phonetics and Phonology of "Definite Accent" in Tongan [J]. *Oceanic Linguistics*, 2006, *45* (1): 21-42.

[4] Atkinson, B., Charles R., Sheward, T. *Rarotonga, Samoa & Tonga (8th edition)* [M]. Melbourne: Lonely Planet, 2016.

[5] Baker, C. *Foundation of Bilingualism and Bilingual Education (3rd edition)* [M]. Clevedon: Multilingual Matters, 2001.

[6] Baldauf, R. B. Issues in Prestige and Image in Language-in-education Planning in Australia [J]. *Current Issues in Language Planning*, 2004, *5* (4): 376-389.

[7] Ball, M. J. *The Routledge Handbook of Sociolinguistics around the World: A Handbook* [M]. New York: Routledge, 2010.

[8] Barker, J. C. Home Alone: The Effects of Out-migration on Niuean Elders' Living Arrangements and Social Supports [J]. *Pacific Studies*, 1994, *17* (3): 41-74.

[9] Barker, J. C. Hurricanes and Socio-Economic Development on Niue Island [J]. *Asia Pacific Viewpoint*, 2000, *41* (2): 191-205.

[10] Bataua, B., Iobi, K., Kirata, B., Kirion, M., Onorio, B., Tibwere Russell, T. *Kiribati: A Changing Atoll Culture* [M]. Suva: University of the South Pacific, Institute of Pacific Studies, 1985.

[11] Bauer, W. Is the Health of Te Reo Māori Improving? [J]. *Te Reo*, 2008, *51*

（1）：33-73.

[12] Bazinet, J. M. *Survey on Youth in Niue* [M] . Noumea: South Pacific Commission, 1970.

[13] Beimers, G. *Pijin: A Grammar of Solomon Islands Pidgin* [M] . Armidale: The University of New England, 2009.

[14] Bender, B. W. Parallelisms in the Morphophonemics of Several Micronesian Languages [J] . *Papers of the First International Conference on Comparative Austronesian Linguistics*, 1974, *12* （1/2）: 455-477.

[15] Benton, R. A. *The History and Development of the Maori Language* [M] . Wellington: New Zealand Council for Educational Research, 1990.

[16] Biewer, C. *South Pacific Englishes: A Sociolinguistic and Morphosyntactic Profile of Fiji English, Samoan English and Cook Islands English* [M] . Amsterdam/Philadelphia: John Benjamins Publishing Company, 2015.

[17] Biewer, C. South Pacific Englishes-unity and diversity in the usage of the present perfect [M] //Nevalainen, T. , Taavitsainen, I. , Pahta, P. & Korhonen, M. （Eds. ） . *Dynamics of Linguistic Variation: Corpus Evidence on English Past and Present.* Amsterdam: John Benjamins, 2008a: 203-219.

[18] Biewer, C. , Stierstorfer, K. Concord patterns in South Pacific Englishes: the influence of New Zealand English and the local substrate [M] // Stierstorfer, K. et al. （Eds. ）*Proceedings of the Conference of the German Association of University Teachers of English.* Wissenschaftlicher: Verlag, 2008b: 331-343.

[19] Biewer, C. Passive constructions in Fiji English: A corpus-based study [M] //Jucker, A. H. , Schreier, D. , Hundt M. （Eds. ） . *Corpora: Pragmatics and Discourse.* Amsterdam: Rodopi, 2009a: 361-377.

[20] Biewer, C. Modals and semi-modals of obligation and necessity in South Pacific Englishes [J] . *Anglistik*, 2009b, *20* （2）: 41-55.

[21] Biewer, C. *South Pacific Englishes: A Sociolinguistic and Morphosyntactic Profile of Fiji English, Samoan English and Cook Islands English* [M] . Amsterdam/Philadelphia: John Benjamins Publishing Company, 2015.

[22] Biggs, B. The Structure of New Zealand Maaori [J] . *Anthropological*

　　Linguistics, 1961, *3*（3）: 1-54.

［23］Bloomfield, L. *Language*［M］. London: George Allen & Unwin, 1993.

［24］Boyce, M. Attitudes to Māori［M］//Bell, A. , Harlow, R. & Starks, D.（Eds.）. *Languages of New Zealand*. Wellington: Victoria University Press, 2005: 86-110.

［25］Britannica. Nauru［EB/OL］.（2024-07-23）［2024-07-25］. https://www. britannica. com/place/Nauru.

［26］Broschart, J. Why Tongan Does It Differently: Categorial Distinctions in a Language Without Nouns and Verbs［J］. *Linguistic Typology*, 1997（1）: 123-165.

［27］Bryant-Tokalau, J. J. The Myth Exploded: Urban Poverty in the Pacific［J］. *Environment and Urbanization*, 1995, *7*（2）: 109-130.

［28］Burnett, G. Pacific Elementary School of Teachers and Language Policy Critique: Context, Text and Consequences［J］. *Asia Pacific Education Review*, 2008, *9*（2）: 148-156.

［29］Campbell, I. C. *A History of the Pacific Islands*［M］. Berkeley: University of California Press, 1989.

［30］Capell, A. *A Linguistic Survey of the South-western Pacific*［M］. Noumea: South Pacific Commission, 1954.

［31］Capell, A. *Arosi Grammar*［M］. Canberra: The Australian National University, 1971.

［32］Cashmore, C. Some Proto-Eastern Oceanic Reconstructions with Reflexes in Southeast Solomon Island Languages［J］. *Oceanic Linguistics*, 1969（8）: 1-25.

［33］Capell, A. Oceanic Linguistics Today［J］. *Current Anthropology*, 1962（3）: 37-42.

［34］Charpentier, J. M. The Future of the Languages of Vanuatu and New Caledonia［M］//Cunningham, D. , Ingram, D. E. & Sumbuk, K. *Language Diversity in the Pacific: Endangerment and Survival*. Bristol: Multilingual Matters, 2006.

［35］Chapman, T. M. , *The Decolonisation of Niue*［M］. Wellington: Victoria University Press, 1976.

［36］Cheyne，A. *A Description of Islands in the Western Pacific Ocean，North and South of the Equator*［M］. London：J. D. Potter，1852.

［37］Churchward，C. *Dictionary Tongan-English，English-Tongan*［M］. Nuku'alofa：Government of Tonga Printing Press，1959.

［38］Churchward，C. *Tongan Grammar*［M］. Oxford：Oxford University Press，1953.

［39］Codrington，R. H. *The Melanesian Languages*［M］. Oxford：Clarendon Press，1885.

［40］Cohn，P. *Economic Independence Through Expansion of Private Sector Enterprise：The "Prescriptive Unreality" of Niue's Development Planning*［D］. Melbourne：University of Melbourne，2003.

［41］Connell，J. A Nation in Decline? Migration and Emigration from the Cook Islands［J］. *Asian and Pacific Migration Journal*，2005，*14*（3）：327-350.

［42］Connell，J. Migration，Employment and Development in the South Pacific［J］. *Country Report，Niue*，1991，*47*（1）：39-40.

［43］Connell，J. Niue：Embracing a Culture of Migration［J］. *Journal of Ethnic and Migration Studies*，2008，*34*（6）：1021-1040.

［44］Cook Islands Government. Joint evaluation of the Paris Declaration phase 2 Cook Islands country evaluation［EB/OL］.（2016-06-22)［2024-05-11］. https：//prdrse4all. spc. int/node/4/content/joint-evaluation-paris-declaration-phase-2-cook-islands-country-evaluation.

［45］Cook Islands Statistics Office. Vital Statistics and Population Estimate［EB/OL］.（2023-08-01)［2024-05-11］. https：//stats. gov. ck/vital-statistics-and-population-estimates/.

［46］Crocombe，R. & Crocombe，M. T. *Cook Islands Culture：Akono'anga Māori*［M］. Suva：Institute of Pacific Studies，University of the South Pacific，2003.

［47］Crocombe，R. *Pacific Neighbours：New Zealand's Relations with Other Pacific Islands*［M］. Christchurch：Centre for Pacific Studies，University of Canterbury，1992.

［48］Crocombe，R. The Cook，Niue and Tokelau Islands：Fragmentation and

Emigration［M］//Crocombe，R. （Ed.）. *Land Tenure in the Pacific*. Melbourne：Oxford University Press，1971.

［49］Crowley，T. *Bislama Reference Grammar*［M］. Hawai'i：University of Hawai'i Press，2004.

［50］Crowley，T. The language situation in Vanuatu［J］. *Current Issues in Language Planning*，2000，*1*（1）：47–132.

［51］Cunningham，D.，Ingram，D. E. & Sumbuk，K. *Language Diversity in the Pacific：Endangerment and Survival*［M］. Bristol：Multilingual Matters，2006.

［52］de Bres，J. Promoting the Māori Language to Non-Māori：Evaluating the New Zealand Government's Approach［J］. *Language Policy*，2011，*10*（4）：361–376.

［53］Department of Foreign Affairs and Trade. Nauru-Australias Commitment to Strengthening Climate and Disaster Resilience in the Pacific［EB/OL］. （2023-08-21)［2024-05-26］. https：//www. dfat. gov. au/about-us/publications/Pages/nauru-australias-commitment-to-strengthening-climate-and-disaster-resilience-in-the-pacific.

［54］Douglas，H. Niue：The Silent Village Green［M］//Hooper，A.（Ed.）. *Class and Culture in the South Pacific*. Imprint. Suva，Fiji：Center for Pacific Studies，University of Auckland，and Institute of Pacific Studies，University of the South Pacific，1987.

［55］Eberhard，D. M.，Simons，G. F.，Fennig，C. D. *Ethnologue：Languages of the Americas and the Pacific*（*24th ed.*)［M］. Dallas：SIL International，2021.

［56］Education Queensland International. Teachers-for-nauru［EB/OL］. （2023-08-09)［2024-05-09］. http：//eqi. com. au/studyoptions/offshore/Pages/teachers-for-nauru. aspx.

［57］Education Worldwide. Education in Nauru［EB/OL］. （2020-08-11)［2024-05-25］. http：//www. k12academics. com/Education％20Worldwide/education-nauru.

［58］Elbert，S. H. *Dictionary of the Language of Rennell and Bellona，Part I：*

Rennellese and Bellonese to English [M]. Copenhagen: National Museum of Denmark, 1975.

[59] Elizabeth, K. *Power Sharing: Language, Rank, Gender, and Social Space in Pohnpei* [M]. Micronesia: Oxford University Press, 1998.

[60] Ellis, R. *Instructed Second Language Acquisition* [M]. Oxford: Basil Blackwell, 1990.

[61] Everyculture. Countries and Their Culture of Nauru[EB/OL]. (2010-01-20) [2024-05-17]. http://www. everyculture. com/Ma-Ni/Nauru. html.

[62] Fanon, F. *Government of Niue, Niue Laws* [M]. New York: Grove Press, 1968.

[63] Fanon, F. *Niue: History of the Island* [M]. Suva: University of the South Pacific, 1982.

[64] Fiji Education Commission. *Education for Modern Fiji: Report of the 1969 Fiji Education Commission* [R]. Suva: Oceania Printers LTD, 1969.

[65] Fiji Education Commission. *Learning Together: Directions for Education in the Fiji Islands* [M]. Suva: Government Printer, 2000.

[66] Fischer, S. R. *A History of the Pacific Islands* [M]. New York: Palgrave, 2002.

[67] Fox, C. E. *Arosi-English Dictionary* [M]. Canberra: The Australian National University, 1970.

[68] Fox, C. E. *Lau Dictionary, with English Index* [M]. Canberra: The Australian National University, 1974.

[69] Francois, A. , Lacrampe, S. , Franjieh, M. & Schnell, S. The Exceptional Linguistic Density of Vanuatu (Introduction to the Volume)[M] //Francois, A. , Lacrampe, S. , Franjieh, M. & Schnell, S. (Eds.). *The Languages of Vanuatu: Unity and Diversity.* Canberra: The Australian National University, 2015: 1-22.

[70] Frostad, B. H. *A Grammar of Ughele: An Oceanic Language of Solomon Islands* [M]. Utrecht: LOT, 2012.

[71] Geraghty, P. Language Policy in Fiji and Rotuman [M] //Milner, G. B. , Arms, D. G. , Geraghty, P. (Eds.). *Duivosavosa: Fiji's Languages, Their*

Use and Their Future. Suva: Fiji Museum, 1984: 32-84.

［72］Geraghty, P. Language Reform: History and Future of Fijian［M］//Fodor, I. & Hagège, C. （Eds. ）. *Language Reform: History and Future*. Hamberg: Helmut Buske Verlag, 1989: 95-377.

［73］Geraghty, P. *The History of the Fijian Languages*［M］. Honolulu: University of Hawai'i Press, 1983.

［74］Gilson, R. *The Cook Islands, 1820-1950*［M］. Wellington: Victoria University Press, 2003.

［75］Goundar, P. R. Outlining the Language Policy and Planning （LPP） in Fiji: Taking Directions From Fiji Islands Education Commission Report of 2000［J］. *English Language Teaching*, 2019, 12 （7）: 61-67.

［76］Guampedia 2009-2019. pop-cultures: nauru［EB/OL］. （2023-11-24）［2024-05-19］. https://www. guampedia. com/pop-cultures-nauru/.

［77］Gunther, J. More English, More Teachers［J］. *New Guinea*, 1969 （4）: 43-53.

［78］Hall, R. A. Jr. *Pidgin and Creole*［M］. Ithaca: Cornell University Press, 1965.

［79］Harding, E. , Pulea, M. *Environmental Law in the South Pacific: Consolidated Report of the Reviews of Environmental Law in the Cook Islands, Federated States of Micronesia, Kingdom of Tonga, Republic of the Marshall Islands and Solomon Islands*［M］. Apia: SPREP & IUCN, 1996.

［80］Harlow, R. *A Maori Reference Grammar*［M］. Auckland: Longman, 2001.

［81］Harold, F. N. *Micronesia Under American Rule: An Evaluation of the Strategic Trusteeship （1947-1977)*［M］. New York: Exposition Press, 1978: 205.

［82］Hilmarsson-Dunn, A. M. Protectionist Language Policies in the Face of the Forces of English: The Case of Iceland［J］. *Language Policy*, 2006, 5 （3）: 295-314.

［83］Hovdhaugen, E. The Chronology of Three Samoan Sound Changes［M］// Geraghty, P. , Carrington, L. & Wurm, S. A. （Eds. ）. *Focal II: Papers from the Fourth International Conference on Austronesian Linguistics*.

Canberra: Australian National University, 1986: 313-331.

[84] Ilka, F. *Cultural and National Identity in the Face of Climate Change: A Case Study of I-Kiribati Migrants in New Zealand* [D]. Dunedin: University of Otago, 2012.

[85] Inglis, J. Report of a Missionary Tour in the New Hebrides [J]. *Journal of the Ethnological Society of London*, 1854 (3): 53-85.

[86] Ivens, W. G. Grammar of the Language of Sa'a, Malaita, Solomon Islands [J]. *Anthropos*, 1911 (6): 755-773, 926-940.

[87] John, W. M. & Verhaar, S. J. (Eds.). *Melanesian Pidgin and Tok Pisin* [M]. Amsterdam: John Benjamins Publishing Company, 1974.

[88] Jourdan, C. Linguistic paths to urban self in postcolonial Solomon Islands [M] //Makihara, M. & Schieffe, B. (Eds.). *Consequences of Contact: Language Ideologies and Sociocultural Transformations in Pacific Societies*. Oxford: Oxford University Press, 2007: 30-48.

[89] Jourdan, C. Language Repertoires and the Middle Class in Urban Solomon Islands [M] //Miriam, M., & Naomi, N. (Eds.). *Social Lives in Language: Sociolinguistics and Multilingual Speech Communities*. New York: John Benjamins Publishing Company, 2008: 43-68.

[90] Jourdan, C. Pacific Languages in Education [M] //Mugler, F. & Lynch, J. (Eds.). *Language in Society*. Cambridge: Cambridge University Press, 2001: 127-130.

[91] Jourdan, C & Maebiru, E. *Pijin: A Trilingual Cultural Dictionary: Pijin-Inglis-Franis, Pijin-English-French, Pijin-Anglais-Français* [M]. Canberra: The Australian National University, 2002.

[92] Julia, S. *Attitudes to Endangered Languages: Identities and Policies* [M]. New York: Cambridge University Press, 2013.

[93] Kaplan, R. & Baldauf, Jr. R. Language and Language-in-Education Planning in the Pacific Basin. 2 [EB/OL]. (2003-01-01)[2024-05-11]. https://www.researchgate.net/publication/43472682_Language_and_Language-in-Education_Planning_in_the_Pacific_Basin.

[94] Karen, S. Book Review: Nation and Destination: Creating Cook Islands

Identity by Jeffrey Sissions [J]. *The Journal of the Polynesian Society*, 2001, *110*（2）：223-224.

[95] Keesing, K. *Dictionary* [M]. Canberra：The Australian National University, 1975.

[96] Kennedy, T. The Cook Islands [M] //Thomas, R. M. & Postlethwaite, T. N.（Eds.）. *Schooling in the Pacific Islands. Colonies in Transition.* Oxford：Pergamon, 1984：263-294.

[97] Kevin, M. R. *A Sketch Grammar of Satawalese, the Language of Satawal Island, Yap State* [D]. Honolulu：University of Hawai'i , 2007.

[98] Krashen, S. D. *Second Language Acquisition and Second Language Learning* [M]. Oxford：Pergamon Press, 1981.

[99] Krashen, S. D. *Principles and Practice in Second Language Acquisition* [M]. Oxford：Pergamon Press, 1982.

[100] Lagi, K. Compulsory Teaching of English：Impacts on Learning in a Fiji Classroom [J]. *Open Journal of International Education*, 2016, *1*（2）：90-100.

[101] Language Services Department. The National Language Policy of the Republic of Vanuatu [EB/OL].（2020-11-22）[2023-02-12]. https：//lsd. gov. vu/index. php/legislation/policies.

[102] Lal, B. V. *Broken Waves：A History of the Fiji Islands in the Twentieth Century* [M]. Honolulu：University of Hawai'i Press, 1992.

[103] Leslie, V. T. Bislama in the Educational System? Debate Around the Legitimacy of a Creole at School in a Post-colonial Country [J]. *Current Issues in Language Planning*, 2013, *14*（2）：254-269.

[104] Levy, R. Languages of the southeast Solomon Islands and the reconstruction of Proto-Eastern Oceanic [M] //Naylor, P. B.（Eds.）. *Austronesian Studies：Papers from the Second Eastern Conference on Austronesian Languages.* Ann Arbor：University of Michigan, 1979：213-225.

[105] Levy, R. & Smith, N. *A Proto-Malaitan Lexicon* [M]. California：Center for South Pacific Studies, University of California, 1969.

[106] Lewis-Jones, W. W. *Report on Education in Fiji：Education Development*

for 1956-1960 [M]．Suva: Government Printer, 1955.

[107] Litteral, R. *Four Decades of Language Policy in Papua New Guinea: The Move Towards the Vernacular* [R]．SIL Electronic Working Papers 1999-001, February 1999.

[108] Litteral, R. *Language Development in Papua New Guinea* [R]．SIL Electronic Working Papers 1999-002, February 1999.

[109] Lo Bianco, J. Language in Bilingual Classrooms: Samoa as an Example [M] //Liddecoat, A.（Ed.）．*Vernacular Languages in South Pacific Education.* Melbourne: National Languages Institute of Australia, 1990.

[110] Locke, J. T. Climate Change-induced Migration in the Pacific Region: Sudden Crisis and Long-term Developments [J]．*The Geographical Journal*, 2009, *175*（3）: 171-180.

[111] Loeb, E. M. *History and Traditions of Niue* [M]．Honolulu: The Museum, 1926.

[112] Lynch, J., Mugler, F. English in the South Pacific [EB/OL].（2005-02-11）[2024-06-11]．http: // www. Vanuatu. usp. ac. fj/paclangunit/English_South_Pacific. htm.

[113] Lynch, J. & Mugler, F. Pacific Languages at the University of the South Pacific [J]．*Current Issues in Language Planning*, 2002, *3*（1）: 76-81.

[114] Lynch, J. & Mugler, F. Pacific Languages at the University of the South Pacific [M] //Liddicoat, A. & Baldauf, R.（Eds.）．*Language Planning in Local Contexts.* Bristol: Multilingual Matters, 2008.

[115] Lynch, J. *Pacific Languages: An Introduction* [M]．Honolulu: University of Hawai'i Press, 1998.

[116] Lynch, J., Ross, M., Crowley, T. *The Oceanic Languages* [M]．Richmond: Curzon, 2001.

[117] Lynch, J. & Terry, C. *Languages of Vanuatu: A New Survey and Bibliography* [M]．Canberra: Australian National University, 2001.

[118] Lynch, J. The Banned National Language: Bislama and Formal Education in Vanuatu [M] //Mugler, F. & Lynch, J.（Eds.）．*Pacific Languages in Education.* Suva: Institute of Pacific Studies, The University of the South

Pacific, 1996:245-257.

[119] Mangubhai, F. Language-in-education Policies in the South Pacific: Some Possibilities for Consideration [J] . *Journal of Multilingual and Multicultural Development*, 2002, *23* (6):490-511.

[120] Mangubhai, F. Literacy in Fiji:Its Origins and Its Development [J] . *Interchange*, 1986, *18* (1-2):124-135.

[121] Mangubhai, F. , Mugler, F. The Language Situation in Fiji [J] . *Current Issues in Language Planning*, 2003, *4* (3):367-458.

[122] Maude, H. E. *Of Islands and Men:Studies on South Pacific History* [M] . Melbourne:Oxford University Press, 1968.

[123] Melchers, G. , Shaw, P. *World Englishes* [M] . London:Arnold, 2003.

[124] Membership in International Organizations. Foreign Relations of Nauru [EB/OL] . (2024-06-04) [2024-06-11] . https://en. wikipedia. org/wiki/Foreign_relations_of_Nauru#Membership_in_international_organizations.

[125] Milner, G. B. *Samoan Dictionary:Samoan-English, English-Samoan* [M] . London:Oxford University Press, 1966.

[126] Ministry of Education. *The Fiji Islands National Curriculum Framework: Quality Education for Change, Peace and Progress* [R] . Suva:Fiji Ministry of Education, 2013.

[127] Ministry of Education. Vanuatu National Language Policy (2012)[EB/OL] . (2012-01-29)[2023-02-08] . https://moet. gov. vu/docs/policies/Vanuatu % 20National % 20Language % 20Policy % 20 (English) _2012. pdf.

[128] Moorfield, J. C. *Whanake 3* [M] . Auckland:Longman Paul, 1992.

[129] Moorfield, J. C. *Whanake 4 Te K⁻ohure* [M] . Hamilton:University of Waikato, 1996.

[130] Mosel, U. Borrowing in Samoan [M] //Geraghty, P. , Tent, J. (Eds.) . *Borrowing:A Pacific Perspective.* Canberra:Australian National University, 2004:215-232.

[131] Mosel, U. & Hovdhaugen, E. *Samoan Reference Grammar* [M] . Oslo:Scandinavian University Press, 1992.

［132］Moyle, R. *The Samoan Journals of John Williams 1830 and 1832* ［M］.
　　　Canberra: Australian National University Press, 1984.

［133］Mugler, F. & Lynch, J. Language and Education in the Pacific ［M］//
　　　Mugler, F. & Lynch, J. （Eds. ）. *Pacific Languages in Education.* Suva:
　　　Institute of Pacific Studies, University of the South Pacific, 1996: 1–9.

［134］Mühlhaüsler, P. Tok Pisin in New Papua Guinea ［M］//Bailey, R. W.
　　　& Gorlach, Manfred. （Eds. ）. *English as a World language.* New York:
　　　Cambridge University Press, 1984.

［135］Murray, W. Sustaining Agro-Exports in Niue: the Failure of Free Market
　　　Restructuring ［J］. *Journal of Pacific Studies*, 2000, *24* （2）: 51–52.

［136］Narsey, W. *Academic Outcomes and Resources for Basic Education in Fiji:
　　　Disparities by Region, Ethnicity, Gender and Economic Background* ［M］.
　　　Suva: Institute of Education, University of the South Pacific, 2004.

［137］Nathan, G. S. Nauruan in the Austronesian language family ［J］. *Papers of
　　　the First International Conference on Comparative Austronesian Linguistics*,
　　　1974, *12* （1/2）: 479–501.

［138］National Statistics Office, Ministry of Finance and Economic Development.
　　　Kiribati Census Report 2010 ［R］. Government of Kiribati, 2013 （1）: 35–
　　　36.

［139］Neffgen, H. *Grammar and Vocabulary of the Samoan Language: Together
　　　with Remarks on Some of the Points of Similarity between the Samoan and the
　　　Tahitian and Maori Languages* ［M］. London: Kegan Paul, Trench, Trubner
　　　& Co. , Ltd. , 1918.

［140］Nelson, G. Gunnel Melchers and Philip Shaw, World Englishes ［J］.
　　　English Language & Linguistics, 2006, *10* （1）: 219–221.

［141］Newton, J. , Yates, E. , Shearn, S. & Nowitzki, W. *Intercultural
　　　Communicative Language Teaching: Implications for Effective Teaching and
　　　Learning* ［M］. Wellington: Ministry of Education, 2010.

［142］Nikhat, S. Language Attitudes in Multilingual Primary Schools in Fiji ［J］.
　　　Language, Culture and Curriculum, 2004, *17* （2）: 154–172.

［143］Ochs, E. *Culture and Language Development: Language Socialization and*

Language Acquisition in a Samoan Village [M]. Cambridge: Cambridge University Press, 1988.

[144] OECD. Global Forum on Transparency and Exchange of Information for Tax Purposes Peer Reviews: Cook Islands 2015 Phase 2: Implementation of the Standard in Practice [EB/OL]. (2015-03-16)[2024-05-11]. https://www.oecd.org/tax/global-forum-on-transparency-and-exchange-of-information-for-tax-purposes-peer-reviews-cook-islands-2015-9789264231450-en.htm.

[145] Paris, H., John, C., Katie, C. *A Sociolinguistic Survey of Anem* [R]. SIL International, 2012.

[146] Pawley, A. On the Internal Relationships of Eastern Oceanic Languages [M] //Green, R. C. & Kelly, M. (Eds.). *Studies in Oceanic Culture History*. Honolulu: Bernice, P. Bishop Museum, 1972: 1-142.

[147] Perry, Jr., F. L. *Research in Applied Linguistics: Becoming a Discerning Consumer* [M]. New York: Routledge, 2011.

[148] Pointer, M. *Niue 1774-1974: 200 Years of Contact and Change* [M]. Honolulu: University of Hawai'i Press, 2015.

[149] Pratt, G. *Pratt's Grammar & Dictionary of the Samoan Language* [M]. Apia: Malua Printing Press, 1911.

[150] Puamau, P. Rethinking Education in Fiji: Issues and Solutions in the 21st Century [M] //Pene, F., Taufe'ulungaki, A. M. & Benson, C. (Eds.). *Tree of Opportunity: Re-thinking Pacific Education*. Suva: Institute of Education, University of the South Pacific, 2002: 60-71.

[151] Puamau, P. *Rethinking Education Reform: A Pacific Perspective, a Paper Presented at Redesigning Pedagogy: Research, Policy, Practice* [R]. National Institute of Education, Nanyang Technological University, Singapore, 2005.

[152] Pule, J., Nicholas, T. *Hiapo: Past and Present in Niuean Barkcloth, Dunedin* [M]. New Zealand: Otago University Press, 2005.

[153] Ray, H. *Maori: A Linguistic Introduction* [M]. Cambridge: Cambridge University Press, 2007.

［154］Ray，S. H. *A Comparative Study of the Melanesian Island Languages*［M］. London：Cambridge University Press，1926.

［155］Richard，W. ，Atholl，A. Archaeology of the Niue Island［J］. *The Journal of the Polynesian Society*，1995，*104*（4）：471–481.

［156］Robert，E. Double Trouble，and Three is a Crowd：Languages in Education and Official Languages in Vanuatu［J］. *Journal of Multilingual and Multicultural Development*，1999，*20*（1）：13–33.

［157］Romaine，S. *Language，Education and Development：Urban and Rural Tok Pisin in Papua New Guinea*［M］. Oxford：Clarendon Press，1992.

［158］Ruckstuhl，K. Public Policy and Indigenous Language Rights：Aotearoa New Zealand's Māori Language Act 2016［J］. *Current Issues in Language Planning*，2018，*19*（3）：316–329.

［159］Salmond，A. *A Generative Syntax of Luangiua：A Polynesian Language*［M］. The Hague：Mouton，1974.

［160］Sharples，P. *Sikaiana Syntax：A Transformational Generative Syntax of a Polynesian Language*［M］. Auckland：University of Auckland，1968.

［161］Siegel，J. English in Fiji［J］. *World Englishes*，1989，*8*（1）：47–58.

［162］Siegel，J. *Language Contact in a Plantation Environment：A Sociolinguistic History of Fiji*［M］. Cambridge：Cambridge University Press，1987.

［163］Siegel，J. *Language Contact in a Plantation Environment：A Sociolinguistic History of Fiji*［M］. London：Cambridge University Press，1987.

［164］Siegel，J. The English Language in the Asia Pacific Region［M］//Wurm，S. A. ，Mühlh，P. ，Tryon，D. T. （Eds. ）. *Atlas of Languages of Intercultural Communication in the Pacific，Asia，and the Americas*. Berlin：Mouton de Gruyter，1996：241–250.

［165］Siegel J. The Use of Melanesian Pidgin in Education［M］//Mugler，F. & Lynch，J. （Eds. ）. *Pacific Languages in Education*. Suva：Institute of Pacific Studies，University of the South Pacific，1996：154–175.

［166］Simons，L. & Hugh，Y. *Pijin Blong Yumi：A Guide to Solomon Islands Pijin* ［M］. Honiara：Solomon Island Christian Association Publications Group，1978.

［167］Sperlich, W. B. *Tohi Vagahau Niue/Niue Language Dictionary*: *Niuean-English, with English-Niuean Finderlist*［M］. Honolulu: University of Hawai'i Press, 2012.

［168］Stephen, T. *The Language of Kiribati*［M］. Brattleboro: Experiment in International Living, 1979.

［169］Sumbuk, K. M. "Is Tok Pisin a Threat to Sare?"［M］//Byrne, F. & Holm, J.（Eds.）. *Atlantic Meets Pacific: A Global View of Pidginization and Creolization*. Amsterdam: John Benjamins Publishing Company, 1993.

［170］Taumoefolau, M. *Problems in Tongan Lexicography*［D］. New Zealand: University of Auckland PhD thesis, 1998.

［171］Taylor, N. & Teny, T. Environmental Education in the South Pacific: An Evaluation of Progress in Three Countries［J］. *The Environmentalist*, 1995, *15*（3）: 159-169.

［172］Taylor, S., Rizvi, F., Lingard, B. & Henry, M. *Educational Policy and the Politics of Change*［M］. New York: Routledge, 1997.

［173］Tcherkézoff, S. *First Contacts in Polynesia: The Samoan Case*（*1722-1848*）*Western Misunderstandings About Sexuality and Divinity*［M］. Canberra: ANU Press, 2004/2008.

［174］Tent, J. A Profile of the Fiji English Lexis［J］. *English World-Wide*, 2001, *22*（2）: 209-245.

［175］Tent, J. Language Use and Attitudes in Fiji-1993-2005. Guest lecture Given at the University of Zurich［EB/OL］（2009-05-26）［2024-06-11］. https://www. es. uzh. ch/dam/jcr: 00000000-087b-d64d-ffff-fffff27b2be1/ AkademischerBericht_ES_2009. pdf.

［176］Tent, J. & Mugler, F. Fiji English: Phonology［M］//Schneider, E., Kortmann, B. with Burridge, K., Mesthrie, R. & Upton, C.（Eds.）. *A Handbook of Varieties of English*. Berlin: Mouton de Gruyter, 2008: 751-779.

［177］Tent, J. *The Dynamics of Fiji English: A Study of Its Use, Users and Features*［D］. New Zealand: University of Otago PhD dissertation, 2000.

［178］Terry, J. P. & Warwick, E. M.（Eds.）. *Niue Island: Geographical Perspectives on the Rock of Polynesia*［M］. Paris: ISULA, 2004.

[179] Teuvirihei, H. M. & David, M. K. Beach Development on an Uplifted Coral Atoll: Niue, South West Pacific [J]. *Geomorphology*, 2014, *222* (3): 83-91.

[180] Thomas, A. Language Planning in Vanuatu [M] //Baldauf, R., Jr. & Luke, A. (Eds.). *Language Planning and Education in Australasia and the South Pacific*. Clevedon: Multilingual Matters, 1990: 234-258.

[181] Thomas, F. Self-Reliance in Kiribati: Contrasting Views of Agricultural and Fisheries Production [J]. *The Geographical Journal*, 2002, *168* (2): 163-177.

[182] Thompson, R. & Thompson, "O. *The Student"s English-Tongan and Tongan-English Dictionary* [M]. Nuku'alofa: Friendly Islands Bookshop, 1992.

[183] Topping, D. M. Language Planning Issues in Vanuatu [J]. *Language Planning Newslette*r, 1982, *8* (2): 1-8.

[184] Tryon, D. & Charpentier, J. M. *Pacific Pidgins and Creoles: Origins, Growth and Development* [M]. Berlin & New York: Mouton de Gruyter, 2004.

[185] Tryon, D. *New Hebrides Languages: An Internal Classification* [M]. Canberra: Pacific Linguistics, Australian National University, 1976.

[186] Tryon, D. T. & Hackman, B. D. *Solomon Islands Languages: An Internal Classification* [M]. Canberra: Pacific Linguistics, Australian National University, 1983.

[187] Tryon, D. The language situation in the New Hebrides [M] //Wurm, S. A. (Ed.). *New Guinea and Neighboring Areas: A Sociolinguistic Laboratory*. The Hague: Mouton, 1979: 11-31.

[188] UNESCO. The EFA 2000 Assessment: Country Resport: Nauru [EB/OL]. (2001-01-21)[2024-05-19]. https://education. stateuniversity. com/ pages/1053/Nauru. html.

[189] UNESCO. World Data on Education: Seventh Edition 2010/11 [EB/OL]. (2012-03-02)[2024-05-11]. https://mlephil. wordpress. com/2012/01/25/world-data-on-education-seventh-edition-201011/.

[190] U. S. Deparment of State. U. S. Relations with Nauru [EB/OL]. (2020-02-

27)［2024-05-22］. https://www. state. gov/u-s-relations-with-nauru/.

［191］U. S. Embassy. Embassy United States and Nauru Sign Investment Incentive Agreement［EB/OL］.（2020-12-03）［2024-05-11］. https://fj. usembassy. gov/united-states-and-nauru-sign-investment-incentive-agreement/.

［192］Va'a, L. F. *The Parables of a Samoan Divine：An Analysis of Samoan Texts of the 1860's*［D］. Canberra：Australian National University, 1987.

［193］Va'ai, E. K. *Producing the Text of Culture：The Appropriation of English in Contemporary Samoa*［M］. Lepapaigalagala：National University of Samoa, 2011.

［194］Van Lier, E. & Jan, R. Flexible Word Classes in Linguistic Typology and Grammatical Theory［M］//Jan, R. & Van Lier, E.（Eds.）. *Flexible Word Classes：Typological Studies of Underspecified Parts of Speech, 1-30*. Oxford：Oxford University Press, 2013.

［195］Vanuatu. Constitution of the Republic of Vanuatu［EB/OL］.（1980-06-30）［2023-01-12］. https://parliament. gov. vu/images/pdf/constitution. pdf.

［196］Vanuatu Ministry of Education. *Republic of Vanuatu Education Master Plan （2000-2010)*［M］. Port Vila：Ministry of Education, 1999.

［197］Völkel, S. *Social Structure, Space and Possession in Tongan Culture and Language：An Ethnolinguistic Study （Culture and Language Use 2)*［M］. Amsterdam：Benjamins, 2010.

［198］Waititi, H. R. *Te Rangatahi II*［M］. Wellington：Government Printer. 1974.

［199］Walsh, A. C., Trlin, A. Niuean Migration：Niuean Socio-Economic Background, Characteristics of Migrants and Settlement in Auckland［J］. *Journal of the Polynesian Society*, 1973, 82（1）：47-85.

［200］Website of the Embassy of the People's Republic of China in New Zealand （Cook Islands, Niue）. Counsellor Chen Yue attends the Confucius Classroom Unveiling Ceremony at the University of the South Pacific Cook Islands Campus［EB/OL］.（2015-10-10）［2024-05-11］. http:// nz. china-embassy. org/eng/zgykkgx/t1313638. htm.

［201］Wierzbicka, A. Lexical Prototypes as a Universal Basis for Cross-linguistic

Identification of "Parts of Speech" [M]//Petra, V., & Bernard, C. (Eds.). *Approaches to the Typology of Word Classes*. Berlin: de Gruyter, 2000: 285-317.

[202] Wolf, H. British and French Language and Educational Policies in the Mandate and Trusteeship Territories [J]. *Language Sciences*, 2008, 30 (5): 553-574.

[203] 埃里希·冯·丹尼肯. 众神的狂欢:基里巴斯岛外星人坟墓之谜 [M]. 石纪军,译. 北京:金城出版社,2011.

[204] 丁鹏. 南太平洋岛国汉语教学回顾与展望——以斐济和瓦努阿图为例 [J]. 山东理工大学学报:社会科学版,2014 (6):91-94.

[205] 戴炜华. 语言死亡漫语 [J]. 上海理工大学学报,2017,39 (4):326-332.

[206] 韩锋,赵江林. 巴布亚新几内亚 [M]. 北京:社会科学文献出版社,2012.

[207] 河合利光,姜娜. 身体与生命体系——南太平洋斐济群岛的社会文化传承 [J]. 开放时代,2009 (7):129-141.

[208] 黄长著. 各国语言手册 [M]. 重庆:重庆大学出版社,1990.

[209] 黄红梅. 美国对密克罗尼西亚的托管统治研究 [D]. 聊城:聊城大学,2016.

[210] 姜艳艳. 瓦努阿图的语言生态和语言政策 [J]. 五邑大学学报:社会科学版,2023 (3):82-86.

[211] 梁国杰. 萨摩亚,率先独立的南太平洋岛国 [J]. 世界知识,2020 (14):64-65.

[212] 梁国杰,杨茜. 太平洋岛国中文教育机构特色化发展路径探索——以萨摩亚为例 [J]. 太平洋岛国研究,2021 (01):58-71.

[213] 梁国杰,杨茜. "一带一路"背景下中国与萨摩亚海洋合作路径分析 [J]. 太平洋岛国研究,2023 (01):41-48.

[214] 梁源. "一带一路"在太平洋岛国地区的良性发展路径 [J]. 人民论坛·学术前沿,2019 (10):108-111.

[215] 刘诗苑,丁乙. 中国"一带一路"战略对南太岛国的影响——中国传统文化影响下的文化合作前景 [J]. 湖北科技学院学报,2015 (9):19-21.

[216] 吕桂霞. 列国志（新版）·斐济 [M]. 北京:社会科学文献出版社,2015.

[217] 李树藩,王德林. 最新各国概况 [M]. 第六版. 长春:长春出版社,2007.

[218] 李宇明. 论母语 [J]. 世界汉语教学,2003（1）:48-58.

[219] 联合国经济和社会事务部人口司. 世界人口前景 [EB/OL].（2024-05-11）[2024-05-11]. https://www. worldometers. info/world-population/nauru-population.

[220] 马敏,梁国杰. 巴布亚新几内亚皮金语的前世今生 [N]. 语言文字周报,2023-10-10（2）.

[221] 密联邦投资环境调研报告之三:密克罗尼西亚经济与社会发展简史 [R/OL]. 中华人民共和国驻密克罗尼西亚联邦大使馆经济之窗（2007-06-07）[2024-07-09]. http://fm. mofcom. gov. cn.

[222] 彭满升. 风俗与贸易（第一册）[M]. 郑州:河南省对外经济贸易委员会《外贸志》编辑室,1989.

[223] 赛多吉·卡鲁巴乌. 斐济传统文化的保护 [N]. 中国文化报,2011-06-10（07）.

[224] 沈策. 寻找太平洋的精神文化记忆 [N]. 中国社会科学报,2019-09-26（02）.

[225] 商务部国际贸易经济合作研究院,中国驻密克罗尼西亚联邦大使馆. 对外投资合作国别（地区）指南:密克罗尼西亚联邦（2021 年版）[R]. 北京:商务部对外投资和经济合作司,2021.

[226] T. 胡森,T. N. 波斯尔斯韦特. 教育大百科全书:各国（地区）教育制度 [M]. 重庆:西南师范大学出版社,2011.

[227] 童之侠. 世界主要语言手册 [M]. 北京:商务印书馆,2007.

[228] 王烈琴. 世界主要国家语言规划、语言政策的特点及其启示 [J]. 河北学刊,2012（4）:202-203.

[229] 外交部. 巴布亚新几内亚国家概况 [EB/OL].（2023-10-23）[2024-04-02]. https://www. mfa. gov. cn/web/gjhdq_676201/gj_676203/dyz_681240/1206_681266/1206x0_681268.

[230] 吴安其. 南岛语分类研究 [M]. 北京:商务印书馆,2009:14-15.

[231] 汪诗明,王艳芬. 太平洋英联邦国家——处在现代化的边缘 [M]. 成都:四川人民出版社,2005.

[232] 外交部谈密克罗尼西亚联邦总统访华 [N]. 人民日报,2024-04-04(3).

[233] 习近平同密克罗尼西亚联邦总统西米纳会谈 [EB/OL]. (2024-04-09) [2024-07-09]. http://www. xinhuanet. com/20240409/708adb4853cc49 268ac650e10b0d4650/c. html.

[234] 徐美莉. 基里巴斯 [M]. 北京:社会科学文献出版社,2016.

[235] 新华网. 南太平洋大学库克群岛校区孔子课堂揭牌 [EB/OL]. (2015-10-10)[2024-05-11]. http://www. xinhuanet. com/world/2015-10/10/c_1116782447. htm.

[236] 杨慧,梁国杰. 斐济的语言政策与规划 [J]. 浙江外国语学院学报,2022(3):65-72.

[237] 杨慧,梁国杰. 南太平洋大学孔子学院发展回顾与展望 [J]. 公共外交季刊,2022(02):98-104.

[238] 约翰·R. 温纳斯通,丹尼斯·罗宾斯. 潮水之困:21世纪气候难民 [M]. 李振兴,毕亮亮,郭东波,译. 北京:科学技术文献出版社,2018.

[239] 中国同瓦努阿图签署关于合作开展瓦中小学中文教育的谅解备忘录程 [EB/OL]. (2021-09-10)[2023-02-05]. https://www. chinanews. com. cn/gn/2021/09-10/9562745. shtml.

[240] 仲崇连. 巴布亚新几内亚音乐教育现状研究 [J]. 艺术百家,2013(6):273-274.

[241] 张勇. 所罗门群岛 [M]. 北京:社会科学文献出版社,2016.

[242] 张宏喜. 世界知识年鉴 2006—2007 [M]. 北京:世界知识出版社,2007.